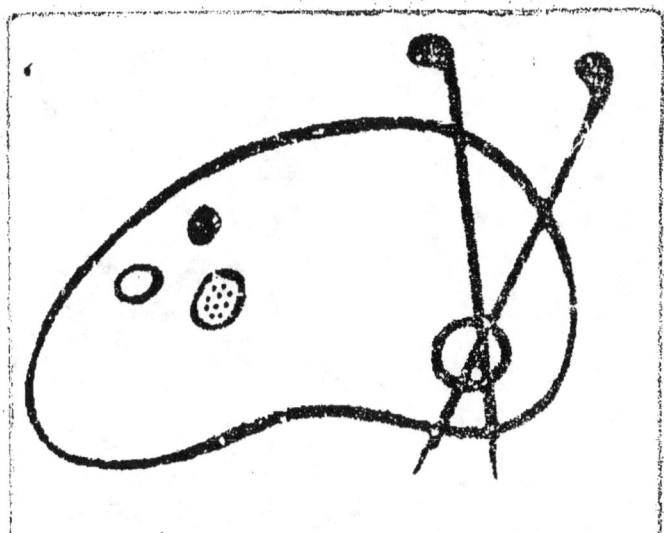

Début d'une série de documents en couleur

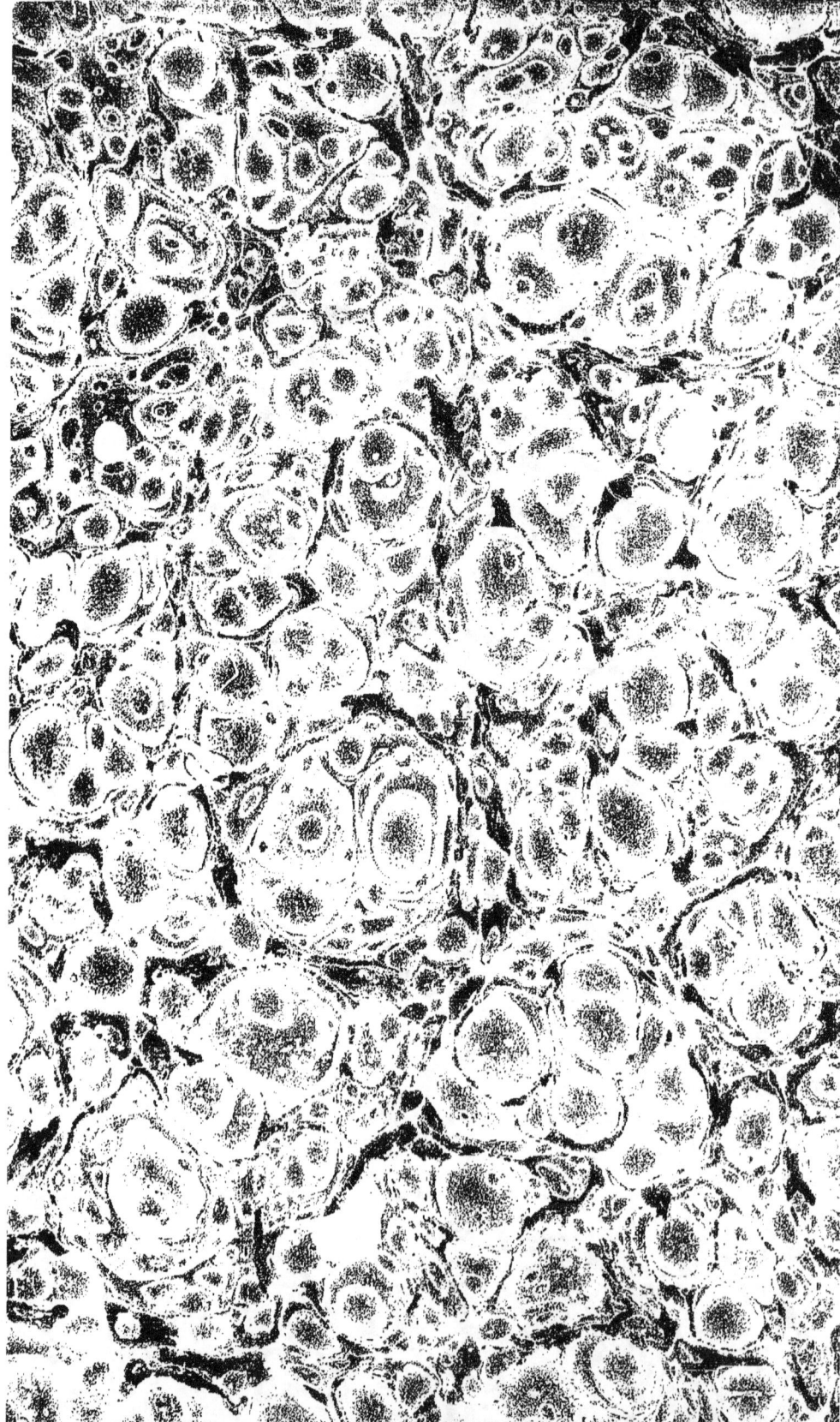

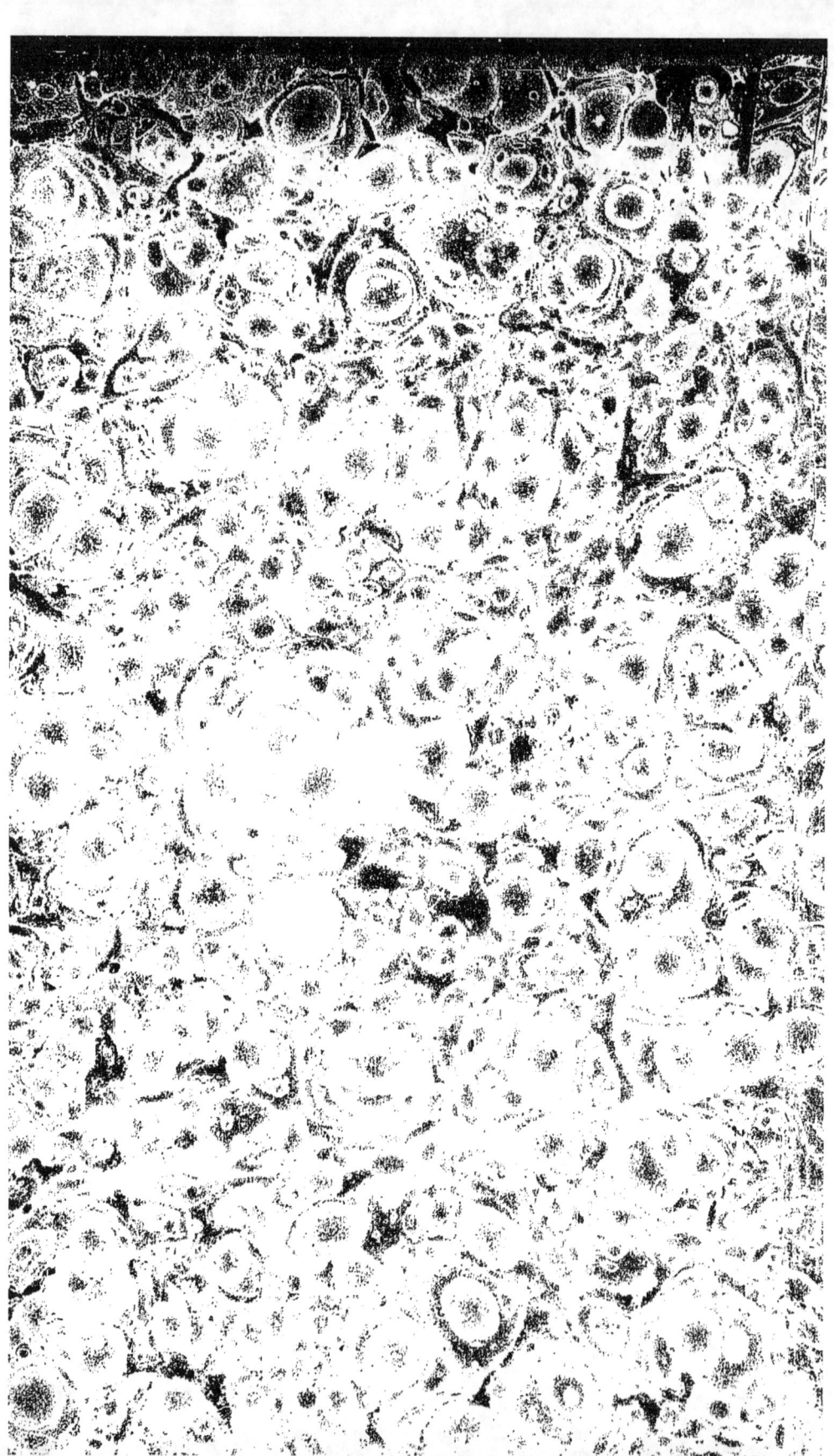

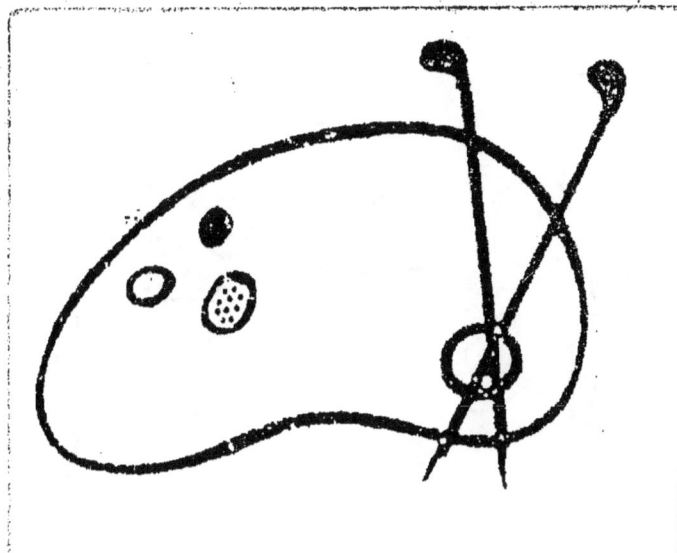

Fin d'une série de documents en couleur

R 2239.
+C.3.a.2.

11865

HISTOIRE

COMPARÉE

DES SYSTÈMES DE PHILOSOPHIE.

CET OUVRAGE SE TROUVE AUSSI

Chez { PASCHOU, à Genève, pour toute la Suisse.
DE MAT, à Bruxelles.
LE ROUX, à Mons.

Ouvrages nouveaux chez les mêmes :

CHOIX DE RAPPORTS, Opinions et Discours prononcés à la tribune nationale depuis 1789 jusqu'à ce jour, 20 volumes in-8°. Prix 160 fr., vélin le double; la table générale 5 fr.

HISTOIRE DU JURY, par M. Aignan, de l'académie française, 1 vol. in-8°. Prix 6 fr.

OEUVRES COMPLÈTES de madame la comtesse de Souza, ci-devant de Flahault, auteur d'*Adèle de Sénange*, 6 vol. in-8°, avec gravures, prix 36 fr.; 12 vol. in-12 30 fr., vélin le double.

OEUVRES COMPLÈTES de don Barthélemi de Las Casas, évêque de Chiapa, défenseur de la liberté des naturels de l'Amérique, précédées de sa vie, par M. G.-A. Llorente, 2 vol. in-8°. Prix 13 fr. 50 cent.

OEUVRES COMPLÈTES de M. le comte de Ségur, de l'académie française. — Histoire ancienne, 9 vol. in-18. Prix . . . 18 fr.
——— romaine, 7 vol. id. . . . 14
——— du Bas-Empire, 9 vol. id. . . . 18
Les mêmes ouvrages imprimés en 10 vol. in-8°, et Atlas par P. Tardieu . . . 70
——— Histoire de France, 1re époque, 5 vol. in-18. 10
——— Galerie morale et politique, 3 vol. in-8°. 18
——— Politique de tous les cabinets de l'Europe, 4e édit., refondue, 3 vol. in-8°. 21
——— Romances et chansons, 1 vol. in-18. 2
——— Tableau historique et politique de l'Europe, 4e édit., refondue, 3 vol. in-8°. 21

VOYAGEUR MODERNE, ou extrait des voyages les plus récens dans les quatre parties du monde, publiés en plusieurs langues jusqu'en 1822, 6 vol. in-8°, avec 36 belles gravures de costumes. Prix . . . 36
Coloriées . . . 46
Le même, 12 vol. in-12, avec gravures . . . 30
idem. fig. coloriées . . . 40

IMPRIMERIE DE COSSON.

HISTOIRE

COMPARÉE

DES SYSTÈMES DE PHILOSOPHIE,

CONSIDÉRÉS

RELATIVEMENT AUX PRINCIPES DES CONNAISSANCES HUMAINES ;

PAR M. DEGERANDO,

MEMBRE DE L'INSTITUT DE FRANCE.

DEUXIÈME ÉDITION,

REVUE, CORRIGÉE ET AUGMENTÉE.

TOME II.

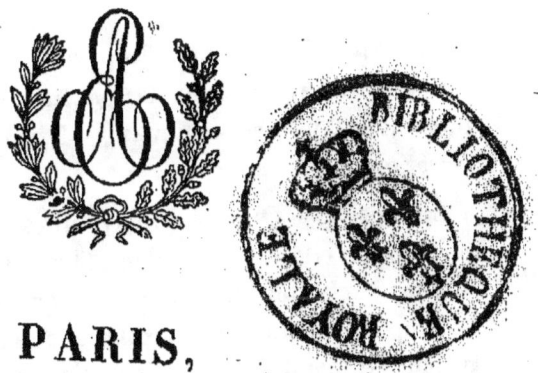

PARIS,

ALEXIS EYMERY, LIBRAIRE, RUE MAZARINE, N° 30.
REY ET GRAVIER, QUAI DES AUGUSTINS, N° 57.
AILLAU, QUAI VOLTAIRE, N° 21.

1822.

HISTOIRE

COMPARÉE

DES SYSTÈMES DE PHILOSOPHIE.

SUITE DE LA PREMIÈRE PARTIE.

CHAPITRE VII.

Seconde école d'Élée.

SOMMAIRE.

Pourquoi l'exemple d'Hippocrate est resté à peu près infructueux pour l'avancement des sciences physiques dans l'antiquité.

Eléatiques physiciens : Empédocle ; — Sa doctrine paraît être un syncrétisme des systèmes déjà connus ; — Enthousiasme, formes poétiques ; — Théorie singulière sur les sensations.

Leucippe ; — Origine de l'hypothèse des atomes ; — Importance qu'elle a acquise dans l'histoire de la philosophie ; — Sous quel point de vue nous devons ici la considérer ; — Leucippe est choqué des corollaires auxquels les Eléatiques avaient été conduits ; — Distinction qu'il établit entre les divers ordres de perceptions ; — Il rapporte tous les phénomènes à l'étendue, au mouvement, à l'espace ; — Exposition du système des atomes ; — Comment Leucippe croit avoir réconcilié la raison avec l'expérience ; — Applications peu heureuses ; — Sa psycologie imparfaite ; matérialisme.

Démocrite ; nouveau développement de la distinction introduite entre les divers ordres de perceptions ; — Valeur subjective des perceptions sensibles ; — L'intelligence réduite à une condition passive ; — Hypothèse des *images* détachées des objets et qui parviennent à l'âme ; Diversité et contradiction apparente des témoignages des anciens sur l'opinion de Démocrite relativement au principe de la connaissance ; — Explication proposée ; — Singulières idées de ce philosophe sur la divination ; — Explication proposée ; — Maximes de Démocrite sur le destin et la nécessité ; — Sa philosophie morale.

Métrodore de Chios ; son scepticisme.

Parallèle des deux écoles d'Elée ; — Résultats communs ; — Parallèle des Eléatiques et des Ioniens ; — Des Eléatiques et des Pythagoriciens.

___

L'EXEMPLE donné par Hippocrate eût pu exercer sur la marche des sciences dans l'antiquité une influence semblable à celle que Galilée a obtenue dans les temps modernes. Mais, les esprits n'étaient point préparés pour une révolution de ce genre ; ils étaient engagés dans un ordre de recherches trop éloigné des voies que leur montrait Hippocrate. Le goût naturel des Grecs pour les idées spéculatives et les déductions subtiles contribuait encore à les détourner de cette route prudente. D'ailleurs, si le père de la médecine avait enseigné la méthode qui compare les observations, l'art d'expérimenter était demeuré dans l'enfance, il devait y rester par la suite du mépris qu'avaient les anciens pour tous les arts mécaniques; ainsi, on n'était pas en mesure d'étendre avec succès l'exemple donné par Hippocrate, aux sciences qui ont besoin non-seulement d'observer, mais d'interroger la nature; on ne pouvait apprécier tous les secours que prête l'expérience raisonnée et inductive pour s'élever dans la région des découvertes.

Ces réflexions se confirment, lorsqu'on remarque comment procédèrent les Eléatiques appelés physiciens, et les résultats auxquels ils arrivèrent. En effet, quoiqu'ils se fussent adonnés, par réflexion et par choix, à l'étude de la nature, ils furent loin d'obtenir les succès qu'elle pouvait promettre, et ne firent souvent que substituer des conceptions aussi arbitraires à celles que les Eléatiques métaphysiciens avaient imaginées dans l'ordre des spéculations rationnelles. C'est que, toujours empressés à s'ériger en architectes de la nature, à construire au lieu d'observer, ils voulaient aussi commencer par saisir les premiers élémens des choses, comme si ces élémens primitifs n'étaient pas précisément ce qui est le plus éloigné de nous; seulement, ils puisaient ces élémens à une autre source que leurs prédécesseurs.

On ne peut même reconnaître à Empédocle le mérite d'avoir présenté sous ce rapport des vûes bien nouvelles. Quelle que soit l'idée que ses apologistes aient voulu nous donner des connaissances qu'il avait acquises par l'étude de la nature, c'est en vain qu'on cherche dans sa doctrine quelque découverte qui ait fait faire un pas réel à la science ; on n'y aperçoit guère qu'un mélange visible et une combinaison des idées de ses prédécesseurs. Il admit à la fois les trois élémens des Ioniens, l'air, l'eau, le feu, et leur joignit la terre. « Les parcelles primitives de ces quatre élémens, indivisibles, inaltérables, éternelles, dérivent de l'unité, c'est-à-dire y sont d'abord renfermées et confondues, et s'en séparent ensuite ; ainsi sa *monade* est une sorte de chaos. » L'*amour* et la *discorde* sont les deux forces qui président à l'aggrégation ou à la dissolution ; c'est-à-dire que l'attraction et la répulsion sont à ses yeux les deux lois générales de la nature ; elles représentent même en quelque sorte les deux principes des Orientaux ; car l'amour est la source du bien, comme la discorde celle du mal. Au reste, la suite des transformations n'est soumise qu'à des causes mécaniques, l'intelligence n'y a aucune part; un hasard aveugle préside seul à toutes ces combinaisons (1). »

Ce n'est pas qu'Empédocle n'admît l'idée de la divinité, comme principe intelligent; mais il est difficile de découvrir quel rang, quelle action il attribuait à ce principe dans l'univers. Suivant Sextus l'Empirique, il reconnaissait une intelligence divine qui se répand dans le monde entier, dont tous les êtres empruntent la vie, dont l'âme humaine et celle même des animaux seraient des parties ou des émanations (2). Lorsqu'il confère d'ailleurs le nom de *dieux* à ses quatre élémens, on ne doit reconnaître dans ces expressions que les images propres à la langue poétique dont il faisait usage. Suivant les détails que Philostrate, Diogène Laërce, Porphyre, Jamblique, Suidas, ont recueillis sur sa vie, le philosophe d'Agrigente paraîtrait avoir été livré à un enthousiasme habituel, et ses disciples en auraient fait une sorte de thaumaturge; Plutarque nous dit

___

(1) Aristote, *Physic.* II, 4. — *Metaphys.*, I, 4; III, 4. *De generat. et corrupt.* I, 1. — Plutarque, *De Placit. phil.* 1, 8. — Sextus l'Emp. *Adv. Math.*, IX, 10, etc.

(2) *Adversus Math.*, I, § 302, 303; IX, § 127.

qu'il peuplait l'univers de génies actifs, intelligens, nous décrit l'intervention qu'il leur attribuait, les vicissitudes qu'il leur faisait subir. On est surpris du contraste qui s'offre entre l'exaltation qui domine son esprit, et les idées qu'il s'était formées sur les lois de la nature. Ce contraste, et en général l'incohérence qui se manifeste dans les vers détachés que les anciens ont conservés de ce philosophe, s'explique à nos yeux par le syncrétisme dont sa doctrine était empreinte. Il avait suivi à la fois Pythagore, Héraclite, l'école d'Ionie ; il avait mêlé leurs hypothèses plutôt qu'il ne s'était occupé à les concilier.

On prendrait cependant une idée plus avantageuse et plus juste d'Empédocle, si on le reconnaissait comme le véritable auteur des *Vers dorés* attribués à Pythagore, ainsi que plusieurs indications autorisent à le penser ; et si on expliquait les récits singuliers et merveilleux de quelques anciens auteurs à son sujet, par les succès qu'il avait obtenus dans la pratique de la médecine, art dont il avait fait une étude approfondie.

Il paraît avoir essayé d'établir une théorie des sensations ; le fondement qu'il voulait lui donner est singulier : le même ne pouvant être aperçu que par le même, suivant la maxime des Éléatiques, il affectait à chacun de nos sens un élément particulier; ainsi, le feu était aperçu par le feu, c'est la vue; l'air par l'air, c'était l'ouïe, et à ces quatre sources de perceptions, il en joignait encore deux autres : « La discorde, disait-il, est aperçue par la » discorde, et l'amour par l'amour; » ce sont les expressions que nous a conservées Sextus l'Empirique (1). Par ces deux dernières expressions qui renferment sans doute un sens allégorique, il entendait peut-être la variété, domaine de l'expérience, l'unité, domaine de la raison.

Il expliquait ainsi le phénomène de la sensation par une sorte d'identité entre l'objet perçu et la sensation elle-même; les couleurs, par exemple, étaient, suivant lui, de certaines formes qui proviennent du dehors et se transmettent à nous par l'organe de la vue (2).

Il semblerait que, d'après cette hypothèse, Empédocle aurait accordé au témoignage des sens une certitude entière, comme il accordait

---

(1) *Adversus Math.*, VII, § 120 et suiv. Voyez aussi Aristote, *De Animâ*, I, 2.

(2) Aristote, *De Sensu*, cap., 2, 4. — Platon, *Ménon*. — Plutarque, *De Placitis phil.*, IV, 16, 17.

la réalité à leurs objets; et c'est en effet ce qu'annonce Sextus l'Empirique; mais, plus loin, le même écrivain nous annonce au contraire que le philosophe d'Agrigente refusait toute confiance aux sens et ne reconnaissait d'autorité que dans la raison seule (1). Aristote nous met peut-être sur la voie d'expliquer cette contradiction apparente, en distinguant la sensation, de la connaissance proprement dite (2), comme nous venons de l'indiquer. Peut-être, en effet, Empédocle entendait-il mettre, d'une part, les sens en rapport avec les *agrégats*, seuls objets visibles, mais toujours mobiles; et la raison en rapport avec les *unités* primitives que les sens ne peuvent apercevoir, mais qui, seules, dans ce système, ont une existence et des propriétés durables. Peut-être ces contradictions sont-elles encore l'effet des emprunts qu'il fit à des systèmes opposés. Cicéron place quelque part Empédocle au nombre des sceptiques; ailleurs, il pense que l'exagération poétique donnait sur ce sujet, comme sur les autres, une fausse couleur au langage du philosophe sicilien (3) (A).

---

(1) *Adversus Math.*, VI, 115, 122.
(2) *De Anima*, III, 3. *Metaphys.*, IV, 5.
(3) *In Lucullo*, cap. 5. *Acad. quæst.*, IV, 25.

S'il ne nous est pas possible de lui accorder un rang distingué dans l'histoire de la philosophie, il lui reste du moins d'autres titres auprès de la postérité, celui de poète, celui de citoyen zélé pour la liberté de son pays. On pourrait supposer qu'il se proposa moins d'introduire une doctrine nouvelle que de revêtir des charmes de la poésie les idées émises par les philosophes qui l'avaient précédé, et cette supposition soulagerait beaucoup les commentateurs. Comme moraliste, il attira l'attention sur les grandes questions qui se rattachent à l'origine du mal; il paraît avoir été dominé par des impressions vives et mélancoliques sur cet important sujet.

Leucippe et Démocrite (1) nous offrent du moins un sujet d'instruction plus abondant tout ensemble et plus facile; ceux-ci ont mérité, à plusieurs égards, la dénomination de *physiciens* qui leur a été donnée; ils ont eu le mérite de mettre en honneur l'étude des sciences

---

(1) Il est difficile d'assigner un rang certain à Empédocle dans l'ordre chronologique; si nous l'avons placé avant Leucippe et Démocrite, c'est parce que ceux-ci ont contribué bien plus efficacement au progrès des connaissances humaines.

naturelles. L'affinité de leur système sur les atomes, avec celui d'Epicure, leur fait jouer un rôle considérable dans l'histoire de la philosophie grecque, et Démocrite a répandu sur la théorie de la connaissance humaine plus de lumières qu'aucun de ses prédécesseurs.

Nous ne devons considérer ici l'hypothèse des atomes que sous un seul point de vue : les rapports qu'elle a avec la marche de l'esprit humain et les procédés qu'il suit dans la recherche de la vérité ; mais, sous cet aspect même, elle n'est pas sans intérêt.

Aristote (1), en donnant de justes éloges à la marche méthodique que suivirent Leucippe et Démocrite, a exposé d'une manière lumineuse comment Leucippe fut conduit à établir cette hypothèse, en méditant sur celles qu'avaient essayées les Eléatiques métaphysiciens ; comment, frappé des contradictions auxquelles ceux-ci avaient été entraînés, il essaya de réconcilier la raison et l'expérience (B).

En jetant nos regards sur la nature, nous y apercevons de toutes parts la variété et la mobilité ; le témoignage irrécusable de l'expérience nous contraint de reconnaître des sub-

---

(1) *De generatione et corrupt.* I, 8.

stances diverses entre elles, et qui reçoivent des modifications continuelles. Comment expliquer ce double résultat par des principes que la raison puisse avouer ?

Une distinction essentielle s'est offerte à l'esprit de Leucippe, et cette remarque est, si nous ne nous trompons, le fondement de tout son système ; elle est celle qui fait le plus d'honneur à sa sagacité. Il distingue les phénomènes dont l'étendue est la condition, de tous les autres phénomènes sensibles (1); en d'autres termes il distingue les deux genres de qualités que les philosophes ont désignées plus tard sous la dénomination de *qualités premières* et de *qualités secondes* ; c'est à celles-là seules qu'il attribue la réalité objective ; c'est à celles-là seules qu'il s'attache, en supposant, sans toutefois le dire expressément, que celles-ci ne sont qu'un effet qui résulte des autres, peut-être qu'une modification du sujet qui les perçoit, obtenue par les impressions qu'il a reçues à leur occasion.

Maintenant, dans le champ de l'étendue, qu'apercevons-nous ? toujours ces deux grandes

---

(1) Aristote, *De generat. et corrupt.* I, 1. Sextus l'Emp., *Hipotyp. Pyrrh.*, III, § 33.

circonstances : des formes et du mouvement, variété dans les formes, changemens produits par le mouvement.

Or, ces deux circonstances supposent également une troisième condition, l'espace, l'espace vide. Leucippe établit cette double démonstration avec une logique rigoureuse. Sans des intervalles vides qui les séparent, les corps seraient contigus les uns aux autres dans toutes leurs parties, n'auraient plus aucune figure propre, ne seraient qu'une seule masse; sans un espace vide apte à le recevoir, un corps ne pourrait changer de place. Mais Leucippe appelle aussi à son secours des observations tirées de l'expérience, la faculté qu'ont certains corps d'être réduits par la compression à un moindre volume, la capacité qu'a un vase rempli de cendres à recevoir une égale quantité d'eau, etc. (1).

« Ces corps divers, qui s'offrent à nos regards, sont tous des agrégats; ils sont tous divisibles; ils peuvent tous se dissoudre; il faut donc, pour en avoir la matière primitive, remonter à des élémens constitutifs, qui eux-mêmes ne soient ni composés ni divisibles;

---

(1) Aristote, *De generatione et corrupt.*. I, 8. — *Physic.*, IV, 3.

ces élémens prendront de là le nom d'*atomes*. « Ils seront impénétrables, puisqu'ils remplissent l'espace ; ils échapperont à la vue et au tact par leur subtilité ; leur nombre sera infini, leur existence éternelle. » Leucippe leur accorde aussi une figure, sans s'apercevoir que cette propriété, inutile à son hypothèse, est en contradiction avec elle. «Leurs figures varient; leurs positions respectives varient aussi; ils forment des combinaisons plus ou moins étendues; ils sont distribués dans ces combinaisons suivant un ordre différent ; de là toutes les variétés des agrégats (1). »

Un changement dans la composition de ces agrégats, ou dans le mode de coordination de leurs élémens, expliquera les altérations successives que les corps subissent ; et le mouvement suffit pour rendre raison de ces changemens. Or, ces transformations, à leur tour, expliquent toutes celles qui ont lieu dans les qualités secondes qui dérivent elles-mêmes de la

---

(1) Aristote, *De generat. et corr.*, I, 1, 2, 8, 9. — *De Cœlo*, I, 7 ; III, 4. *Metaph.*, I, 4. Diogène Laërce, IX, §§ 30, 31. Cicéron, *Acad. quæst.*, 18, 37. *De Nat. Deor.*, I, 24. Lactance, *De Ird Dei*, 10; III, 17.

propriété première et fondamentale, la configuration (1).

Il reste à expliquer le mouvement dont l'espace est le théâtre.

Leucippe suppose que le mouvement est inhérent à chaque atome; suivant Diogène Laërce, ce mouvement produit une sorte de tourbillon (2). Huet et Bayle ont déjà remarqué que cette idée renferme le germe du système de Descartes.

« Il y a donc deux principes des choses, l'un positif, l'autre privatif : la réalité dans l'espace, et le vide (3).

» Ainsi le cours de toutes choses est soumis à la nécessité (4). »

Tel est le système de Leucippe réduit à ses expressions les plus simples et les plus précises; ou plutôt telle est la traduction fidèle des textes que les anciens nous en ont conservés. On voit qu'il réduisait toutes les lois de l'univers à des lois mécaniques.

C'est ainsi que Leucippe crut avoir récon-

---

(1) Aristote, *De gener. et corrupt.* 1, 2.
(2) Aristote, *ibid*, 1, 8. *De Cœlo*, I, 7, IX, §31.
(3) Aristote, *De gener. et corrupt.*, I, 8.
(4) Diogène Laërce, IX, § 33.

cilié la raison et l'expérience ; il satisfaisait à celle-ci, en admettant comme un fait la variété des composés et les changemens qu'ils subissent ; à celle-là, en supposant un nombre infini d'élémens simples, invariables.

Les physiciens de l'école d'Ionie, les Pythagoriciens, avaient cherché quelque solution semblable, mais sans pouvoir l'obtenir d'une manière aussi précise, sans l'avoir exposée d'une manière aussi claire. Ils avaient plus ou moins attribué aux principes élémentaires, des propriétés semblables à différentes qualités qui affectent nos sens dans les composés ; Leucippe réduisit ces propriétés à la figure et au mouvement, et de ces deux conditions fit dériver tout l'ensemble des phénomènes.

Mais nous ne retrouvons plus la même sagacité d'aperçus, la même rigueur de méthode, lorsque nous voulons suivre ce philosophe dans les autres branches de sa doctrine et dans les applications qu'il essaya de faire de son hypothèse principale. On ne découvre, ainsi que l'a remarqué Stobée dans son système sur la formation de l'univers, aucune trace de l'intervention d'une cause intelligente. Suivant Diogène Laërce, le Pseudo-Origène et Stobée, la nécessité fut pour lui la mère des mondes (1). Il la considéra comme étant tout à la fois le destin et une sorte de providence; «car, il faut, disait-il, une cause, un fondement à tout ce qui arrive. » Il resterait cependant à examiner si Leucippe ne se bornait pas à exprimer, par le terme *nécessité*, les lois régulières et constantes qui président à l'ordre physique, et si le système entier de Leucippe n'était pas ainsi renfermé dans les limites du domaine des sciences naturelles; il ne nous reste aucun passage qui puisse expliquer sa pensée à ce sujet, et le livre qu'il avait, dit-on, composé sur l'*âme*, ne nous est point parvenu. Ce qui autoriserait à penser que ce philosophe n'entendait traiter que la physique, c'est que nous ne connaissons rien de lui qui se rapporte aux sciences morales, et on peut remarquer que l'accusation d'athéisme, si souvent prodiguée dans l'antiquité envers les philosophes, même sans fondement, n'a point été dirigée expressément contre celui-ci. Il avait en partie adopté les idées de Xénophane, en partie cherché à les rectifier; il est probable qu'il s'en tenait aux opinions de celui-ci sur la théo-

---

(1) Diogène Laërce, IX, § 33.—Origène, *Philos.*, *cap.* 12. — Stobée, *Eclog. Physic.* I, 8.

logie naturelle, et qu'il ne s'est point occupé à les discuter, parce qu'elles n'entraient point dans le plan de ses recherches. La psychologie de Leucippe, il faut l'avouer, est empreinte d'un matérialisme manifeste; « la vie, la pensée, le mouvement, sont à ses yeux la même chose; la respiration en est la condition, la chaleur en est le signe; l'âme, en qui résident ces trois propriétés, est elle-même un aggrégat d'atomes, un composé de particules ignées, qui circulent dans tout le corps. » Ces idées, quelque fausses et bizarres qu'elles soient, nous étonnent peu dans le philosophe qui avait prétendu tout expliquer par les seules lois mécaniques, qui avait rapporté tous les phénomènes à ceux dont l'étendue est la condition, et qui avait presque entièrement écarté cet autre ordre de phénomènes, bien plus vaste et bien plus important, que révèle à l'homme le témoignage de la conscience intime. Sous ce rapport encore, et comme le premier matérialiste systématique dont l'histoire de la philosophie nous offre l'exemple, il mérite une attention particulière (C).

Le système ébauché par Leucippe reçut de Démocrite son complément et son développement; celui-ci le fortifia par des argumens nouveaux; il lia surtout d'une manière plus étroite la théorie des sensations avec l'hypothèse destinée à expliquer les phénomènes naturels. Nous avons vu que Leucippe avait distingué ceux de ces phénomènes qui se déploient dans le champ de l'espace ou sous la condition de l'étendue, et ceux qui correspondent à ce que nous appelons les *qualités secondes ;* Démocrite pensa que ceux-ci ne sont que des modifications du sujet sentant ; qu'ils résultent seulement de la manière dont nos sens sont affectés par la présence des objets extérieurs ; « Le miel, par exemple, n'est par lui-même » ni doux, ni acide; mais, il produit sur l'or- » gane du goût une impression à laquelle nous » donnons le nom de *doux*, et de là vient que » cette impression varie, suivant les individus ; » il en est de même des couleurs, des sons, » des odeurs, etc. » Les perceptions du tact nous introduisent seules aux propriétés réelles des objets (1). Mais, comment s'opèrent ces impressions que les objets extérieurs produisent en nous ? C'est ce que Démocrite n'expliqua que d'une manière trop défectueuse. L'image des atomes et des propriétés qui leur

---

(1) Aristote, *De sensu ac sensibili*, cap. 4.

appartiennent, parvient à notre âme, pure et sans mélange; mais, dans les sensations qu'elle produit, elle s'unit et se confond avec l'affection qu'éprouve l'organe; celle-ci trouble et obscurcit celle-là. La première exprime donc les choses réelles; la seconde représente l'action que ces choses ont exercée sur nous (1). » Démocrite avait ainsi esquissé, comme l'a judicieusement remarqué le professeur Tennemann (2), la théorie que Locke a exposée dans les temps modernes.

Démocrite n'assigne à l'intelligence humaine qu'un rôle entièrement passif : « Toutes nos perceptions nous sont données, nous viennent du dehors; des corps qui leur servent d'objets, s'échappent certaines émanations qui leur ressemblent; des images (Εἴδωλα), qui viennent s'imprimer dans notre âme. L'eau qui, selon Démocrite, compose l'organe de la vie, les reçoit comme un reflet, une copie; l'air les transmet à l'oreille, par un mouvement qui produit des formes analogues, etc. L'effet produit par cette action exercée sur nos or-

---

(1) Aristote, *De sensu ac sensibili*, cap. 4.—Sextus l'Empirique, *Adversus logic.*, §§ 135, 138, 139, VIII, § 124, VII. *Hypoth. Pyrrh.* I, § 213.

(2) *Histoire de la Philosophie*, tome 1er, page 288.

ganes, persévère encore alors que les objets ont cessé de nous être présens, parce que le mouvement qu'ils ont excité se prolonge; c'est ainsi qu'on voit à la surface de l'eau se former des tourbillons toujours décroissans, après qu'on y a jeté un corps pesant, et qu'il s'y est précipité; cette explication donne aussi la raison des songes, dont le silence et l'obscurité rendent les impressions encore plus sensibles (1). » Lorsqu'on voit Démocrite adopter une semblable hypothèse sur la théorie de la perception, lorsqu'on le voit considérer l'âme humaine comme un aggrégat d'atomes de feu, de ces mêmes atomes qui sont répandus et circulent de toutes parts (2), lorsqu'on le voit rapporter l'activité du principe pensant à un simple mouvement matériel, on s'attend à le voir confondre la pensée avec la sensation, et placer la raison dans la dépendance des objets extérieurs. Aristote, en effet, l'accuse d'avoir identifié la raison et les sens. Plutarque, au contraire, assure qu'il les a expressément

---

(1) Aristote, *De Divin. per somnum*, cap. 2. — Plutarque, *De Placitis phil.*, IV, cap. 8, 13, 19.
(2) Aristote, *De Animâ*, I, 2, — *Metaphys.*, III, 5. — Sextus l'Emp., *Adv. math.*, VII, § 116.

distingués (1). Suivant Sextus l'Empirique, les perceptions sensibles n'ont aux yeux de Démocrite aucune vérité, et ne peuvent procurer aucune connaissance réelle ; la raison seule peut porter des jugemens solides, et obtenir une connaissance véritable (2). D'après le témoignage de Diotime, Démocrite aurait établi trois *criterium* de la vérité, les apparences, les notions, la sensibilité ; le premier, pour les objets non sensibles, le second pour l'investigation de l'esprit, le troisième pour les passions (3). Ailleurs (4), Sextus l'Empirique s'exprime comme si Démocrite avait refusé la certitude à toute espèce de connaissances. Enfin, Cicéron semble confirmer cette dernière interprétation et prête aussi au philosophe Abderitain un scepticisme absolu (5). Mais, en examinant et comparant avec soin ces différens passages, on croit découvrir qu'ils peuvent se concilier, et qu'ils s'expliquent tous par la théorie fondamentale de Démocrite sur la per-

---

(1) Plutarque, *De Placit. phil.*, IV, cap. I.
(2) Sextus l'Emp., *ibid.*, §§ 133, 139.
(3) *Ibid.*, § 141.
(4) *Ibid.*, 156 et suiv.
(5) *Acad. quæst.*, IV, cap. 25.

ception, telle que nous venons de l'expliquer. D'après cette théorie, en effet, nous ne sommes autorisés à attribuer aux objets aucune des qualités sensibles, autres que l'étendue et ses diverses propriétés, telles qu'elles s'appliquent aux atomes ; toutes les autres n'ont qu'une réalité purement subjective. Mais l'existence des atomes, les qualités qui leur sont propres ne sont point saisies par les sens ; les déductions de la raison nous conduisent seules à les admettre. Et, telle est précisément la doctrine que Sextus l'Empirique prête à Démocrite dans un autre passage (1); nos sensations ne constituent qu'une *connaisance obscure*, une simple *opinion* ; la pensée seule a une réalité objective, constitue la *connaissance claire, légitime, véritable*. Et, c'est aussi ce que pouvait entendre Cicéron ; car, c'est des sens uniquement qu'il parle, en attribuant le scepticisme à ce philosophe. Du reste, Démocrite n'admettait que ces deux ordres de connaissances, et son hypothèse ne lui permettait pas d'en admettre d'autres.

Cependant, les anciens prêtent unanimement

---

(1) *Adversus logic.* VII, §§ 138, 139, 155. — *Hyp. Pyrrh.*, I, § 30.

à Démocrite des expressions singulières sur la divination, sur les rapports de l'homme avec les génies errans dans l'univers, sur la puissance de ces génies, les moyens de se les rendre favorables; il n'est aucune idée superstitieuse qui ne se trouve autorisée par le langage qu'on lui attribue. Cette bizarrerie était-elle chez le philosophe Abdéritain l'effet stricte d'une faiblesse d'esprit, qu'on a plus d'une fois reconnue chez des hommes qui rejetoient toutes les croyances morales? avait-il, en effet, cédé aux superstitions vulgaires, pour satisfaire à un instinct vague et indéfini qui le portait à supposer quelque puissance surnaturelle, alors que son système sembloit exclure de l'univers l'intervention d'une cause intelligente? Ou bien, n'avoit-il affecté de professer des opinions semblables que dans l'intérêt de sa propre sécurité, pour éviter les accusations, les persécutions auxquelles sa doctrine eût pu l'exposer, en se mettant sous la protection et la sauvegarde des préjugés populaires? Chacune de ces deux conjectures peut être également admise. Il en est cependant une troisième qui offre peut-être un plus haut degré de probabilité : elle consisteroit a supposer que Démocrite a encore été conduit à ces idées singulières par son hypothèse sur les *images* qui nous viennent du dehors. Il reconnaissait quelque chose de divin dans le principe pensant (1); il regardait ce principe comme répandu dans l'univers. Ayant écarté, par son système de cosmologie mécanique, toutes les inductions éléologiques qui nous reportent à la notion de la Divinité par l'étude et la contemplation de ses œuvres, n'ayant admis que des connaissances acquises par une communication directe avec les objets, il supposait que la nature divine se communiquait aussi, se révélait directement à l'homme, par une espèce particulière d'*images* affectées à ce commerce, émanant de cette source ; il introduisait surtout ce genre d'illumination dans les songes; et telle est en effet l'explication qu'il donnait lui-même, d'après les paroles qui nous sont rapportées (2); remarquons ainsi que, lorsqu'il attribuait aux grands accidens de la nature l'origine des croyances religieuses (3), il ne té-

---

(1) Cicéron, *De nat. Deor.*, I, 12, 43.

(2) Sextus l'Empirique, *Adver. math.*, IX, §§ 15, 19, 42. — Cicéron, *De Divinat.*, I, 3. — Voy. aussi Plutarque, *De Placit. phil.*, c. I, 3, 7, IV, 14, et Stobée, *Eclog. physic.*, I, 1.

(3) Sextus l'Empirique, *Adv. math.*, IX, § 24.

moignoit pas une grande appréhension des préventions qui pouvaient s'élever contre lui.

Deux passages de Sextus l'Empirique, en même temps qu'ils paraissent confirmer cette dernière explication, jettent un grand jour sur les opinions de Démocrite : « Démocrite pensait, dit Sextus, que ce sont les phénomènes extraordinaires de la nature, tels que la foudre, les éclipses, etc., qui nous ont conduits à la connaissance des Dieux, par la terreur qu'ils font éprouver, » et plus loin : « Démocrite supposait certaines images gigantesques et de forme humaine, répandues dans l'air qui nous entoure, et d'autres moyens semblables, qui mettent notre esprit en relation avec la Divinité. (1) »

Toujours est-il certain que la nécessité seule, le destin, présidait, suivant lui, aux phénomènes de l'univers sensible, et il accordait à cette loi aveugle la dénomination de *Providence* (2). Mais, cette nécessité était une nécessité purement physique; c'était la conséquence de la loi des tourbillons (3). Il avait

---

(1) *Adv. phys.*, IX, §§ 24 et 42.
(2) Diogène Laërce, IX, § 45. — Cicéron, *Acad. quæst.*, IV, 17.
(3) Sextus l'Empirique, *ibid.*, §§ 112 et 113.

reçu cette opinion de ses prédécesseurs ; mais, en voici une qui lui était propre : « Il y a, suivant lui, un nombre infini de mondes, en partie divers entre eux, en partie entièrement semblables ; les uns naissent, les autres périssent (1). » Il considérait aussi le temps comme n'ayant point commencé ; et cette hypothèse, dont il n'apercevait point sans doute le vice radical, venait à son secours pour le dispenser d'assigner une cause au mouvement ; « car, ce qui a été de tout temps, disait-il, n'a pas besoin d'avoir eu une cause (2), » conclusion aussi peu légitime que sa base était peu solide. Il assigna aussi à ses atomes une pesanteur inégale, en vertu de laquelle les uns s'élèvent, tandis que les autres tendent à descendre (3).

Démocrite avait aussi embrassé la morale dans sa philosophie, et il est curieux d'observer sous quel aspect cette science avait pu s'offrir à lui, d'après les doctrines générales qu'il avait adoptées, et quelle influence celles-ci ont

---

(1) Cicéron, *ibid.* — Origène, *Phil.*, cap. 13.
(2) Aristote, *Physic.*, VIII, 1, 2.
(3) Aristote, *De gener. et corrup.*, I, 9. — Plutarque, dans Eusèbe, *De Præpar. Evang.*, XIV, 14.

pu exercer sur les idées qu'il s'était formées des devoirs et de la destinée de l'homme. Parmi les maximes éparses que Stobée et Diogène Laërce nous ont conservées de la morale de Démocrite, on en chercherait en vain qui assignent aux hommes un but moral, ou qui prêtent à leurs actions un motif désintéressé, qui accordent rien au sentiment ou à la sympathie. « La fin de l'homme, le souverain bien consiste dans la tranquillité de l'âme. La morale consiste donc à éviter tout ce qui pourrait altérer cet état de calme, de repos, de bien être. Ce n'est pas qu'il doive s'abandonner à la volupté sensuelle; car il convient de prendre soin de l'âme plus que du corps; la perfection de celle-là peut remédier aux maux de celui-ci, et la force corporelle ne supplée point à la raison; il ne faut point d'ailleurs placer sa félicité dans les choses périssables. C'est dans la modération, dans le soin d'éviter les excès, et de ne rien entreprendre au-dessus de nos forces, dans l'art de jouir du présent et de ne point nous inquiéter de ce qui est éloigné, que consiste la sagesse. Du reste, c'est moins à la nature qu'à l'exercice, qu'il appartient de rendre les hommes bons; aussi les lois ont-elles dû lui imposer des gênes; car, il serait par lui-même trop souvent porté à nuire aux autres (D). »

Parmi les disciples de Démocrite, on compte Métrodore de Chios dont Cicéron fait un sceptique absolu. Au commencement de son livre sur la nature, Métrodore de Chios s'exprime ainsi, dit l'orateur romain (1) : « Je nie que » nous sachions si nous savons quelque chose » ou si nous ne savons rien; que nous sachions » même ce que c'est que savoir ou ne savoir » pas, s'il y a quelque chose, ou si nous ne » savons rien. » Ce témoignage semble très-positif; cependant on remarque que Cicéron, dans le même passage, attribue une opinion semblable à Démocrite; et l'on sait d'ailleurs que Métrodore avait adopté la doctrine de celui-ci, et particulièrement sa doctrine sur les atomes (2).

Quelque opposées que soient les deux directions suivies par les deux écoles d'Elée, elles avaient l'une et l'autre cela de commun que leur attention s'était essentiellement dirigée sur la variété et la mobilité que présentent les phénomènes de l'univers. Mais les Eléatiques

---

(1) *Acad. quæst.*, IV, § 23.
(2) Simplicius, *In Physic.* — Aristote, I, 7.

métaphysiciens, n'admettant, pour point de départ, que des axiomes métaphysiques, en suivant les déductions avec rigueur, avaient été contraints de refuser toute réalité à ces phénomènes, d'en nier même la possibilité. Les Eléatiques physiciens, choqués de cette conséquence, avaient pris au contraire comme un fait, comme une donnée, cette mobilité et cette variété elle-même, et de la sorte avaient été conduits à reporter les deux conditions dans les élémens primitifs des choses. Du reste, ni l'une ni l'autre école ne soupçonna la vraie et légitime méthode de l'expérience comparée. La première eut certainement l'avantage d'être plus conséquente à elle-même, de suivre une logique plus sévère, et par cela même elle mit mieux en évidence, par l'absurdité du résultat, le vice de son procédé. La seconde ne recourut qu'aux hypothèses, mais elle eut le mérite de saisir une distinction importante et sérieuse entre les divers ordres de perceptions, quoiqu'elle eût aussi en même temps le tort d'en abuser. La première s'égara dans l'idéalisme, la seconde tomba dans le matérialisme. Si la seconde mérite, à quelques égards, le titre qui lui fut donné, ce ne fut certes pas à raison des recherches qu'elle exécuta, mais à raison de celles auxquelles elle donna occasion.

L'axiome, *Le même ne peut être connu que par le même*, l'hypothèse des images émanées des objets, étaient destinés à exercer encore une grande influence; c'était la première ébauche, le premier essai d'une théorie de la connaissance.

Déjà le domaine de la science avait été, sinon visité, du moins parcouru en bien des sens; l'esprit humain en avait marqué çà et là quelques points éminens; il en avait même rencontré les limites, plutôt, il est vrai, pour les franchir que pour les déterminer. Les plus grands problèmes avaient été posés; des tentatives hardies avaient été faites pour les trancher, plus encore que pour les résoudre.

Déjà l'esprit humain avait commencé à s'interroger lui-même; mais plutôt, il est vrai, pour justifier les prétentions qu'il avait formées, que pour en scruter la légitimité; il avait commencé à examiner les opérations des sens, instrumens donnés par la nature, à se donner quelques méthodes, instrumens de la raison.

Déjà une première division des sciences avait été opérée, sinon dans le sein de la même école, du moins par le partage des écoles.

L'école des Eléatiques anciens forme un contraste frappant avec celle d'Ionie ; celle des Eléatiques récens s'en rapproche davantage ; ces deux dernières avaient pu d'ailleurs connaître réciproquement leurs doctrines respectives. Toutefois les Eléatiques physiciens se distinguent des Ioniens sous trois rapports essentiels. Les premiers, classant les phénomènes en deux grandes divisions, cherchaient à expliquer l'une d'elles par un seul ordre de lois, celles de la mécanique, qui se rattachent plus facilement aux spéculations rationnelles ; les seconds, prenant dans son entier la masse des phénomènes, cherchaient à les expliquer tous à la fois par des lois communes qui appartiennent davantage aux données de l'expérience. Les Ioniens rapportaient la notion des causes à l'intelligence ; ils voyaient en elles le principe du mouvement, de la force, comme la source de l'ordre. Les Eléatiques physiciens n'admettaient aucune action des causes intelligentes dans les phénomènes de l'univers, n'admettaient même aucune idée de causes proprement dite. Enfin, les Ioniens prétendaient découvrir ce que les choses sont en elles-mêmes, ce qu'elles ont été, comment elles ont commencé, changé ; les Eléatiques physiciens essayaient de découvrir pourquoi elles nous paraissent telles qu'elles se montrent, comment leur réalité diffère de leur apparence.

L'école d'Ionie, plus prudente, souleva de moins grandes questions ; les Eléatiques, plus ambitieux, furent aussi plus téméraires.

Anaxagoras fut l'honneur de l'école d'Ionie, Hippocrate celui de l'école d'Elée ; mais Hippocrate s'isole presqu'entièrement de son école.

Les anciens Eléatiques se rapprochaient davantage de Pythagore ; mais, ils n'empruntaient guère à celui-ci que le dessein d'expliquer la nature par les spéculations purement rationnelles, et se renfermant dans les notions de la plus absolue généralité, ils négligeaient ou dédaignaient les solutions fécondes que pouvait donner l'application des sciences mathématiques à une portion des sciences physiques ; ainsi s'évanouirent dans leurs mains les résultats qu'on eût pu attendre d'un ordre de recherches qui mettait sur la voie des découvertes.

Condorcet a fort ingénieusement remarqué qu'il y a, entre les systèmes de Pythagore et ceux des Eléatiques physiciens, un rapport analogue à celui qu'ont offert dans les temps modernes ceux de Newton et de Descartes.

« Démocrite, dit-il, regardait tous les phéno-
» mènes de l'univers comme le résultat des
» combinaisons et du mouvement de corps
» simples, d'une figure déterminée et immua-
» ble, ayant reçu une impulsion première
» d'où résulte une quantité d'action qui se
» modifie dans chaque atome, mais qui, dans
» la masse entière, se conserve toujours la
» même. »

« Pythagore annonçait que l'univers était
» gouverné par une harmonie dont les pro-
» priétés des nombres devaient dévoiler les
» principes ; c'est-à-dire, que tous les phéno-
» mènes étaient soumis à des lois générales
»· et calculées.

» On reconnaît aisément, dans ces deux
» idées, et les systèmes hardis de Descartes,
» et la philosophie de Newton (1).

---

(1) Condorcet ; *Tableau des progrès de l'esprit humain*, pages 75, 76.

NOTES

DU SEPTIÈME CHAPITRE.

(A) Sextus nous a conservé quelques vers épars du poëme d'Empédocle. Voici ceux où le poète traite du témoignage des sens:

« Dieux ! Ecartez de mes vers ces folles erreurs,
« faites couler d'une bouche sainte, la pure fontaine de
» la vérité ! O Muse, ô Vierge célèbre, aux bras
» éclatans de blancheur, qui te plais à exaucer les
» mortels, je te supplie, conduis rapidement mon
» char au sommet de la sagesse ! — dédaigne les vaines
» palmes que décernent les mortels ...! Considère avec
» une persévérance attentive tout ce qui s'offre de
» clair autour de toi ! n'accorde pas plus de confiance
» à la vue qu'à l'ouïe, qu'à la parole, qu'à tout ce
» qui arrive du dehors à l'intelligence ; repousse le
» témoignage des organes de tes sens ; n'accorde de
» foi qu'à l'évidence » (*).

Ce texte doit être rapproché des autres passages cités par Aristote et par Sextus, et dans lesquels le

---

(*) *Adv. Log.*, VII, §§ 124, 125.

poète établit que le même ne peut être connu que par le même :

« Nous apercevons les quatre élémens par un élé-
» ment semblable, la terre par la terre, l'eau par l'eau,
» l'air divin par l'air, le feu destructeur par le feu, la
» discorde par la discorde, l'amitié par l'amitié. »
(Sextus l'Empirique, *Adver. Math.*, § 303, VII,
§ 120. Aristote, *De Animâ*, I, 2.

— Empédocle ici se réfère à son système qui admet six principes des choses :

« Les principes des choses sont le feu, l'eau, la
» terre, l'air, et la discorde furieuse qui maintient
» l'équilibre, et l'amitié qui est répandue de toutes
» parts. » (Sextus l'Empirique, *Adv. Math.*, IX, § 16.

On accuse Empédocle de l'orgueil le plus ridicule, parce qu'il s'était lui-même comparé à un Dieu : « Je
» suis un dieu, dit-il dans les vers conservés par Sextus ;
» je ne suis point sujet à la mort, je suis supérieur
» aux choses humaines ». (Sextus l'Empirique, *Adv. Math.*, I, § 303., mais, nous pensons qu'on s'est mépris sur le sens de ces paroles. Empédocle fait en cela allusion à la communication qui s'établit par la méditation entre l'âme et la divinité, lorsque l'âme est dégagée du vice et des choses terrestres, et c'est ainsi que Sextus lui-même explique ses paroles. (*Ibid.*, et *Adv. Math.*, IX, § 127.)

« Suivant le témoignage de plusieurs », dit ailleurs Sextus, et ce passage est comme le résumé de toutes les opinions du philosophe d'Agrigente, « Empédocle
» attribuait non aux sens, mais à la droite raison,
» la prérogative de juger de la vérité. La droite raison

» est en partie divine, en partie humaine ; la seconde
» peut être exprimée, mais aucun langage ne peut
» traduire la première. Plusieurs passages du poëme
» de ce philosophe développent cette maxime. Cepen-
» dant, dans un passage subséquent, Empédocle rend
» aux sens une partie de cette confiance qu'il leur avait
» retirée, et accorde à chaque sens le pouvoir de rendre
» un témoignage fidèle, pourvu qu'il soit dirigé par
» la raison » (*).

(B) Ce passage d'Aristote est fort curieux, en ce qu'il donne une idée nette des principes fondamentaux des deux écoles d'Élée, de l'opposition qui régnait entre ces principes, et de la marche que suivit l'esprit humain en adoptant ces deux doctrines contraires. Il justifie l'explication que nous donnons dans ce chapitre, des causes qui produisirent le système des Éléatiques physiciens. Ce passage appartient au traité *De la génération et de la corruption*, qui, si nous ne nous trompons, n'a point encore été traduit. C'est le chapitre huitième.

« Quelques anciens avaient pensé que ce qui existe
» est nécessairement *un et immobile* ; qu'il n'y avait
» point de vide, qu'il ne pouvait, par conséquent,
» y avoir de mouvement. Ils avaient été conduits de
» la sorte à rejeter le témoignage des sens, à s'attacher
» à la raison seule, puisqu'elle est contrainte de re-
» connaître que l'univers est un, immobile et infini;
» car s'il était fini, il y aurait du vide au-delà de ses

(*) *Adv. Log.*, VII, §§ 121 à 126.

» limites. Mais, leurs raisonnemens les conduisaient
» ainsi à des résultats qui sont démentis par la réalité
» des faits, et qui ressemblent à la folie. Celui même
» qui est atteint de la folie, ne délire pas au point de
» considérer comme une même chose le feu et la glace,
» par exemple; il confond seulement ce qui appar-
» tient à l'ordre moral, ce qui appartient à l'ordre
» de nos habitudes. Mais, Leucippe espéra trouver des
» raisonnemens en accord avec le témoignage des sens,
» et qui permissent de conserver la génération, la
» dissolution, le mouvement, la pluralité des êtres.
» Voici donc le système qu'il établit, conformément
» au témoignage de l'expérience : il admit une ma-
» tière composée d'élémens subtils, épars, errans
» dans le vide; lorsque ces élémens s'unissent et se
» combinent, ils produisent un corps; le corps se
» dissout, dès qu'ils se séparent; l'action résulte de
» leur contact, etc. »

(C) Le passage dans lequel Aristote explique cette opinion de Leucippe sur le rapport que les sens établissent entre l'homme et la nature, mérite d'être lu en entier.

« Plusieurs philosophes, dit-il, pensent que les
» modifications reçues s'opèrent par le moyen d'un
» agent principal qui s'introduit par une espèce de
» pores; ils estiment que c'est ainsi que s'opèrent chez
» nous les phénomènes de la vision, de l'ouïe et des autres
» sensations. Nous apercevons donc, suivant eux, les
» choses elles-mêmes au travers de l'air, de l'eau et
» des autres milieux transparens. Les pores qui don-

» nent passage à cette action sont très-petits, mais
» extrêmement répétés, disposés symétriquement,
» et plus ils sont nombreux, plus aussi les perceptions
» sont nettes et claires. Ainsi la substance qui agit
» et celle qui est modifiée, se mêlent et se confondent
» en quelque manière. Telle fut l'opinion d'Empédocle,
» bien mieux définie par Leucippe et Démocrite, qui
» l'érigèrent en principe, et ce principe paraît con-
» forme à la nature...

» L'action exercée et l'impression reçue résultent
» donc du contact de substances diverses. La généra-
» tion s'opère par leur composition et leur mélange ;
» la dissolution par la séparation, et les pores sont
» autant de canaux par le moyen desquels ces révo-
» lutions s'exécutent. » (*Degenerat. et corrupt.* liv. I,
cap. 8.)

(D) « Rien de réel suivant Démocrite ne se présente
» à nos sens ; car les atomes composent tout ce qui
» existe, et la nature n'a aucune qualité sensible ; il
» n'y a donc de vrai que ce qui appartient au domaine
» de l'entendement. (Sextus l'Empirique, *Adv.*
» *Logic.*, § 6.) Les perceptions sensibles ne sont donc
» que des modifications de nos sens ; il n'y a rien dans
» les choses extérieures, de froid, de chaud, de doux
» ou d'amer, de blanc ou de noir, ni rien de ce qui
» en forme les apparences ; ce sont des noms que nous
» donnons à nos propres affections. » (*Ibid.*, § 184.)

« Quelques-uns croient, dit ailleurs Sextus, que
» la philosophie de Démocrite a quelque analogie avec
» la nôtre, parce qu'il paraît avoir employé les mêmes

» élémens. De ce que le miel paraît doux aux uns, amer
» aux autres, Démocrite leur paraît conclure qu'il n'est
» ni l'un ni l'autre, et raisonner comme les sceptiques ;
» mais, l'école de Démocrite donne à ces expressions un
» sens bien différent de celui des sceptiques ; elle entend
» dire seulement que ni l'une ni l'autre qualité n'appar-
» tient au miel en lui-même, et nous prétendons que
» l'homme ignore si toutes deux, si aucune des deux, ap-
» partiennent aux choses apparentes. La différence qui
» existe entre cette école et nous est bien plus grande en-
» core, puisque cette école, quoiqu'elle commence par
» remarquer la contradiction et l'incertitude qui rè-
» gnent dans les témoignages des sens, affirme cepen-
» dant d'une manière expresse que les atomes et le vide
» existent réellement. » (Sextus l'Empirique. —*Hypot.*
Pyrrhon., liv. I, § 213. — Liv. II, § 63.)

Cicéron a donc mal compris les opinions de Démocrite, lorsque dans ses Questions académiques, l. IV,
c. 23, il s'exprime ainsi : *Ille verum esse planè
negat.*

« Démocrite essayait, dit encore Sextus, de démon-
» trer par divers raisonnemens cette affinité qui existe
» entre les semblables, et à l'aide de laquelle s'opère le
» phénomène de la perception. Cette affinité, suivant
» lui, existe dans les êtres inanimés, comme dans les
» choses animées. De même que les animaux se ré-
» unissent en troupes avec ceux de leur espèce, on voit
» les grains agités dans le crible, les cailloux rouler
» dans le fleuve, se rapprocher et s'assembler. » (Sextus.
l'Empirique, *Adv. Logic.*, VII, §§ 117, 118.

Cicéron a élégamment exprimé l'hypothèse de Démocrite sur les images qui errent dans l'atmosphère et servent de véhicule aux idées sur la divinité : *Quid Democritus qui tum imagines earumque circuitus in Deorum numero refert, tum illam naturam quæ imagines fundat ac mittat, tum scientiam intelligentiamque nostram, etc.* (*De naturá Deor.*, I , cap. 16.) Et plus loin : *Tum enim censet imagines divinitate præditas inesse universitati rerum : tum principia mentis quæ sunt in eodem universo : tum imaginantes imagines quæ vel prodesse nobis solent, vel nocere : tum ingentes quasdam imagines tantasque, ut universum mundum complectantur extrinsecùs.* (*Ibid.*, I , cap. 45.)

Voici comment Démocrite développe ces propositions. Sextus rapporte ses propres paroles : « La vérité » ne consiste que dans ce qui existe réellement ; or , il » n'existe que des atomes et du vide ; l'habitude et le » langage ont introduit ces expressions : *le doux*, » *l'amer*, *le chaud*, *le froid*, *la couleur*. Ce qu'on » croit exister dans ces apparences, ce qu'on regarde » comme des objets sensibles, n'est rien en réalité. » Ce n'est pas qu'en cherchant à prouver son système , remarque Sextus, il n'annonce qu'il ajoutera foi au témoignage des sens ; mais il le condamne encore. Réellement, dit Démocrite, nous ne connaissons rien de véritable ; nous connaissons seulement l'effet que les objets produisent sur nous, les affections qu'ils font éprouver à notre corps. Dans son livre *sur les idées*, il déclare que cette règle doit apprendre à l'homme combien il est éloigné de la vérité. *Chacun n'a qu'une opinion telle que l'ont formée les impressions qu'il a reçues des objets*. Il distingue, au reste, deux ordres de connaissances auxquelles il donne des règles distinctes : l'une vient des sens, et l'autre de la pensée. Il investit la première du droit de juger la vérité ; il la regarde comme légitime et digne de foi. La seconde n'est à ses yeux qu'obscure et privée du discernement qui sépare la vérité de l'erreur ; ce sont ses propres expressions. » (*Advers. Log.*, VII, § 135 et suivans.)

CHAPITRE VIII.

Les Sophistes. — Première ébauche du scepticisme.

SOMMAIRE.

Ce que c'étaient que les Sophistes. — Circonstances qui ont occasionné la révolution qu'ils ont opérée; — Circonstances générales : — Succès tardif de la philosophie à Athènes : — Éclat qu'elle y obtient vers le temps de Périclès ; — Corruption du gouvernement et des mœurs ; — Suite de la prospérité des Athéniens.

Causes spéciales ; influence de la culture de l'art oratoire sur la philosophie ; — Conséquences naturelles de la profession exercée par les Sophistes ; — Suites qui devaient résulter de la marche suivie presque généralement jusqu'alors dans la formation des systèmes ; — Lien qui rattache les sophistes aux Éléatiques.

Quel est le degré de confiance qu'on peut accorder à Platon et à Aristote pour juger le véritable caractère des Sophistes ; — Moyen de contrôler leur témoignage.

Portrait général que Platon et Aristote ont fait des Sophistes ; — Diverses espèces de sophistes.

Protagoras. — Exposition de son système sur la théorie de la connaissance, d'après Sextus l'Empirique ; — Développemens de ce système dans le Theætète de Platon ; — Réflexions d'Aristote sur ce système ; — Comment Platon prouve qu'il conduit au scepticisme ; — Résumé de ce système ; — En quoi il diffère du scepticisme : — De l'athéisme imputé à Protagoras.

Gorgias. — En quoi son système diffère du précédent ; — Exposition de Sextus l'Empirique : — Première proposition : *rien n'existe* ; — Seconde : *on ne peut rien connaître* ; — Troisième : *on ne peut rien démontrer* ; — Argumens en faveur de chacune ; — Comment Aristote explique les deux dernières. — Portrait que Platon fait de Gorgias.

Autres Sophistes : *Prodicus de Ceos* ; — *Diagoras* ; — Athéisme qui leur est attribué ; — *Ctésias* ; véritable Athéisme.

Morale des Sophistes ; ils subordonnent la morale à la politique.

Double méthode des sophistes : — Emploi qu'ils font de l'art oratoire ; — Mode d'argumentation qui leur est propre.

Services indirects que les Sophistes ont rendus à l'esprit humain ; — Parallèle des Sophistes et des Sceptiques. — De quelques véritables Sceptiques dans cette première période et de l'histoire de la philosophie ; — Métrodore, Anaxarque, Xéniade, Anacharsis.

───────

Vers la fin de la 80e Olympiade, la philosophie éprouva chez les Grecs une révolution considérable. Elle sortit du sanctuaire où elle était restée jusqu'alors enfermée ; elle se produisit au grand jour ; elle s'efforça de devenir populaire. Mais, elle s'altéra dans cette transformation ; elle perdit en dignité réelle ce qu'elle obtint en succès apparens, en éclat extérieur. Cette révolution fut l'ouvrage des Sophistes.

Les Sophistes ne composent point une *école* proprement dite; ils forment seulement une *classe*, un *genre* de philosophes et de rhéteurs. On ne peut les ranger sous un maître commun, les considérer comme liés par un symbole. Ils se séparent de leurs prédécesseurs par certaines circonstances extérieures, par la forme de leur enseignement; ce qu'ils ont en commun, c'est le but, ce sont les moyens, c'est l'esprit de leur doctrine, ou plutôt de leur art. C'est en un mot une *profession*, plus encore qu'une académie philosophique.

Pour bien comprendre ce caractère qui leur est propre, il est nécessaire de jeter un coup d'œil sur la situation où se trouvait la Grèce, et particulièrement Athènes, à l'époque où ils se montrèrent, sur les circonstances qui déterminèrent leur apparition et le rôle qu'ils furent appelés à jouer. L'histoire offre peu d'exemples plus propres à mettre en lumière les étroits rapports qui unissent la marche de la philosophie avec l'état politique et moral de la société, soit que la philosophie obéisse, soit qu'elle concoure elle-même à la condition générale des choses humaines.

Nous avons vu que la philosophie, lorsqu'elle prit son essor chez les Grecs, trouva d'abord dans les colonies ioniennes et de la grande Grèce le premier théâtre de ses exercices. Elle ne commença guère à être cultivée avec quelque éclat à Athènes que vers les temps de Périclès. Athènes avait alors atteint le plus haut terme de sa prospérité ; les causes morales auxquelles elle en était essentiellement redevable, avaient également obtenu le plus haut degré de leur développement. Les lois de Solon, en donnant une sage direction à l'amour de la liberté, avaient fait éclore aussi l'activité et le génie des arts. La victoire de Marathon, les exploits de Miltiade, avaient exalté l'enthousiasme des Athéniens, accru leur puissance, et leur avaient procuré d'abondantes richesses. Les triomphes de Salamine et de Platée répandirent sur Athènes un nouvel éclat, et dans son sein une opulence nouvelle. Thémistocle avait créé sa puissance navale, l'avait étendue au loin ; les galères Athéniennes sillonnaient de toutes parts les mers de la Grèce, le pont Euxin, la Méditerranée, jusqu'aux colonnes d'Hercule ; revenaient chargées des tributs acquittés par les îles plutôt soumises que confédérées ; le commerce et l'industrie s'étaient déployés avec les richesses ; Athènes, en supportant presque seule le poids de l'invasion des Perses, en procurant le salut de la Grèce par ses efforts héroïques, avait obtenu sur toute la confédération une grande prépondérance politique ; elle était le centre des négociations ; tous les regards se dirigeaient sur elle ; les étrangers accouraient dans son sein. Il brillait enfin de tout son éclat, ce beau siècle de Périclès, réunissant tous les genres de succès et toutes les palmes de la gloire. La muse tragique étalait avec orgueil sur la scène les chefs-d'œuvre de Sophocle et d'Euripide ; la muse de l'histoire léguait à la postérité les écrits de Thucydide et d'Hérodote ; le génie des Phidias ornait les temples de la ville de Minerve, et consacrait la mémoire des héros. La philosophie, fuyant les colonies ioniennes où s'appesantissait le joug des Grecs, l'Italie où l'institut de Pythagore avait succombé aux persécutions, la Sicile, ensanglantée par les guerres, et opprimée par la tyrannie, vint, d'abord avec Anaxagoras, ensuite avec Zénon, chercher un asile dans le sanctuaire des arts et de la liberté, et solliciter dans la capitale de la Grèce le théâtre le plus digne d'elle. Les deux écoles d'Ionie et d'Elée, les débris de celle de Pythagore se réunirent dans les murs d'Athènes, et concoururent à lui assurer l'empire des lumières. D'ailleurs, l'austère Lacédémone repoussait les étrangers, dédaignait les arts et les sciences; Corinthe, livrée au commerce, au travail mécanique, soumise au joug d'une aristocratie jalouse, restait presque étrangère à ces nobles exercices. Athènes était, en un mot, comme dit Platon, *le grand Prytanée de la Grèce*.

Mais, déjà le luxe s'était introduit à la suite des succès, avec les richesses immenses qu'Athènes avait accumulées, et les mœurs commençaient à se corrompre par les effets du luxe. Les institutions de la république avaient rapidement dégénéré ; Athènes passait tour à tour, des excès d'une démocratie illimitée, à une tyrannie qui en était le résultat inévitable. L'abus des lumières ne pouvait manquer de suivre les écarts de la liberté et l'altération des mœurs publiques; la science de la sagesse ne put se garantir de cette funeste influence ; elle put d'autant moins s'en garantir, que la philosophie, en se communiquant chez les Grecs, en se répandant dans les classes aisées, en se mêlant aux affaires publiques, avait, sous quelques rapports, associé ses destinées à celles de la société ; et déjà nous voyons les derniers Ioniens, les derniers Eléatiques, comme entraînés par cette influence, donner les premiers exemples de la corruption des doctrines ; Démocrite et Diagoras préludent aux Sophistes.

Trois principales causes concoururent avec ces circonstances générales à produire cette secte nouvelle.

La première de ces causes nous reporte à une considération que nous avons déjà indiquée au chapitre quatrième de cet ouvrage, et qui se reproduit ici sous un nouvel aspect. Nous avons vu que la poésie et l'éloquence avaient puissamment contribué à l'essor de la philosophie chez les Grecs. Mais, si la poésie et l'éloquence devaient seconder les premiers efforts de la science, l'une et l'autre aussi pouvaient l'égarer ensuite, en conservant sur elle un empire trop étendu, lorsque, ayant atteint son adolescence, elle était appelée à suivre ses propres inspirations. Ces deux ordres d'effets se firent apercevoir d'une manière successive. L'empire de la poésie prédomina d'une manière sensible sur les premiers philosophes des écoles d'Ionie, d'Italie et d'Elée ; il détermina la hardiesse de leurs conceptions, la belle coordination de leurs plans ; mais il les précipita dans la région des hypothèses; il les porta à concevoir aussi l'univers comme une sorte de grand poëme que la raison devait approuver, si l'imagination s'en trouvait satisfaite, où l'harmonie tenait la place de l'exactitude logique, où les notions idéales devaient servir de type aux réalités.

L'empire de l'éloquence fut plus tardif, il produisit des résultats analogues. Les philosophes, en cessant d'écrire en vers, avaient emprunté les formes oratoires; ils employoient le dialogue, ils étaient en présence des autres hommes, ils étaient conduits par là, même sans le savoir, à chercher plutôt les moyens de persuader les autres, que ceux d'arriver eux-mêmes à la vérité. Ils aspiraient à sortir triomphans d'une discussion, plutôt qu'à marcher dans la voie des découvertes. Si cette direction avoit donné naissance à la logique, nous avons vu aussi, par l'exemple de Zénon, qu'elle avait dénaturé cet art à sa naissance, en l'engageant presque exclusivement dans les subtilités de la dialectique.

La philosophie avait eu, dans l'origine, un caractère austère et grave, lorsqu'elle présidait aux conseils des législateurs des peuples de la Grèce; elle avait joui d'une noble indépendance; ses méditations n'avaient pour objet que le bonheur de la société et l'amélioration des hommes. Mais, lorsque les institutions politiques se trouvèrent livrées aux agitations produites par les passions populaires, lorsque dans une démocratie trop peu sagement ordonnée les ambitieux se disputèrent le pouvoir, que l'art oratoire devint un instrument nécessaire pour l'obtenir, lorsqu'il s'abaissa ainsi à flatter les passions, lorsqu'il invoqua le secours de la philosophie pour l'introduire à l'étude de la politique, à la connaissance du cœur humain, pour lui enseigner les moyens de captiver la raison, l'auguste science de la sagesse descendit du rang éminent qui lui appartenait; elle ne fut plus qu'un instrument; elle courut le danger d'être l'apologiste de ces mêmes passions qu'elle avait pour but de combattre et de réprimer. Elle ne fut plus l'art de découvrir la vérité, mais celui de prêter à l'erreur les couleurs de la vérité, suivant l'intérêt du moment.

La profession qu'embrassèrent les Sophistes, ou plutôt qu'ils se créèrent, dut rendre cet abus plus prompt, plus sensible, plus universel; elle devint une seconde cause, une cause immédiate et prochaine du caractère nouveau que la philosophie prit dans leurs mains. Ils s'érigèrent en instituteurs, ils se chargèrent d'un enseignement public, ils attachèrent un salaire à leurs leçons.

Jusqu'alors la plupart des philosophes n'avaient point eu de disciples proprement dits; ils avoient communiqué leurs opinions à un petit nombre d'amis; ils les avaient exprimées dans leurs écrits. Les Pythagoriciens avaient eu, il est vrai, des adeptes; mais ils les avaient choisis, ils avaient exercé sur eux une grande autorité morale, ils avaient voulu les soumettre à la vertu, autant que les éclairer par la science. Les Sophistes obéissaient en quelque sorte à leurs disciples, au lieu de les diriger. Ces disciples se composaient de jeunes gens nés dans les familles riches et puissantes qui aspiraient à jouer un rôle dans la République, par tous les moyens qui peuvent procurer l'influence; ils appartenaient aux diverses factions; il s'agissait de leur préparer les armes dont ils devaient se servir un jour; il n'importait pas de les rendre réellement savans, il était question de les rendre habiles; il n'importait pas de les guider dans des études spéculatives, il fallait les exercer à discourir, leur ouvrir la voie du succès chez un peuple ingénieux, mais frivole et passionné.

Ainsi, et cette observation est fondamentale

dans l'histoire de la science, la philosophie se corrompit parce qu'elle perdit le caractère généreux et désintéressé qu'elle avait eu à son origine, parce qu'elle devint en quelque sorte vénale, comme l'enseignement destiné à la transmettre. Dans les autres arts libéraux, les effets de cette influence sont moins pernicieux ; le disciple n'a lui-même d'autre but que d'exceller dans l'art auquel il s'exerce. Mais la vérité, la vertu, but essentiel de la philosophie, n'étaient plus le but de ceux qui sollicitaient ses lumières ; ils demandaient à employer, suivant les vues de leur ambition, les formes du raisonnement et les notions de la morale.

Cette vénalité qui résultait du salaire des leçons n'était pas la seule qui empoisonnait l'enseignement de la philosophie. Il en était une autre, plus brillante sans doute, mais non moins dangereuse ; elle consistait dans l'ambition du succès, dans l'éclat qui accompagnait les triomphes remportés en disputant dans le concours, dans les applaudissemens des auditeurs, dans la faveur publique, dans l'étendue de la clientelle.

Les méditations solitaires, les pélerinages lointains, les longues investigations qui avaient formé les premiers sages, avaient donc fait place à un genre d'exercice bien différent, ou plutôt entièrement opposé. Les Sophistes devaient avoir moins d'ardeur à s'instruire eux-mêmes, qu'à se mettre en état de paraître instruits et de séduire les autres hommes. La science était transportée sur la scène tumultueuse du monde. La vanité et la cupidité aspiraient à s'emparer de ses trésors, ou du moins à se revêtir de ses apparences. Les Sophistes devaient aussi préférer l'étude des connaissances morales et politiques à celle de la nature, et l'art de la dialectique à une logique consciencieuse et sévère.

Une troisième cause, enfin, résulta de la situation dans laquelle se trouvait la philosophie elle-même à l'époque où les Sophistes parurent. Athènes n'avait point de philosophie indigène, s'il est permis de s'exprimer de la sorte, de philosophie qui eût germé sur son propre sol. La science était pour elle une plante exotique qui y avait été transplantée après avoir pris déjà de grands accroissemens. Les doctrines qui arrivaient à la fois de l'Ionie et de l'Italie offraient les résultats les plus contradictoires, et l'on a vu que les deux écoles d'Élée n'étaient pas moins opposées entre elles. Ce contraste devait jeter dans l'incertitude les esprits superficiels, incapables de l'énergie nécessaire pour prononcer entre les opinions divergentes, ou plutôt de remonter à la source de leur divergence ; il prêtait un merveilleux secours aux esprits subtils qui prétendaient tout démontrer à leur gré ; il offrait de malheureux prétextes à ceux qui voulaient également tout ébranler ; il favorisait tous les abus de la raison, en même temps qu'il en décréditait l'autorité.

Les derniers philosophes ne s'étaient guère accordés qu'en une seule chose, c'est à dire à prononcer que les sens nous trompent, ne faisant point attention que les sens ne jugent pas, et que par conséquent ils ne peuvent nous tromper, et que l'erreur appartient en réalité à l'entendement lui-même, lorsqu'il fait un mauvais emploi des matériaux que les sens lui livrent. On avait ainsi enlevé tout appui aux vérités de l'expérience, et cependant un instinct universel, une sorte de conscience intime avertit les hommes que ces vérités sont le fondement réel des connaissances positives.

Les spéculations abstraites auxquelles on réservait exclusivement le droit de diriger la raison, exigent une précision et une rigueur dont on était encore bien éloigné de savoir faire usage, des méthodes qui n'avaient point encore été trouvées. Dans cet état de choses elles pouvaient servir toutes les vues intéressées ; elles servaient mieux l'indifférence à la vérité que la recherche de la vérité. En s'élançant au-delà de la sphère accessible au légitime exercice des facultés humaines, on avoit imaginé des hypothèses qu'il était également impossible de justifier et de contredire ; on était placé sur un terrain qui ne pouvait engendrer que la dispute. Une impatience présomptueuse, une imprudente témérité ouvraient la voie à tous les écarts, préparaient le découragement. Il suffisait donc qu'il se trouvât des hommes disposés à profiter de ces tristes avantages ; et ces hommes, les circonstances les donnèrent.

L'influence de cette dernière cause devient encore plus manifeste, lorsqu'on considère que les Sophistes sortirent essentiellement de l'école d'Élée, c'est-à-dire de celle qui offrait dans son propre sein la plus frappante des contradictions, de celle qui s'était abandonnée avec le plus d'audace aux théories spéculatives. Protagoras, le premier et le plus éminent des Sophistes, est rangé par la plupart des historiens parmi les Éléatiques ; Gorgias était disciple d'Empédocle ; Aristote l'associe à Xénophane et à Zénon. D'un autre côté, nous voyons Zénon et Mesissus comptés par Isocrate au nombre des Sophistes.

Par une rencontre bizarre, mais qui s'est cependant renouvelée plus d'une fois, les superstitions vulgaires exerçoient encore un grand empire, pendant que les plus hautes et les plus pures vérités de la religion et de la morale étaient traitées avec une légèreté singulière ; les classes inférieures de la société, fortement attachées aux premières, ne comprenaient guère l'importance des secondes ; les classes supérieures pouvaient avoir appris à mépriser les unes, mais n'étaient point arrivées à cette conviction solide qui pouvait les attacher aux autres. Il arrivait de là que, dans un enseignement public, les sciences positives étaient arrêtées par les nombreux obstacles que les superstitions populaires opposent aux notions les plus simples, tandis qu'une carrière indéfinie restait ouverte aux systèmes les plus dangereux. Démocrite pouvait enseigner hautement que les atomes et le mouvement également éternels ont produit tout ce qui existe ; mais, Anaxagoras ne pouvait avancer que le soleil est une matière opaque et brillante.

Si les Sophistes exercèrent, lorsqu'ils se furent montrés, une influence aussi funeste que générale, il est donc juste de reconnoître que leur apparition fut aussi le résultat des causes antérieures. Ils ne se produisirent point d'eux-mêmes ; ils furent appelés, ils furent produits, et ils mirent en valeur le champ qu'on leur avoit si bien préparé.

On se demande si nous pouvons bien, aujourd'hui, porter sur les Sophistes un jugement équitable et impartial, si Platon, Aristote, leurs adversaires naturels sont des témoins qui méritent à leur égard une entière confiance, et si l'intérêt qu'avoient ces deux derniers philosophes à faire prévaloir leurs propres doctrines, ne les rend pas très-suspects dans le tableau qu'ils nous présentent des opinions sur lesquelles ils vouloient obtenir le triomphe. En s'adressant cette objection, la plupart des historiens y ont répondu que Platon et Aristote, si voisins du temps où les Sophistes avoient occupé la scène, placés encore en présence de leurs successeurs, n'auroient pu altérer ce tableau, sans s'exposer à être démentis par le témoignage public. Mais, il nous semble qu'on accorde en général trop de valeur à ce genre de raisonnement, surtout quand on l'applique à des temps, à des lieux où la circulation des lumières étoit plus bornée, la vérification des faits plus difficile. Même depuis la découverte de l'imprimerie, lorsque tant d'autres circonstances rendent cette circulation plus générale et cette vérification plus facile, combien de fois n'a-t-on pas vu l'esprit de parti, les préventions de systèmes, dénaturer les opinions pour les combattre avec plus d'avantages, et aveugler même jusqu'au point de faire commettre de semblables infidélités avec une sorte de droiture? ou plutôt combien n'est-il pas rare de voir les écrivains, dans les controverses politiques, religieuses, littéraires même, conserver leurs vraies couleurs aux doctrines de leurs antagonistes? On sait d'ailleurs que Platon et Aristote n'ont pas observé en général une fidélité scrupuleuse dans le langage qu'ils ont prêté aux autres philosophes. Ne soyons donc point surpris si Gorgias, après avoir lu le dialogue que Platon a intitulé de son nom, s'écria : « Je ne me reconnais point dans » les discours qu'on m'attribue ; ce jeune » homme a un grand talent pour la satyre, et » remplacera bientôt le poète Archiloque (1). » Il arrive souvent à Platon de faire figurer dans les entretiens avec Socrate des hommes qu'il n'a jamais pu rencontrer. Mais, en reconnoissant

---

(1) Hermippe, dans Athénée, XI, 18.

que Platon surtout a probablement employé quelque exagération dans le portrait qu'il nous a tracé des Sophistes, en reconnoissant que ses dialogues sont, en général, moins un récit qu'une scène imaginée, arrangée par lui, pour en faire ressortir quelque maxime philosophique, et qu'il y fait parler les Sophistes, plutôt d'après l'esprit ordinaire de leur enseignement, que d'après leurs déclarations expresses; nous ne pouvons supposer cependant que les fondateurs de l'Académie et du Lycée aient entièrement défiguré le caractère de l'enseignement des Sophistes, qu'ils aient menti en présence des mêmes auditeurs qui venaient d'entendre leurs adversaires, et que d'aussi graves accusations soient dépourvues de tout fondement. D'ailleurs, le témoignage unanime des historiens les moins éloignés de l'époque à laquelle les Sophistes parurent, Xénophon en particulier, dans plusieurs passages de ses *Mémorables*, et spécialement dans l'entretien de Socrate avec Antiphon (1), s'accorde à représenter ceux-ci avec les traits principaux qui leur sont généralement attribués. « Socrate, » dit ail-

---

(1) Liv. I, § 22.

leurs Xénophon, « ne faisait pas toutes les » belles promesses dont les professeurs mer- » cenaires de la vertu sont toujours si prodi- » gues (1). » La vie entière de Socrate, sa doctrine, son procès, sa mort, composent à eux seuls un témoignage non moins certain, et dont nous recueillons les mêmes lumières. Mais, nous avons surtout l'autorité d'Isocrate qui avait recueilli les leçons de Gorgias et de Prodicus de Ceos, qui n'était attaché à aucune école de philosophie, et dont l'impartialité ne peut être suspecte. Dans son éloge d'Hélène, dans son Panathénaique, il les peint des mêmes couleurs que Xénophon. Cet orateur a dirigé expressément contre eux l'un de ses discours; il les distingue en trois classes : ceux qui enseignaient la dialectique et la morale, ceux qui s'adonnaient à l'éloquence politique ceux qui appliquaient l'art oratoire aux exercices du barreau; il leur reproche leur vénalité, leurs promesses fastueuses, leurs contraditions, l'abus qu'ils font de l'art de la parole, la passion qu'ils ont pour les disputes et le soin qu'ils prennent de les entretenir. On peut donc ajouter foi à Platon et à Aristote, lorsqu'ils se trouvent en harmonie

---

(1) Liv. I, § 6.

avec ce concours d'autorités ; on peut recueillir leur récit avec quelque confiance, lorsque, au lieu de commenter les Sophistes, ou de leur faire jouer un rôle dans leurs propres compositions, ils se bornent à nous en rapporter quelque citation positive.

Platon, au reste, est vraiment admirable dans cette espèce de drames philosophiques, par l'art avec lequel il y groupe ses personnages, dessine leur physionomie, les fait paraître, agir et discourir. Son dialogue intitulé *Les Sophistes, ou Protagoras,* est un chef-d'œuvre du genre. C'est à dessein qu'il a choisi le plus habile et le plus célèbre d'entre eux ; et, il faut convenir qu'il a réuni tout ce qui peut le faire briller, comme pour répandre un plus vif intérêt sur la lutte que Socrate vient engager avec lui, et relever, autant qu'il est possible, le triomphe de son héros. Protagoras a paru à Athènes, précédé de toute sa renommée ; son arrivée a occupé toute la ville, a ému tous les esprits ; il est descendu chez l'un des principaux citoyens, chez Callias, fils d'Hypponicus, qui avait commandé avec Nicias à la journée de Tanagres. La maison de Callias est encombrée par le nombre des hôtes qu'il a reçus avec l'illustre instituteur. Celui-ci est en-

touré d'Hyppias d'Élée, de Prodicus de Ceos, d'un essaim d'autres Sophistes, de quelques jeunes gens qui aspiraient à obtenir le même titre, d'étrangers venus d'Élée, des plus distingués parmi les Athéniens, et, entre autres, des deux fils de Périclès et du jeune Alcibiade. C'est ainsi que Protagoras se promenait devant le Portique... « Derrière eux, marchait une
» troupe de gens dont la plupart étaient des
» étrangers que Protagoras mène toujours avec
» lui, de toutes les villes où il passe, et qu'il
» entraîne par le charme de sa voix. comme
» un autre Orphée. Il y avait aussi quelques
» Athéniens parmi eux. Quand j'ai aperçu
» cette belle troupe, dit Socrate, j'ai pris un
» singulier plaisir à voir avec quelle discrétion
» et quel respect elle marchait toujours en
» arrière ; dès que Protagoras retournait sur
» ses pas avec sa compagnie, on voyait cette
» troupe s'ouvrir avec un silence religieux,
» jusqu'à ce qu'il eût passé, et se remettre à
» le suivre. » Socrate a eu beaucoup de peine à être introduit avec le jeune Hippocrate, qui brûlait du désir de recueillir les leçons d'un homme aussi célèbre. Il le présente à Protagoras. « Hippocrate que voilà, lui dit-il, est
» fils d'Apolléodore, de l'une des plus grandes

» et des plus riches maisons d'Athènes, et
» aussi bien né que jeune homme de son âge;
» il veut se rendre illustre dans sa patrie, ac-
» quérir de la réputation, et il est persuadé
» que pour y réussir il a besoin de vous pen-
» dant quelque temps. »

Cette ordonnance générale du tableau, le personnage éminent qu'y remplit dès l'entrée Protagoras, le rôle modeste que Socrate s'y réserve, suffisent déjà pour marquer quelques-uns des caractères principaux de l'enseignement des Sophistes. Mais, tous les autres traits qui peuvent servir à les déterminer sont amenés tour à tour de la manière la plus naturelle, et sans que Socrate cesse jamais d'observer pour Protagoras les plus grands égards, soit lorsqu'il parle de lui, soit qu'il lui adresse la parole. « Oh ! » dit Socrate au jeune Hippocrate qui se plaint de ce que Protagoras ne lui a point encore communiqué sa sagesse, « si vous voulez
» lui donner du bon argent, et que vous puis-
» siez l'engager à vous recevoir parmi ses disci-
» ples, il vous rendra sage. Aussi vous allez
» lui offrir de l'argent afin qu'il vous admette
» à son enseignement. Mais à quel homme
» prétendez-vous offrir un salaire, et quel
» homme voulez-vous devenir vous-même en

» l'acquittant ? » Voici déjà la vénalité des leçons ; voici maintenant le vague de leur objet : « Vous allez offrir un salaire, à qui ? — A » un Sophiste. — Qu'est-ce qu'un Sophiste ? » — C'est un homme habile qui sait mille » bonnes choses. » Socrate presse le jeune homme de nouvelles questions, et Hippocrate croit y répondre en disant que Protagoras « fait » profession de rendre les hommes éloquens. » Mais lorsque Socrate finit par lui demander « ce qu'il sait, et ce qu'il enseigne aux autres. » En vérité, répond naïvement le jeune homme, » je ne saurais vous le dire. » Même embarras lorsque Socrate l'interroge pour expliquer ce qu'il veut devenir lui-même à une semblable école, et lorsque Socrate l'a conduit à reconnaître qu'un Sophiste ne peut lui enseigner qu'à devenir Sophiste, « Je vous jure, Socrate, « répond encore le jeune homme, que j'en au- » rais honte, puisqu'il faut vous dire la vé- » rité. » La vanité de Protagoras se dévoile par les éloges pompeux que Socrate lui donne et qu'il accepte, par ceux qu'il s'accorde à lui-même ; il promet à Hippocrate que dès le premier jour il deviendra plus habile, et qu'il fera chaque jour de nouveaux progrès. « Hippo- » crate, dit-il, n'a à craindre avec moi aucun

» des inconvéniens auxquels il s'exposerait in-
» failliblement avec tous nos Sophistes; car,
» tous les autres Sophistes causent un préjudice
» notable aux jeunes gens, en ce que par
» leurs beaux discours ils les contraignent
» d'apprendre les arts dont ils ne se soucient
» point. Au lieu qu'avec moi un jeune homme
» n'apprendra jamais que la science pour la-
» quelle il m'est adressé, et cette science n'est
» autre chose que la prudence à l'aide de laquelle
» on gouverne bien sa maison, et qui, sur les
» choses qui regardent la république, nous
» rend très-capables de dire et de faire ce qui
» lui est le plus avantageux. » Protagoras, à
qui Socrate a laissé l'option d'un entretien particulier ou d'un entretien public, préfère le
second, où il recueillera les suffrages de son
nombreux auditoire.

Dans cet entretien, rien ne manque à Protagoras, en talens, en adresse, en érudition de
tout genre; mais, les vices essentiels de son
enseignement se trahissent insensiblement tour
à tour; plus il fait d'efforts, soit dans l'attaque,
soit dans la défense, et plus ces vices se découvrent. Protagoras redoute les questions précises, évite les réponses directes et simples, se
complaît dans les longues divagations. « Après

» avoir prononcé ce long et beau discours, Protagoras s'est tu, et moi, après être demeuré long-temps interdit comme un homme charmé et ravi, je me suis mis à le regarder comme s'il eût dû parler encore, et me dire des choses que j'attendais avec beaucoup d'impatience. » C'est ainsi que Socrate raconte l'impression qu'il a éprouvée, ou plutôt qu'il a feint d'éprouver après avoir entendu le début du Sophiste. « Si nous consultions sur ces matières quelques-uns de nos plus grands orateurs, peut-être tiendroient-ils des discours semblables, et si nous leur adressions ensuite quelques objections, ils ne sauraient que nous répondre, et demeureraient muets comme un livre. Mais, pour peu qu'on les interrogeât sur ce qu'ils auraient déjà dit, ils ne finiraient point et feraient comme les vases d'airain, qui, étant une fois frappés, continuent long-temps à retentir si on n'y pose la main. » Protagoras ne paraît occupé qu'à échapper à l'embarras du moment sans prévoir les difficultés plus réelles qui l'attendent par la suite. Il s'engage dans les distinctions les plus subtiles, et il faut avouer que Socrate ne lui cède point sous ce rapport, sans doute par un tour de cette ironie qui lui était naturelle. On n'aperçoit jamais d'une manière distincte le but réel auquel le Sophiste veut tendre, si ce n'est celui de faire valoir les mérites de l'art qu'il exerce. On ne découvre en lui aucun principe fondamental, aucune maxime arrêtée. Il flotte, il tombe dans des contradictions fréquentes. Il se trouve conduit par ses définitions à des conséquences qui choquent le témoignage de l'expérience reçue et le sens commun. Il professe un dédain superbe pour les opinions du plus grand nombre. Surtout, il méconnaît la source des grandes instructions que l'homme reçoit de la nature, et de ce fonds de lumière et de force qu'il doit trouver en lui-même. Car, pour bien comprendre le but de ce dialogue, il faut se rappeler que la maxime principale de Socrate était que tous les hommes, s'ils sont bien interrogés, trouvent tout par eux-mêmes, et que s'ils ne possédaient pas la science et la droite raison, ils n'y parviendraient jamais (1). Platon s'est proposé de montrer que les Sophistes se comportaient d'après une maxime toute contraire.

Dans le Phædon, Platon prête encore à Socrate une réflexion qui caractérise d'une manière

---

(1) Platon : *Phædon, ou de l'immortalité de l'âme.*

non moins générale l'esprit de l'enseignement des Sophistes, et les effets qu'il produisait, lorsqu'il parle de ces *misologues* qui haïssent les raisons comme les misanthropes haïssent les hommes. « Lorsqu'un homme a reçu une » raison comme vraie, sans avoir été capable » de l'examiner, et qu'ensuite elle lui paraît » fausse, qu'elle le soit ou qu'elle ne le soit » pas, lorsque la même chose lui est arrivée » plusieurs fois, comme elle arrive à ceux qui » s'amusent à disputer avec ces Sophistes qui » contredisent tout, il se croit enfin très-ha-» bile, et il s'imagine être le seul qui ait com-» pris que, ni dans les choses, ni dans les raisons, » il n'y a rien de vrai ni de certain, que tout » est dans un flux et un reflux continuel, » comme l'Euripe, et que rien ne demeure » jamais un seul moment dans le même état. »

Xénophon reproduit en peu de mots (1) un portrait que Platon a fait des Sophistes dans ces deux dialogues, dans son Gorgias, son Hippias, et dans son Timée, son Euthydême (A), etc.

Aristote, suivant sa manière, s'attache à définir les Sophistes plutôt qu'à les peindre:

---

(1) *Mémorab. Socrat.*, XVI-II, 2.

« Plusieurs, dit-il, ambitionnent plutôt de
» paroître sages, que de l'être véritablement ;
» l'art *sophistique* est une sagesse apparente,
» mais qui n'a rien de réel; le Sophiste est
» celui qui cherche à obtenir un lucre en pro-
» fessant cet art (1). » Enfin, ce qui semble
caractériser mieux que tout le reste aux yeux de
l'histoire la manière de philosopher introduite
par les Sophistes, c'est l'acception même que
reçut dans la langue le titre qu'ils s'étoient
attribué. Des hommes eurent l'orgueil de se
proclamer eux-mêmes sages, et le titre de
Sophiste, a servi désormais à désigner les faux
sages, et le terme de *sophisme* est devenu, dans
la langue, le signe destiné à exprimer l'abus de
l'art de raisonner.

L'apparition des Sophistes est donc dans
l'histoire un phénomène d'autant plus important que cette histoire s'étudie davantage à
saisir l'enchaînement des effets et des causes.
Nous avons vu comment cette apparition fut un
effet, nous verrons bientôt comment elle devint
cause à son tour (B).

On peut distinguer deux espèces de Sophistes:
les uns étaient essentiellement des rhéteurs;

---

(1) *De Sophist. Eleuch.* trait. I, cap. 1.

les autres s'exerçaient plus spécialement à la dialectique. La plupart d'entre eux ne s'adonnaient guère à la philosophie proprement dite ; c'était une sorte de professeurs ambulans qui enseignaient à la fois tous les arts. Philostrate nous a conservé les noms d'une foule de Sophistes qui se succédèrent et qui jouirent de quelque réputation comme étant des maîtres habiles ; il a tracé des notices abrégées sur leur vie. Un petit nombre d'entre eux seulement s'exerça aux études philosophiques, et fit profession d'enseigner les principes de la science. C'est de ceux-ci seulement que nous devons nous occuper.

Essayons d'abord de rassembler les principales maximes qu'on attribue à ceux d'entre eux qui ont joué le rôle le plus distingué. Nous jetterons ensuite un coup d'œil sur la méthode qui leur était commune.

Les maximes qui nous ont été conservées des Sophistes les plus célèbres ont pour nous cet intérêt particulier qu'elles se rapportent presque exclusivement à la théorie de la connaissance humaine. Ils cherchaient dans la philosophie moins une doctrine qu'un instrument. Ils s'occupaient moins de reconnaître ce qu'il est utile de savoir, que de rechercher comment on peut savoir; disons mieux: ils s'étudiaient moins à fonder qu'à détruire.

Protagoras d'Abdère fut le premier, dit-on, qui prit le titre de Sophiste. Suivant les uns, il reçut les leçons d'Héraclite; suivant les autres, il fut le disciple de Démocrite. Timon, dans Sextus l'Empirique, le peint comme un orateur disert, dont les discours réunissaient l'agrément à la prudence (1). Aussi les Abdéritains lui donnèrent-ils le surnom de *Discours* (λογοσ). On lui attribue deux écrits, l'un sur les Dieux, l'autre sur l'art de la dispute. Sextus l'Empirique a exposé avec une grande clarté la doctrine qu'il professait (2). Nous commencerons par rapporter son témoignage, quoique beaucoup plus récent, parce qu'il est plus précis, et aussi parce qu'il est celui d'un historien, d'un homme exempt de prévention. «*L'homme est la mesure
» de toutes choses;* Protagoras fait de l'homme
» le *critérium* qui en apprécie la réalité, des
» êtres, en tant qu'ils existent, du néant, en tant
» qu'il n'existe pas. Protagoras n'admet donc que
» ce qui se montre aux yeux de chacun. Tel est,
» à ses yeux, le principe général des connais-

---

(1) *Adv. physic.*, § 57.
(2) *Pyrrhon. Hypot.*, cap. XXXII, § 216.

» sances. » Cette doctrine est dans un parfait accord, non-seulement avec les témoignages de Platon (1) et d'Aristote (2), mais avec ceux de Diogène Laërce (3), Cicéron (4), et d'Aristoclès (5). « Protagoras paraît ainsi, continue » Sextus, se confondre avec les Pyrrhoniens. Il » en diffère cependant, comme nous le montrerons par la suite. La matière, disait-il, est » dans un flux continuel; pendant qu'elle subit » des additions et des pertes, les sens aussi » changent et se modifient suivant l'âge et les » autres dispositions du corps. Le fondement » de tout ce qui apparaît aux sens réside donc » dans la matière; en sorte que la matière, » considérée en elle-même, peut être tout ce » qu'elle paraît à chacun. Mais, les hommes, » dans les différens temps, ont des perceptions » différentes, suivant que les choses perçues se » transforment. Celui qui est dans un état » naturel aperçoit dans la matière les choses » qui peuvent apparaître à ceux qui sont dans

---

(1) Dans le *Cratyle* et le *Théætète*.
(2) *Metaphys.*, III., 5.
(3) IX., § 50.
(4) *Acad. quæst.*, IV, 46.
(5) Dans Eusèbe, *Præpar. Evang.* XIV, 10.

» un état semblable ; ceux qui sont dans un état
» contraire à la nature perçoivent les choses
» qui peuvent apparaître dans cette autre con-
» dition. Le même effet se produit dans les
» différens âges, dans le songe et l'état de veille
» et dans les autres espèces de disposition.
» L'homme est donc, suivant ce philosophe, le
» *criterium* de ce qui est, et tout ce qui ap-
» paraît aux hommes existe. Ce qui n'apparaît
» à aucun homme, n'existe point. Nous voyons
» donc qu'il a prononcé, d'une manière dog-
» matique, que la matière est mobile, chan-
» geante, qu'en elle est placée la raison de toutes
» les choses qui apparaissent ; que ces cho-
» ses sont incertaines, et que nous devons sus-
» pendre d'y donner notre assentiment. »
Ailleurs, en rapportant les mêmes maximes,
avec plus de détail, et en remarquant qu'elles
ont fourni à plusieurs le motif de ranger Protagoras au nombre de ceux qui rejettent toute
certitude des jugemens, tout *criterium* de la
vérité, puisque ce *criterium* doit servir à juger
les choses telles qu'elles sont par elles-mêmes,
il ajoute : « Mais ce philosophe n'a admis rien
» qui soit ou vrai ou faux par soi-même ; et
» l'on dit que son opinion a été partagée par
» Euthydème et Dionysidore. Car, ceux-ci

» également n'admirent qu'une vérité purement
» relative (1). »

Suivant Diogène Laërce (2), Protagoras ajoutait que, « chaque perception est opposée à
» une autre aussi bien fondée; car l'une et
» l'autre ont également leur fondement dans la
» matière. » Et il établissait d'une manière générale que l'âme n'est que la faculté de sentir. Ces deux maximes, au reste, ne sont guère que le résumé de la doctrine exposée par Sextus, et que nous venons de rapporter.

Comparons maintenant cette exposition de Sextus avec celles de Platon et d'Aristote.

Platon, dans le beau dialogue qui porte le nom du jeune Théætète, et qui a pour objet de déterminer la nature de la science, a non-seulement exposé le système de Protagoras, mais lui a donné des développemens qui, soit qu'ils appartiennent ou non à ce Sophiste, excitent une juste curiosité, et sont dignes encore aujourd'hui d'une méditation sérieuse. — Le jeune Théætète, pressé par Socrate de définir la science, répond ainsi : « Il me paraît que
» celui qui sait une chose ne fait que la sentir,

---

(1) *Advers. log.* VII, § 60.
(2) IX, § 51.

» et par conséquent, que la science n'est autre
» chose que le témoignage des sens. — Tu
» parais, réplique Socrate, ne donner d'autre
» définition de la science que celle dont Prota-
» goras est l'auteur, quoiqu'il l'ait présentée
» en d'autres termes. Car, il dit que l'homme
» est la mesure de toutes choses, de celles qui
» existent comme existantes, de la non existence
» de celles qui ne sont pas. N'as-tu pas lu
» quelquefois ce qu'il en a écrit. — Je l'ai
» lu souvent. — Ne dit-il pas : Chaque
» chose est pour moi telle qu'elle me paraît,
» elle est telle pour toi qu'elle te paraît ?
» Or, nous sommes hommes tous les deux.
» — Sans doute, c'est ainsi qu'il s'exprime.
» — Or, il est probable qu'un homme aussi
» sage ne tombe jamais dans le délire; pour-
» suivons donc. N'arrive-t-il pas souvent que,
» lorsque le même vent souffle, l'un de nous
» a froid, et l'autre point ? — Sans doute. —
» Dirons-nous donc, que le vent en lui-
» même est froid, ou qu'il ne l'est pas? ou
» bien croirons-nous à Protagoras, qui nous
» déclare qu'il est froid pour l'un de nous deux
» et non pour l'autre ? — Cette dernière
» opinion me paraît juste. — N'est-ce pas

» ainsi qu'il apparaît à chacun de nous? —
» Oui. — Mais ce qui nous apparaît, c'est
» le témoignage des sens? — J'en conviens.
» — L'apparence ou l'image est donc la
» même chose que la perception sensible
» relativement à la chaleur et à toute autre
» espèce de sensation? La sensation représente
» donc toujours ce qui est réellement, elle ne
» peut être erronée, puisqu'elle est la science
» même. » Théætète le reconnaît encore, et
Socrate s'écrie : « Par les Grâces ! Protagoras
» n'était-il pas éminemment sage? Cette vérité
» qu'il nous a indiquée d'une manière obscure
» à nous simples gens du peuple, il l'a révélée
» ensuite à ses disciples. — Théætète : Mais
» comment, ô Socrate, et que veux-tu dire?
» — Socrate : Je vais m'expliquer, et ceci n'est
» point à dédaigner : Il a voulu dire qu'il n'y a
» en soi rien de certain, rien de réel. Ce que
» tu appelles grand, pourra paraître petit; ce
» que tu appelles lourd, pourra paraître léger,
» et ainsi du reste, parce qu'il n'y a rien qui soit
» un, qui soit quelque chose, qui ait une qua-
» lité déterminée; ce que nous disons exister,
» par un faux emploi du langage, n'est qu'un
» mélange réciproque et une variation conti-

» nuelle. Rien n'existe, tout devient et change
» sans cesse. » Plus loin, Platon appuie ces
maximes d'une nouvelle explication; l'explication est digne de remarque; c'est toujours
Socrate qui parle : « Tout est donc dans une
» mobilité perpétuelle dont les variations sont
» plus ou moins rapides. Or, il y a un double
» mouvement, il y a deux sortes de productions;
» ces deux classes sont celle du sensible et
» celle de la sensation; elles se correspondent
» et coïncident ensemble; elles sont engendrées
» en même temps, elles disparaissent ensemble.
» Il n'y a donc qu'un sens affecté de telle ou telle
» manière, rien qui possède véritablement telle
» ou telle propriété, ou plutôt, ce que nous
» disons être une couleur, ne sera ni l'organe
» appliqué, ni la chose à laquelle il s'applique,
» mais, je ne sais quoi d'intermédiaire et de
» particulier à chacun de nous. Ainsi se confirme ce que nous disons : que rien n'est en
» soi-même; mais, que tout devient et passe,
» quoique l'habitude nous porte à parler et à
» agir comme s'il existait quelque chose. Mais,
» dans le langage des sages, il ne faut employer
» aucun terme qui signifie une chose réelle;
» il faut dire, conformément à la nature,
» qu'il y a une action sur nos organes, que les

» choses naissent, périssent et changent (1). »

Aristote, après avoir rappelé cette opinion à peu près dans les mêmes termes, la combat avec avantage et montre qu'elle renferme en elle-même une contradiction palpable. « Car, dit-il, » si tout ce qui est l'objet de nos opinions, si » tout ce qui paraît, est également vrai, il est » nécessaire que tout soit en même temps » vrai et faux. Car, plusieurs admettent à la » fois des opinions contraires et les uns jugent » fausses les opinions contraires qui sont » adoptées par les autres. » Il distingue ensuite ceux qui professent ces maximes, par l'effet d'un doute réel de l'esprit, de ceux qui ne les emploient que comme un artifice du langage, et c'est évidemment à Protagoras qu'il fait allusion en indiquant les dernières. « Le doute des » premiers provient, dit-il, de la confiance » aveugle qu'ils accordent aux sens; on peut » donc y porter remède, en éclairant leur » erreur. Quant aux seconds, il faut les ré- » futer, en rectifiant l'abus qu'ils font des mots » et les vices de leurs raisonnemens. » (2) Prota-

---

(1) Platon, *Théœtète*, § 152, 158, pages 69 et 98, tome II de l'édition de Deux-Ponts.

(2) *Metaphys.*, lib. IV, cap. 5.

goras était renommé par son art pour démontrer à volonté ou le pour ou le contre. Il avait, dit-on, composé un écrit dans lequel il prétendait établir qu'il n'est rien qui puisse être contredit, ce qui signifie également que tout peut être contredit. Ses disciples justifiaient ce paradoxe de la manière suivante : « En supposant que chaque pensée et chaque proposition qui l'exprime a un objet réel, il y a trois hypothèses possibles ; ou ceux qui disputent sur une chose, parlent en effet de la même chose, ou tous deux parlent de deux choses diverses entre elles et différentes aussi de celle-là; ou enfin, l'un d'eux seulement parle véritablement de la chose qui est le sujet de la dispute et l'autre d'une chose différente. Dans le premier cas, ils sont d'accord; dans les deux autres, il n'y a plus de sujet réel de leur différend. » (1) Il est curieux de voir comment, dans le Théætète, Platon, empruntant le personnage de Socrate, presse les conséquences de ce système et les fait servir à ruiner, dans leur base, les prétentions des Sophistes. « Il
» en résulterait, dit-il, que les animaux les
» plus grossiers sont aussi sages que les hommes,

---

(1) Socrate, *dans l'Euthydème de Platon*.

» qu'un homme ne peut être plus sage qu'un
» autre. Car, si ce que chacun pense d'après
» le témoignage de ses sens est également vrai
» pour lui, pourquoi un homme se croit-il
» assez supérieur en lumières à un autre pour
» s'ériger en instituteur des autres en exigeant
» pour ses leçons un ample salaire ? pourquoi
» s'attribue-t-il le droit de nous ranger au nom-
» bre de ses disciples, comme plus ignorans que
» lui ? Chacun n'est-il pas le juge (la mesure)
» de sa propre sagesse ? ou bien dirons-nous
» que Protagoras n'a fait qu'une plaisanterie ?
» Je n'ai garde de parler ici de ma méthode
» particulière qui a pour objet d'accoucher les
» esprits, elle ne mérite en effet que la risée ;
» mais toute méthode de discussion devient
» inutile. Car, tous ces efforts multipliés pour
» disserter, pour réfuter réciproquement les
» opinions contraires, ne seront autre chose
» qu'une grande et longue folie, si elle est
» vraie la maxime de Protagoras. Or, elle
» n'est pas un jeu ; elle est présentée dès le
» début de son livre (1). » Il faut voir, dans la

---

(1) *Théætète*, § 161, édition de Deux-Ponts, t. 3, page 89.

suite de ce dialogue, comment Socrate lui-même essaie de justifier les maximes de Protagoras, et comment il arrive par là à rendre encore plus sensibles les contradictions de ce Sophiste, à prouver que de semblables maximes ne peuvent conduire qu'à un doute universel.

Protagoras n'admet donc aucune vérité absolue, mais seulement une vérité relative. On peut réduire à trois points principaux ce que les anciens nous racontent de lui : 1° Il prétendait, non pas que tout est également faux et douteux, mais que tout est également vrai, ce qui, au reste, comme Platon l'a mis en évidence avec un admirable talent, revient précisément au même; 2° il fondait cette maxime sur ce que les impressions des sens rendent à chacun un témoignage fidèle; 3° il cherchait moins, au reste, à ériger ces propositions en doctrine théorique, qu'à s'en servir, dans la pratique, comme d'un instrument, pour l'exercice de cet art auquel il se livrait, et dont la souplesse devait se prêter à embrasser indifféremment toutes les causes.

Protagoras se distinguait des sceptiques anciens, en ce qu'il ne contestait point ouvertement l'existence de la vérité, mais la prodiguait en quelque sorte aux assertions les plus contraires;

il s'en distinguait, en ce qu'il affirmait d'une manière dogmatique que la matière éprouve une variation et une fluctuation perpétuelle, et que, dans la matière, dans ses changemens, réside la raison de la mobilité de nos impressions. Il préludait sous quelque rapport, à certains sceptiques modernes qui se sont bornés à ne reconnaître que des vérités relatives, comme Hume en particulier. Protagoras s'éleva beaucoup au-dessus de la tourbe des Sophistes qui parcouraient alors les villes de la Grèce, non-seulement par son talent, mais aussi par le caractère sérieux de son langage, par la vigueur de son argumentation, par ses vues sur la théorie de la connaissance humaine. Les autres Sophistes adoptaient indifféremment toutes les opinions; Protagoras essayait de prouver que chacune a des fondemens légitimes. La plupart des autres Sophistes n'eurent que des auditeurs; Protagoras exerça une influence importante sur la marche de l'esprit humain. La plupart des autres Sophistes furent bientôt oubliés et méritaient de l'être; Protagoras a posé des problèmes qui subsistent encore et qui peut-être ne sont pas entièrement résolus. Enfin, il soumit à des règles l'art que professaient les Sophistes; il découvrit plusieurs formes de raisonnement, et on convient que sa méthode se rapprochait à quelques égards de celle de Socrate (1). Il fut le maître d'Antisthène.

« Protagoras d'Abdère, dit Sextus Empirique, d'après l'interprétation que quelques-uns donnent de ses opinions, aurait été du nombre des athées; car, au commencement d'un écrit qu'il avait composé sur les Dieux, il a réfuté de diverses manières les traditions reçues chez les Grecs à ce sujet. Il s'exprimoit en ces termes : *Quant aux Dieux, je ne puis dire ni s'ils existent, ni ce qu'ils sont; beaucoup de choses m'en empêchent* (2). » (Ces deux obstacles, suivant Diogène Laërce, étaient l'obscurité du sujet et la brièveté de la vie de l'homme) (3). « Les Athéniens l'ayant pour ce motif condamné à mort, continue Sextus, il prit la fuite, et périt dans un naufrage. » Sextus rapporte ensuite quelques vers de Timon, qui contiennent le même récit.

---

(1) Diogène Laërce, IX, § 663, 664.
(2) *Advers. Physic.*, IX, § 88, 56, 57, — Diogène Laërce, II, § 97; — XX, § 54. — Cicéron, *De naturá Deor.*, I, cap. 23. — S. Epiphane, *exp. fidei.* — Eusèbe, etc.
(3) IX, § 51.

Mais, ces témoignages, et la condamnation elle-même, prouveraient seulement que Protagoras rejetait les traditions mythologiques reçues du vulgaire, et c'est en effet ce que Sextus dit expressément. Philostrate prétend que Protagoras disait être attaché à la doctrine des Mages (1), et Minutius Félix voit dans son langage plutôt un choix entre les opinions religieuses qu'une attaque contre elles. Du reste, Timon, dans les vers rapportés par Sextus, attribue à Protagoras un caractère moral qui devait le préserver de l'arrêt dont il fut atteint.

Gorgias, émule du précédent, obtint la même célébrité, et le surpassa même sous quelques rapports. Quoique leurs maximes paraissent diamétralement opposées, elles conduisent à peu près aux mêmes résultats. Protagoras avait subordonné la science au témoignage des sens. Gorgias leur refusa toute confiance.

Sextus l'Empirique nous a conservé l'extrait d'un ouvrage très-singulier de ce Sophiste.

« Gorgias de Léontium, dit-il, fut encore
» du nombre de ceux qui détruisent toute au-

---

(1) *De Sophist.*, I, § 494.

» torité des jugemens; mais, il n'employa ni
» les mêmes motifs, ni la même méthode que
» Protagoras. Car, dans le livre qui porte
» pour titre : *De ce qui n'est pas, ou de la na-*
» *ture*, il établit successivement trois propo-
» sitions principales : La première, que rien
» n'existe; la seconde, que, lors même qu'il
» existerait quelque chose, cette chose ne pour-
» rait être connue par l'homme; la troisième,
» que lors même qu'un homme pourrait la
» connaître, il ne pourrait l'expliquer et la faire
» connaître aux autres. »

Une argumentation très-subtile vient justifier ces trois propositions.

« Première proposition : *rien n'existe*. D'a-
» bord, le néant n'existe point. » (Car, Gorgias se donne la peine de le démontrer dans les règles.) « Ensuite, la réalité n'existe point; car,
» ou elle serait éternelle, ou elle aurait été
» produite, ou elle serait à la fois l'une et
» l'autre. Si elle est éternelle, elle n'aura point
» eu de commencement, elle sera infinie;
» mais, l'infini n'est nulle part; car, s'il est
» quelque part, il est différent de ce qui le
» contient, il est compris dans l'espace qui le
» reçoit; cet espace est donc autre que lui,
» plus grand que lui, ce qui ne peut se con-

(86)

» cilier avec la notion de l'infini. Si elle a été
» produite, elle a été produite, ou de ce qui
» est, ou de ce qui n'est pas; dans le premier
» cas, elle n'a pas été produite, car elle
» existoit déjà dans celle qui l'a engendrée;
» il serait contradictoire de dire qu'une chose
» a été produite et ne l'a pas été; la se-
» conde hypothèse est absurde. On prouve
» encore d'une troisième manière que la réalité
» ne peut exister : car, elle serait ou *une* ou
» *multiple*. Elle ne saurait être *une*, car, si elle
» est *une*, elle est ou une quantité, ou une
» chose contenue, ou une grandeur, ou un
» corps; comme quantité, elle pourra être di-
» visée; comme contenue, partagée; comme
» grandeur, complexe; comme corps, formée
» de trois dimensions. Elle ne peut être mul-
» tiple; car, le multiple n'est qu'un composé
» d'unités; s'il n'y a point d'élémens, il n'y a donc
» pas non plus de composé. Enfin, la réalité et
» le néant ne peuvent à la fois exister relative-
» ment à la même chose. »

Gorgias s'étudie encore à trouver une démonstration pour cette dernière sentence. Il est digne de remarque que les argumens qu'il emploie sont en général empruntés aux diver-

Eléatiques, ainsi que l'a déjà remarqué Aristote (1), et spécialement à Parménide, Mélissus et Zénon, comme s'il voulait les mettre en opposition les uns avec les autres.

Seconde proposition : *Lors même qu'une chose existerait, nous ne pourrions la connaître.* « En effet, nous ne pouvons connaître
» ce que les choses sont en elles-mêmes; car,
» il faudrait, pour y parvenir, qu'il y eût un
» rapport entre nos conceptions et les réalités,
» que ce qui s'offre à notre pensée fût la même
» chose que ce qui existe; que cette chose existât
» telle que nous la concevons, sous la même
» forme qu'elle est conçue; or, cela est absurde.
» Si l'on conçoit, par exemple, qu'un homme vole
» au sein de l'air, qu'un char roule sur la mer,
» il faudrait en conclure qu'un homme vole
» en effet, et qu'un char roule sur la surface
» des eaux. De même, ce qui existe échappe à
» notre connaissance. Chaque sens n'aperçoit
» que ce qui est de son domaine; une chose
» est appelée visible parce qu'elle est vue; mais
» elle ne cesse pas d'être visible parce qu'elle
» ne peut être entendue. Ce qui est conçu
» pourrait donc exister, quoiqu'il ne fût point

---

(1) *De Xenophane, Zenone et Gorgiâ*, cap. 5.

» aperçu par les sens, puisqu'il serait du do-
» maine de l'entendement; mais, il en résulte-
» rait que celui qui conçoit un char roulant
» sur la mer, serait fondé à croire que ce
» char roule en effet, ce qui est absurde.
» Ainsi, ce que nous connaissons n'existe
» point, et ce qui existerait ne pourrait même
» être conçu. » Ici encore, Gorgias emprunte
à la fois les argumens de ceux des Eléatiques
qui admettaient le témoignage des sens, et de
ceux qui le rejetaient.

Troisième proposition : *lors-même que nous connaîtrions ce qui existe, nous ne pourrions le faire connaître aux autres.* « Car, le moyen
» que nous employons pour communiquer avec
» les autres, est le langage. Mais, le langage
» n'est point identique aux objets, aux choses
» réelles. Nous ne transmettons aux autres que
» nos propres paroles. De même que ce qui est
» visible n'est point senti par l'ouïe, et réci-
» proquement, de même ce qui existe au de-
» hors diffère du langage; ce sont deux do-
» maines séparés. On dit, il est vrai, que le
» langage est formé par les impressions reçues
» de ce qui existe au-dehors, c'est-à-dire par
» les sens, comme ce qu'on dit de la couleur,
» par exemple, dérive des couleurs qui viennent

» frapper nos yeux. Mais, il ne résulte point
» de là que nos paroles expriment les choses
» qui existent au-dehors, mais seulement qu'elles
» sont l'effet qu'elles ont produit. En admet-
» tant même que les objets des sens existent,
» on ne pourrait dire qu'ils sont aussi l'objet
» du langage. Car, ces deux instrumens ne
» sont pas les mêmes (1). »

Aristote, dans celui des chapitres de son petit traité sur Xénophane, Zénon et Gorgias, qui porte le nom de ce dernier, en rapportant, quoique avec moins de développement, les trois propositions de Gorgias et les argumens que Sextus lui a prêtés plus tard, nous aide cependant à mieux saisir une partie des raisonnemens rapportés par Sextus, en faveur de la seconde et de la troisième proposition. « Les sens et la conception étant deux instru-
» mens distincts, l'un ne peut connaître ce qui
» appartient au domaine de l'autre, et de même
» que la vue ne peut juger des sons, l'ouïe des
» couleurs, les sens ne peuvent juger des choses
» qui appartiennent à la pensée, la pensée de
» ce qui appartient aux sens. Il y a plus; ce

---

(1) Sextus l'Empirique, *Adversùs Logic.*, lib. VII, § 60 à 87.

» qu'un homme aperçoit par les sens n'est
» point semblable à lui-même; et, dans le même
» moment, il perçoit du même objet des sen-
» sations différentes; il perçoit des choses diffé-
» rentes par la vue et par l'ouïe; il en perçoit
» de différentes par le même sens, dans des
» temps divers. Voilà pourquoi on ne peut
» connaître ce qui est; une raison semblable
» s'oppose à ce qu'on puisse le faire connaître
» aux autres par le langage. Car, comment un
» homme expliquera-t-il ce qu'il a vu à un autre
» qui ne peut qu'entendre et non voir? Celui
» qui a entendu, n'a entendu que la parole et
» n'a pas vu la couleur. En supposant que celui
» qui parle, peut du moins reconnaître ce qu'il
» dit, comment l'autre le concevrait-il? Le
» même ne peut être à la fois dans plusieurs
» individus séparés; car alors il ne serait pas
» un, mais deux; et lors même qu'il serait à la
» fois dans plusieurs, il pourrait paraître diffé-
» rent à chacun. Il paraît donc que ceux qui
» discutent ensemble attachent souvent un sens
» opposé aux mêmes paroles. »

Gorgias avait donc poussé plus loin que Protagoras les conséquences d'une manière de
voir à peu près semblable. Le second s'était borné
à dire que tout est également vrai, le premier

en avait conclu que tout est également faux. Protagoras avait entièrement identifié les apparences avec la réalité, les perceptions avec leur objet, les modifications intérieures du principe pensant, avec les objets qui l'affectent. Gorgias avait distingué ces deux régions, mais, en les isolant absolument l'une de l'autre, en détruisant tout rapport entre elles.

On peut présumer, au reste, avec quelque fondement, que Gorgias ainsi que Protagoras ne tenait pas bien sérieusement les discours qu'on rapporte de lui; il avait probablement pour véritable but, ou de faire la satyre des philosophes dogmatiques, ou de montrer son habileté dans l'art de la dispute. Car, en supposant qu'il eût voulu réellement condamner la raison à une sorte de suicide, en l'armant contre elle-même, n'eût-il pas condamné en même temps l'art qu'il prétendait exercer? et qu'eût-il pu enseigner, en effet, qui eût été susceptible d'être connu et démontré aux autres?

Platon qui, dans le dialogue intitulé *Protagoras*, avait fait intervenir ce Sophiste pour donner l'exemple de l'incertitude et du vague que les Sophistes répandaient sur la définition de la science et sur la véritable source des vérités morales, prête à Gorgias un rôle semblable dans le dialogue auquel il a donné le nom de ce rhéteur célèbre, pour donner un exemple sensible de l'abus que les sophistes faisaient de l'art de la parole. Dès le préambule, Callicles annonce que Gorgias a déjà exposé une foule de belles choses; Polus craint même que la fatigue qu'il a ressentie ne lui permette point de répondre à Socrate qui est curieux de l'entendre. « Gorgias peut expliquer tout ce qu'on » désire; peu de momens avant, il avait engagé » tous ceux qui se trouvaient dans la salle à lui » faire telles questions qu'ils jugeraient à pro- » pos, promettant de satisfaire à toutes. Gor- » gias lui-même déclare que, depuis long-temps, » on ne lui a adressé aucune question qui fût » nouvelle pour lui. » Socrate le presse dans ses questions sur la définition et le but de l'art oratoire. Gorgias le représente comme un art qui traite tous les sujets par les moyens de la parole; Socrate veut connaître l'application positive et pratique de cet art si puissant. Gorgias lui assigne « les plus grandes et » les plus importantes des affaires humaines; » pour les citoyens la conservation de la liberté; » pour l'individu, le pouvoir. Ainsi, l'éloquence » servira à convaincre les juges siégeant sur le » tribunal, les sénateurs dans leurs délibéra-

» tions, le peuple dans les assemblées publi-
» ques. » Mais Socrate veut savoir quel sera le fruit de cette persuasion : « Sera-ce le juste
» ou l'injuste ? sera-ce la vérité, ou une fri-
» vole opinion, qui peut être aussi bien vraie
» que fausse ? » Gorgias est insensiblement conduit à avouer que, suivant lui, l'art oratoire a pour but de persuader indifféremment l'un et l'autre, ce qui fournit à Socrate l'occasion d'exposer éloquemment la noble et vraie destination de cet art dont les Sophistes ont tant abusé (1).

Gorgias obtint, en effet, une grande célébrité comme rhéteur; suivant Diodore de Sicile, on admirait l'éclat de son style; les jeunes gens accouraient de toutes les villes pour acheter à un prix très-élevé la faveur de l'entendre; lorsqu'il fut envoyé comme ambassadeur à Athènes, pendant la guerre du Péloponèse, toute la ville se précipitait à sa suite; le premier il introduisit dans les assemblées publiques, au théâtre, cet exercice qui consistait à proposer des sujets de dispute, et à les traiter sur-le-champ (2).

---

(1) Platon : *Gorgias*, tome IV de l'édition de Deux-Ponts, pages 4 à 29.
(2) Diodore de Sicile, XII, p. 106.

« Gorgias de Léontium, dit Cicéron, rhéteur
» très-ancien, pensait qu'un orateur doit dis-
» serter avec un égal talent sur toutes sortes de
» sujets (1). »

Thèbes et Lacédémone eurent cependant aussi un Sophiste renommé, Prodicus de Céos. Platon nous apprend qu'il s'attachait essentiellement à définir les termes, entreprise qui eût été fort louable, si, en effet, Prodicus eût tenté de fixer la signification des termes, de manière à prévenir les vaines disputes de mots, en déterminant leur sens avec exactitude et précision; mais, si nous en jugeons par les allusions de Platon lui-même, il était fort éloigné de mériter cet éloge (2). Prodicus est cité par Eschine, dans le dialogue intitulé *Axiochus*, comme ayant eu sur la vie humaine les idées les plus sombres. Socrate y rapporte les discours qu'il a recueillis de la bouche de Prodicus, et après avoir déroulé le triste tableau des misères qui accablent l'homme à chaque âge, ajoute : « Ce que je vous expose c'est l'enseigne-
» ment du sage Prodicus, enseignement dont

---

(1) *De inventione*, I, cap. 5.
(2) Platon, *Euthydème*, tom. III, pag. 17. — *Protagoras*, pages 141, 185, édition de Deux-Ponts.

» il fait part aux uns pour deux oboles, aux
» autres pour deux dragmes; car, il n'enseigne
» gratuitement à personne. Dernièrement, chez
» Callias, il a tant déclamé contre la vie hu-
» maine, qu'il m'en a dégoûté, et qu'il m'a
» presque fait désirer la mort (1). »

On a généralement rangé Prodicus au nombre des athées; Sextus l'Empirique est du nombre de ceux qui lui ont donné cette qualification. Mais les paroles que Sextus rapporte de lui, et sur lesquelles il se fonde, servent à bien déterminer dans quel sens, en effet, Prodicus pouvait être appelé athée; et nous rapportons cet exemple parce qu'il concourt à fixer nos idées sur la valeur de ce genre d'accusation, lorsqu'il est porté par les écrivains de l'antiquité. « Prodi-
» cus de Céos, dit-il, avançait que le soleil, la
» lune, les fleuves, les fontaines, et en général
» tout ce qui est utile à notre vie, a été divi-
» nisé par les anciens peuples, à raison de l'u-
» tilité qu'ils en retiraient. C'est ainsi que les
» Egyptiens ont élevé le Nil au rang des Dieux;
» que le pain est devenu Cérès; l'eau, Nep-
» tune; le feu, Vulcain, et qu'en un mot

---

(1) Dans les œuvres de Platon, édition de Deux-Ponts, tome XI, page 185.

» tout ce qui sert à notre usage a obtenu le
» même honneur (1). » Cicéron s'exprime à
peu près dans les mêmes termes. Philostrate
nous donne, au reste, une idée peu avantageuse
de son caractère, le représente comme un homme
avide et voluptueux. Il ne voyait dans l'âme
qu'un résultat de l'organisation physique (2).

Plusieurs Pères de l'Eglise ont pensé que Diagoras, qui reçut le nom d'athée, qui fut condamné, et dont la tête fut mise à prix à cause de sa doctrine, avait injustement reçu cette épithète, et subi cette sentence ; ils ont cru qu'il s'était aussi borné à attaquer les superstitions vulgaires. Il paraît cependant qu'il porta plus loin son entreprise, qu'il s'éleva en général contre toutes les idées religieuses, et en particulier contre celles qui étaient enseignées dans les mystères. Sextus nous apprend que « Dia-
» goras, poète dithyrambique, avait été d'abord
» fort superstitieux, qu'il avait commencé l'un
» de ses poëmes par ces mots : *tout provient de*
» *l'esprit et du sort ;* mais qu'ayant été trompé
» par un homme qui s'était parjuré, et qui n'a-

---

(1) *Advers. Physic.*, IX, § 18 et 52.
(2) Æschine, dans le dialogue int. *Axiochus.*

» vait point été puni, il avait été conduit à pen-
» ser qu'il n'y a point de Dieux (1). »

Critias, suivant Aristote (2), faisait résider l'âme dans le sang, et les facultés de l'âme dans les sensations; il se fondait sur ce que les parties du corps privées de sang, sont également insensibles.

Ce Critias, Sophiste et poète, qu'on pense avec quelque raison être le même qui figura au nombre des trente tyrans, est aussi rangé parmi les athées; la puissance et le crédit le préservèrent du sort qui avait atteint Diagoras. Il avait fréquenté Socrate; mais, d'après ce qu'on connaît de son ambition et de son orgueil, il était bien peu digne d'appartenir à une telle école; il ne la suivit en effet que pour y chercher les moyens d'exercer une influence sur les autres hommes. « Critias, dit Sextus (3), l'un
» de ceux qui ont exercé la tyrannie à Athènes,
» fut mis au nombre des impies; il avançait
» que la croyance à la divinité est une inven-

---

(1) Ibid., § 53. — Voyez aussi Suidas et Hesychius *In Diagoram.* — Cicéron, *De Nat. Deor.*, I, c. 1, p. 23.
(2) *De Animâ*, I, 2.
(3) *Adv. phys.* IX, pag. 54.

» tion des anciens législateurs; ces législateurs
» imaginèrent l'idée d'un surveillant suprême
» qui juge les bonnes et les mauvaises actions
» des hommes, afin que chacun soit arrêté
» dans le dessein de nuire en secret aux autres,
» par la crainte des châtimens que la divinité
» pourrait infliger. » Il rapporte ensuite quarante vers d'un poëme de Critias où cette pensée est développée avec étendue; on y voit clairement que Critias n'entend pas parler des simples déités mythologiques, mais bien de la divinité elle-même; « le prévoyant législateur, dit-il,
» voulant prévenir jusqu'aux secrètes inten-
» tions de faire le mal, introduisit le respect
» de la divinité parmi les hommes; il annonça
» un Dieu qui vit éternellement, dont la nature
» est excellente, dont l'œil embrasse, dont la
» providence dirige tout, qui entend les pa-
» roles de l'homme, voit ses actions, pénètre
» même ses pensées; qui est infaillible, qui est
» comme une âme universelle. »

Si nous découvrons, au reste, un athée déclaré dans l'antiquité, nous étonnerons-nous de le rencontrer dans celui qui fut à la fois et un Sophiste, et l'oppresseur de son pays?

Hippias déclarait que les lois n'ont été imagi-

nées que par les hommes faibles et pusillanimes, et que l'homme doué de quelque générosité dans le caractère doit secouer, quand il le peut, leur joug intolérable; opinion professée aussi par Calliclès et Théramène (1). Hippias ajoutait que « la loi naturelle ne dérive point de la di-
» vinité (2). »

Suivant Cicéron les Sophistes enseignaient en général, que « tout ce qui existe est l'effet du
» hasard, qu'aucune providence divine ne
» préside au cours des choses humaines (3). »

Nous n'avons guère, sur la morale des Sophistes, de textes dont nous puissions nous aider pour en tracer une exposition précise; mais, les intentions qui les dirigeaient, l'esprit de leur enseignement, le but qu'ils se proposaient, les auditeurs dont ils étaient entourés, et surtout l'influence qu'ils exercèrent, suffisent pour nous convaincre que, loin d'avoir sur cette branche essentielle de la philosophie une doctrine positive, ils adoptaient indifféremment toutes les maximes qui pourraient flatter la

---

(1) Platon, *Glaucon*.—De la République, tom 1er, pag. 36, 48, 64, 86, etc.
(2) Xénophon, *Memor.*, liv. IV, chap. 4.
(3) *De Nat. Deor.*, I, 23 et 43.

personnalité, servir l'ambition ; qu'ils faisaient consister la morale non dans le *juste*, mais dans l'*utile*. Ce qu'il y a de caractéristique dans leur doctrine, c'est qu'au lieu de fonder la politique sur la morale, ils subordonnèrent la morale à la politique. Nous pouvons donc en croire Platon, lorsque, dans le Protagoras, il montre ce Sophiste si embarrassé à définir le véritable bien ; lorsque, dans le traité de la République, il met dans la bouche de Calliclès et de Thrasimaque des maximes qui anéantissent toute distinction entre le vice et la vertu ; lorsque, dans le Gorgias encore, Calliclès oppose les lois civiles à celles de la nature, fait consister celles-ci à satisfaire ses passions, profane le nom de la vertu en l'accordant à l'intempérance la plus effrénée, et va jusqu'à railler, comme une tête foible, le plus sage des hommes ; lorsque, dans le 6e livre de la République, il représente les Sophistes comme empruntant sans choix, débitant sans pudeur les doctrines les plus dépravées, et les décorant du nom de la sagesse, pendant qu'ils les vendent à prix d'argent : lorsque, dans le 7me livre du même traité, en traçant le modèle du véritable instituteur de la jeunesse, il décrit aussi l'abus que faisaient les Sophistes des honorables fonctions de l'enseignement, conduisant leurs élèves, par une suite de contraditions perpétuelles, à n'avoir plus de conviction propre, à ne pouvoir que détruire sans édifier; lorsque, dans le Théætète et le dixième livre des Lois, il représente la moralité comme n'étant, suivant les Sophistes, que le résultat de l'éducation, de la crainte; le bien et le mal, comme une distinction seulement introduite par les institutions civiles; lorsque enfin, dans tous ses écrits, il les signale à la postérité comme les corrupteurs des mœurs publiques et privées.

Thucydide ne met-il pas dans la bouche des ambassadeurs d'Athènes cette proposition empruntée aux Sophistes; que « la seule loi natu-
» relle, la seule règle du juste et du vrai, est celle
» que le fort doit commander au faible (1)? »

Les Sophistes employaient tour à tour deux genres de méthodes : l'une pour l'exposition, plutôt oratoire que didactique; l'autre pour la controverse, qui consistait en argumentations destinées à l'attaque plus encore qu'à la défense.

On reconnaît que plusieurs d'entre eux portaient, dans l'emploi de la première, beaucoup

---

(1) I, 76. — V, 105.

de talent et de connaissances. Platon, qui met tant de soin à revêtir ses personnages de la physionomie qui leur est propre, nous les peint comme très-exercés dans l'art de la parole, et s'exprimant avec une grande élégance. On leur attribue l'invention des périodes, et ils contribuèrent certainement à porter dans la langue ce haut degré de perfection, cette flexibilité, cette délicatesse, cette harmonie, que nous admirons dans les écrits de leur siècle. « Ils s'attachaient, dit Platon, moins à exposer la vérité, qu'à persuader l'opinion dont ils voulaient faire l'apologie; ils employaient moins ce qui était propre à éclairer la raison, que les moyens propres à éblouir, à entraîner. »

Platon nous offre un exemple de la manière propre aux Sophistes, lorsque, dans le commencement du Protagoras, il recourt à la fable de Prométhée et d'Épiméthée pour expliquer l'origine des arts et la nécessité de recourir à des maîtres pour l'enseignement de la morale.

Aristote, dans son traité intitulé *Des Argumentations sophistiques*, s'est attaché à retracer dans tous ses détails l'art qui présidait à leurs argumentations; mais il a embrassé en même temps tous les genres de sophismes qui peuvent naître de l'abus du raisonnement; en sorte que son traité doit être considéré moins comme un tableau historique des artifices employés par cette secte en particulier, quoiqu'il cite souvent les exemples de plusieurs Sophistes dont quelques-uns nous sont aujourd'hui presque inconnus, que comme une exposition didactique des diverses espèces d'argumens captieux qui peuvent être opposés aux règles d'une saine logique. Il est probable qu'il a eu plus d'une fois en vue ceux qui étaient employés par les philosophes de l'école de Mégare.

Quoi qu'il en soit, voici comment il s'exprime dans la seconde partie de ce traité, qui est intitulé *Du but que se proposent les Sophistes*.

Après avoir défini le genre d'argumentation propre aux Sophistes, *une argumentation contentieuse et litigieuse*, il attribue aux Sophistes cinq fins principales : La première de combattre par des raisonnemens captieux la proposition établie ; la seconde, de conduire leurs adversaires à avancer une chose fausse; la troisième, de les amener à soutenir un paradoxe; la quatrième, de les mettre en opposition avec les règles du langage ; la cinquième, enfin, de les faire tomber dans des expressions tautologiques. Il explique ensuite en combien de manières on peut abuser des termes, comment se forment les paralogismes relatifs aux choses elles-mêmes; quels genres de vices peuvent altérer la légitimité du raisonnement, comment on peut abuser d'un principe vrai. « Voici, ajoute-t-il, » comment s'y prennent les Sophistes pour » conduire leurs adversaires à des assertions » fausses ou à des propositions contradictoires : » ils ont coutume de leur adresser d'abord un » grand nombre d'interrogations vagues, de » manière à les engager dans des réponses hasardées dont ils s'emparent ensuite; de les » accabler de questions confuses, et de propositions qui se prêtent à des sens divers; » ils cachent leur dessein; ils concluent au » besoin, de ce qu'on ne leur a pas accordé, » comme si la concession leur en était faite; » ils précipitent la conclusion, comme si elle » résultait nécessairement de ce qui a précédé; » enfin, ils échappent habilement au sujet » même dans lequel ils s'étaient renfermés, si » la ressource des argumens vient à leur manquer (1). »

On voit, par les citations qui nous ont été

---

(1) *De Sophist. Elenech.*, cap. 3, 4, 12 et 16.

conservées des écrits de quelques Sophistes; autant que par le témoignage d'Aristote, qu'en général leur dialectique consistait, non à avancer une proposition et à la justifier par des preuves directes, mais dans cette espèce d'argumentation qu'on appelle la réduction à l'absurde, et que leur principal artifice reposait sur le vague des définitions et sur l'abus des mots.

Quoique Zénon d'Elée ait sans doute à quelques égards ouvert la voie aux Sophistes, qu'il leur ait prêté des armes, il y a une différence essentielle entre la dialectique du premier, et les artifices qui caractérisent les autres. Zénon pensait qu'il y a dans les objets eux-mêmes dont l'homme croit posséder la plus exacte connaissance un côté encore obscur et voilé que la raison peut découvrir, dont la découverte peut rectifier les premières notions qu'on s'est trop rapidement formées; c'est à saisir, à faire ressortir cette contre-partie, si l'on peut dire ainsi, des connaissances trop superficielles, qu'il employait sa méthode, en exposant tour à tour le pour et le contre; elle tendait ainsi, non pas à légitimer le doute, mais à compléter la vérité. Aussi, ses recherches, ses hésitations mêmes, étaient sérieuses, portaient le caractère de la bonne foi. Il ne faisait point, d'ailleurs, de cette méthode une application générale et absolue. Mais, chez les Sophistes, l'argumentation n'était véritablement qu'un jeu frivole; ils dégradaient la raison humaine, en la contraignant à dessein de s'exercer dans la vérité et le mensonge, en affectant une égale indifférence pour l'une et pour l'autre.

Les Sophistes, cependant, rendirent à la philosophie, du moins indirectement, quelques services que nous ne devons point méconnaître. Ils rendirent plus générale la culture intellectuelle, l'étude des connaissances naturelles et mathématiques, celle des arts libéraux; ils perfectionnèrent la langue et la littérature. La philosophie, renfermée jusqu'alors dans le cercle étroit des communications confidentielles avec un petit nombre d'adeptes, fut portée en plein jour, et devint le sujet des discussions publiques. La philosophie, traitée ordinairement jusqu'alors dans des sentences laconiques et souvent obscures, ou dans des poëmes allégoriques, fut enseignée en prose, reçut les formes d'une langue élégante, claire, accessible à tous, et se prêta à des discussions plus méthodiques. Les affirmations dogmatiques, les hypothèses téméraires, qui s'étaient élevées d'une manière si prématurée sur le territoire de la science, furent ébranlées dans leurs bases; elles purent être jugées par leurs effets. On put reconnaître combien était trompeuse la route jusqu'alors fréquentée, par l'issue à laquelle elle avait conduit. Si les vérités les plus utiles et les plus respectables furent malheureusement attaquées par les abus de la controverse, ou livrées à l'indifférence, des préjugés funestes furent déracinés, une plus grande liberté de discussion fut ouverte. Surtout, et cette remarque se lie essentiellement à notre sujet, les Sophistes eurent certainement le mérite d'exposer avec une netteté jusqu'alors inconnue le problème fondamental de la certitude et de la réalité des connaissances humaines ; et s'ils ne réussirent, s'ils ne cherchèrent pas même à le résoudre, du moins, en le faisant bien concevoir, ils en préparèrent la solution ; ils fixèrent l'attention des penseurs sur le rapport qui existe entre l'entendement humain et les objets auxquels il s'applique, sur les instrumens dont le premier peut se servir pour saisir les autres, et sur la légitimité de l'emploi qu'il en fait.

En un mot, les Sophistes préparèrent Socrate par les écarts mêmes auxquels ils s'abandonnèrent, et Socrate, tout en restaurant la science auguste qu'ils avaient profanée, ne dédaigna point de s'emparer de quelques-uns des avantages qu'ils lui avaient offerts. Ils rendirent donc, sous quelques rapports, des services analogues à ceux que plus tard ont rendus les Sceptiques; ils imposèrent la nécessité de reconstruire, sur des fondemens nouveaux, l'édifice qu'ils avaient renversé, et qui, élevé trop à la hâte, manquait de solidité.

On peut appeler l'enseignement des Sophistes, une sorte de scepticisme indirect. S'ils ne proclamèrent point qu'il n'y a pas de vérité certaine, ils produisirent un effet semblable en prétendant que tout est également certain. S'ils n'avancèrent point qu'il n'y a rien de réel, ils avancèrent du moins que nous manquons de moyens pour les connaître. Ce n'était point encore le découragement de la raison; c'était, si l'on peut dire ainsi, son déréglement; et quelquefois la seconde de ces deux maladies intellectuelles est moins incurable que l'autre, comme il y a plus de remèdes à l'impétuosité des passions qu'à l'excès de la faiblesse. On ne peut ressusciter des forces éteintes; mais les égaremens appellent et peuvent obtenir une salutaire réforme.

Il y eut cependant aussi dès lors quelques

sceptiques avoués, qui professèrent ouvertement le doute absolu : « Plusieurs, dit Sextus
» l'Empirique, ont soutenu que Métrodore,
» Anaxarque et Monime avaient entièrement
» refusé à l'homme le droit de juger des choses.
» Métrodore avançait que nous ne savons rien,
» et que nous ne savons pas même que nous ne
» savons rien. Anaxarque et Monime pensèrent
» que les choses n'ont pas plus de réalité que les
» images peintes sur les décorations du théâtre,
» ou que celles qui nous apparaissent dans
» le songe ou dans la folie (1). » Métrodore
de Chios était disciple de Démocrite, Anaxarque,
disciple de Métrodore ; ces Sceptiques dérivaient
donc encore de l'école d'Elée. Plutarque nous a
transmis du premier des hypothèses assez ridicules sur la physique. Sextus cite encore un Xeniade de Corinthe, qui appartient à un temps
plus reculé, et dont Démocrite avait fait mention. « Xeniade avait soutenu que tout est faux;
» que toutes les opinions, que toutes les conceptions de l'esprit sont trompeuses ; que
» tout ce qui naît sort du néant, que tout ce
» qui périt y retourne. » Ainsi, à côté des pre-

---

(1) *Adversus logic.*, VII, § 87, 88. — Diogène Laërce, liv. 9. — Cicéron, *De naturâ Deor.*, liv. 3.

miers systèmes dogmatiques, s'élevait déjà, par une sorte de contraste naturel, ce scepticisme qui en est la critique, qui, ordinairement même, en est l'effet.

Mais, voici encore un Sceptique plus ancien, un Sceptique dont l'apparition a quelque chose de plus singulier.

Ce n'est point un philosophe grec; c'est un Scythe, qui parut au milieu des Grecs, et les étonna par sa sagesse; c'est Anacharsis, ce sage dont les maximes morales ont d'ailleurs obtenu une si juste célébrité. Voici du moins le récit de Sextus l'Empyrique : « Anachar» sis le Scythe, dit-on, refusa à la percep» tion de l'homme le droit de juger les » choses dans tous les ordres de connais» sances; il fit un reproche aux Grecs de » supposer ce droit à l'entendement humain. » Pour justifier cette maxime, Anacharsis comparait la connaissance de la vérité à la pratique des arts. Or, disait-il, un artiste ne peut être jugé, ni par celui qui ignore les arts, ni par un artiste qui exerce un art différent. Mais, deux hommes qui sont émules dans le même art ne peuvent se juger l'un l'autre; car ils ont tous deux le même droit à affirmer, et nous cherchons quelqu'un qui puisse prononcer entre eux. Si l'un d'eux s'arroge le droit de prononcer, le jugement se confondra avec la chose à juger; le juge sera digne de confiance, puisqu'il prononce; indigne, puisqu'il est lui-même soumis au jugement que l'on demande (1).

Anacharsis, au reste, n'appartient à aucune école, il est antérieur à l'époque qui nous occupe en ce moment; nous devions le rappeler en terminant cette première période, comme formant un personnage à part, et aussi à cause du contraste qu'il forme avec les doctrines qui ont précédé. Ce système, fort étonnant pour le siècle auquel il appartient, trouvait ici sa place, sinon par l'ordre chronologique, du moins par l'analogie des idées.

---

(1) *Adversus logic.*, VII, pag. 55.

NOTES

DU HUITIÈME CHAPITRE.

(A) Platon, dans le premier Hippias, a peint l'orgueil et l'ambition des Sophistes, en même temps qu'il rappelle le rôle important que plusieurs d'entre eux avaient réussi à jouer dans les affaires de la Grèce :

« Socrate : Qu'il y a long-temps, bel et sage Hippias, que vous n'êtes venu à Athènes ! — Hippias : Je n'en ai pas le loisir. Lorsque Elide a quelque affaire à traiter avec une autre cité, elle s'adresse toujours à moi, préférablement à tout autre citoyen, et me choisit pour son envoyé ; persuadée que personne n'est plus capable de bien juger, et de lui faire un rapport fidèle des choses qui lui sont dites de la part de chaque ville ; j'ai donc été souvent député en différentes villes, et à Lacédémone plus souvent qu'ailleurs, pour un grand nombre d'affaires très-importantes. C'est pour cette raison, puisque vous voulez le savoir, que je viens rarement en ces lieux.—Socrate : Voilà ce que c'est, Hippias, d'être un homme vraiment sage et accompli. Car, vous êtes en état, dans le particulier, de procurer aux jeunes gens des avantages bien autrement précieux que l'argent qu'ils vous donnent en grande quantité ; et, en public, de rendre à votre patrie les services que doit lui rendre tout homme qui aspire non-seulement à éviter le mépris, mais à mériter l'estime de ses concitoyens. »

« Est-ce que, comme les autres arts se sont perfectionnés, et que les ouvriers du temps passé sont des ignorans auprès de ceux d'aujourd'hui, nous dirons aussi, que votre art, à vous autres Sophistes, a fait les mêmes progrès, et que ceux des anciens qui s'appliquaient à la sagesse n'étaient rien en comparaison de vous ? — Hippias : Rien n'est plus vrai.

» Socrate : Ainsi, Hippias, si Bias revenait maintenant au monde, il paraîtrait ridicule auprès de vous, à peu près comme les sculpteurs de nos jours disent que Dédale se ferait moquer, s'il revivait, et qu'il fît des ouvrages tels que ceux qui lui ont acquis de la célébrité. — Hippias : A la vérité, Socrate, la chose est telle que vous dites ; cependant j'ai coutume de louer les anciens et nos devanciers plus que les sages de ce temps, parce que je suis en garde contre la jalousie des vivans, et que je redoute l'indignation des morts. — Socrate : Cette conduite, Hippias, et cette manière de penser, me paraît digne d'éloges. Je puis aussi vous rendre témoignage que vous dites vrai, et que votre art s'est réellement perfectionné par rapport à la capacité de joindre l'administration des affaires publiques aux affaires domestiques. En effet, Gorgias, sophiste de Léontium, est venu ici avec le titre d'envoyé de sa ville, comme le plus capable de tous les Léontins de traiter les affaires d'État. Il s'est fait beaucoup d'honneur en public par son éloquence ; et dans ses entretiens particuliers, en donnant des explications et conversant avec les jeunes gens, il a amassé et emporté de grosses sommes d'argent de cette ville. Voulez-vous un autre exemple ? Prodicus notre ami a souvent été député en beaucoup de villes, et en dernier lieu étant venu, il y a peu de temps, à Céos, à Athènes, il a parlé dans le sénat avec beaucoup d'applaudissement ; et donnant chez lui des leçons et s'entretenant avec notre jeunesse, il en a reçu des sommes prodigieuses.

» Quant à ces anciens, aucun d'eux n'a cru devoir exiger de l'argent pour prix de ses leçons, ni faire montre de sa sagesse devant toutes sortes de personnes, tant ils étaient simples, et tant ils ignoraient combien l'argent est une chose estimable, au lieu que les deux Sophistes que je viens de nommer ont plus gagné d'argent avec leur sagesse, qu'aucun ouvrier n'en a retiré de quelque art que ce soit. Protagoras avant eux avait fait la même chose. »

(B) Plusieurs motifs nous commandent de nous arrêter avec quelque soin à ce phénomène que les Sophistes grecs nous présentent dans l'histoire de l'esprit humain. Il importe de bien étudier les causes qui ont corrompu la première des sciences à une époque encore si voisine de son berceau. Les Sophistes, s'ils ont été loin de résoudre les problèmes fondamentaux de la réalité et de la certitude des connaissances, les ont posés du moins avec une sagacité singulière, et ont transporté en quelque sorte la philosophie tout entière sur ce terrain. D'ailleurs, bien connaître les Sophistes est la condition indispensable pour connaître Socrate et après lui Aristote et Platon. En caractérisant l'état de la philosophie telle qu'ils l'ont trouvée, on définit le but qu'ils devaient se proposer, les obstacles qu'ils devaient rencontrer. Les Sophistes ont été la cause indirecte des immortels travaux de ces grands hommes : il a fallu détruire les abus qu'ils avaient commis, les erreurs qu'ils avaient manifestées plus encore qu'ils ne les avaient produites; il a fallu résoudre les doutes fondamentaux qu'ils avaient fait naître. Enfin, ce sujet n'a point été traité par la plupart des historiens de la philosophie avec l'étendue qu'il méritoit, et, dans notre langue du moins, il n'a encore été éclairé par aucun travail approfondi, complet et spécial. Le célèbre Wieland, dans son Agathon, a mis les Sophistes en scène avec ce rare talent qui anime les sujets antiques d'une vie toute nouvelle ; mais il se proposait d'écrire un roman philosophique et non une histoire exacte et fidèle.

(C) Cet admirable dialogue de Théætète est une sorte de traité complet sur le principe des connaissances humaines, et ne peut être assez médité. Platon y passe rapidement en revue les opinions professées sur ce sujet par la plupart des philosophes qui l'ont précédé, les compare, les classe, les discute. Il traite avec une sagacité remarquable la question de la valeur objective des sensations. Voici comment il établit la liaison des propositions de Protagoras : « — Socrate :
» Concevez-vous, mon cher, d'abord par rapport aux
» yeux, que ce que vous appelez couleur blanche
» n'est point quelque chose qui existe hors de nos yeux,
» ni dans nos yeux; ne lui assignez même aucun lieu

» déterminé, parce qu'alors elle aurait un rang mar-
» qué, une existence fixe, et ne serait plus en voie de
» génération. — Théætète : Comment me la repré-
» senterai-je ? — Socrate : Suivons le principe que
» nous venons de poser, qu'il n'existe rien qui soit
» un, pris en soi. De cette manière le noir, le blanc,
» et toute autre couleur nous paraîtra formée par
» l'application de nos yeux à un mouvement con-
» venable; et ce que nous disons être une telle cou-
» leur ne sera ni l'organe appliqué, ni la chose à
» laquelle il s'applique, mais je ne sais quoi d'in-
» termédiaire et de particulier à chacun de nous.
» Voudriez-vous soutenir en effet qu'une couleur
» paraît telle à un chien ou à tout autre animal,
» qu'elle vous paraît à vous-même ? — Théætète : Non,
» assurément. — Socrate : Pouvez-vous du moins assurer
» que quoi que ce soit paraisse à un autre homme
» la même chose qu'à vous? et n'affirmeriez-vous pas
» plutôt que rien ne se présente à vous sous un même
» aspect, parce que vous n'êtes jamais semblable à
» vous-même? — Théætète : Je suis pour ce sentiment
» plutôt que pour l'autre.

» Socrate : Si donc l'organe avec lequel nous mesu-
» rons ou nous touchons un objet, était ou grand, ou
» blanc, ou chaud; étant appliqué à un autre objet,
» il ne deviendrait jamais autre s'il ne se faisait
» en lui aucun changement. De même, si l'objet
» mesuré ou touché avait quelqu'une de ces qualités;
» lorsqu'un autre organe lui serait appliqué, ou le
» même organe qui aurait souffert quelque altération,
» il ne deviendrait point autre, n'éprouverait lui-

» même aucun changement ; d'autant plus, mon cher
» ami, que dans l'autre sentiment, nous sommes con-
» traints d'admettre sans résistance des choses tout-à-
» fait surprenantes et ridicules, comme disait Prota-
» goras, comme doit l'avouer quiconque entreprend
» de soutenir son opinion . . . .

» Comprenez-vous maintenant pourquoi les choses sont
» telles que je viens de dire, en conséquence du sys-
» tème de Protagoras, ou n'y êtes-vous pas encore ?
» —Théætète: Il me paraît que non. — Socrate: Vous
» m'aurez donc obligation, si je pénètre avec vous
» dans le sens véritable, mais caché, de l'opinion de
» cet homme, ou plutôt de ces hommes célèbres ?
» —Théætète: Comment ne vous en saurais-je pas gré,
» et un gré infini ? — Socrate : Regardez autour de
» nous, si aucun profane ne nous écoute : j'entends
» par là ceux qui ne croient pas qu'il existe autre chose
» que ce qu'ils peuvent saisir à pleines mains, et qui
» ne mettent au rang des opérations, ni les généra-
» tions, ni rien d'invisible. — Théætète : Vous me
» parlez là, Socrate, d'une espèce d'hommes dure et
» intraitable. — Socrate: Ils sont, en effet, très-igno-
» rans, mon enfant, mais les autres en grand nombre
» dont je vais vous révéler les mystères sont plus
» cultivés.

» Leur principe duquel dépend tout ce que nous ve-
» nons d'exposer, est celui-ci : tout est mouvement
» dans l'univers, et il n'y a rien autre chose. Le mou-
» vement est de deux espèces, dont chacune est infinie
» par la multitude ; mais, quant à leur vertu, elles
» sont l'une active, l'autre passive. De leur concours

» et de leur frottement mutuel se forment des pro-
» ductions infinies en nombre, et rangées sous deux
» classes, l'une du sensible, l'autre de la sensation,
» laquelle coïncide toujours avec le sensible et est en-
» gendrée en même temps. Les sensations sont connues
» sous les noms de vision, d'audition, d'odorat, de
» goût, de toucher, de refroidissement, de réchauf-
» fement ; et encore, de plaisir, de douleur, de désir,
» de crainte ; sans parler de bien d'autres dont une
» infinité n'ont pas de nom, et un très-grand nombre
» en ont un. La classe des choses sensibles est pro-
» duite en même que chacune des sensations corres-
» pondantes ; comme des couleurs de toute espèce,
» des sons divers, relatifs aux diverses affections de
» l'ouïe, et les autres choses sensibles proportionnées
» aux autres sensations.

» Concevez-vous, Théætète, le rapport de ce dis-
» cours avec ce qui précède ? — Théætète : Pas trop,
» Socrate. — Socrate, faites donc attention à la con-
» clusion où il aboutit. Il veut dire, comme nous
» l'avons déjà expliqué, que tout cela est un mouve-
» ment, et que le mouvement est lent ou rapide ;
» que ce qui se meut lentement exerce son mouvement
» dans le même lieu et sur les objets voisins, qu'il
» engendre de cette manière et que ce qui est ainsi
» engendré a plus de lenteur ; qu'au contraire ce qui
» se meut rapidement, déployant son mouvement sur
» les objets éloignés, engendre de cette manière, et
» que ce qui est ainsi engendré a plus de vitesse, parce
» qu'il est transporté et que son mouvement consiste
» dans la translation. Lors donc que l'œil, d'une part,

» et de l'autre, un objet proportionné se sont en quel-
» que façon accouplés, et ont produit la blancheur et
» la sensation qui lui est co-naturelle, lesquelles n'au-
» raient jamais été produites si l'œil était tombé sur
» un autre objet, ou réciproquement : alors ces deux
» choses se mouvant dans l'espace intermédiaire,
» savoir, la vision vers les yeux, et la blancheur vers
» l'objet qui produit la couleur conjointement avec
» les yeux, l'œil se trouve rempli de la vision, il
» aperçoit et devient non pas vision, mais œil
» voyant; pareillement l'objet concourant avec lui
» à la production de la couleur, est rempli de blan-
» cheur, et devient, non pas blancheur, mais blanc,
» soit que ce qui reçoit la teinte de cette couleur soit
» du bois, de la pierre ou toute autre chose. Il faut
» se former la même idée de toutes les autres qua-
» lités, telles que le dur, le chaud et ainsi du reste,
» et concevoir que rien de tout cela n'est en soi,
» comme nous disions plus haut ; mais que toutes
» choses s'engendrent avec une diversité prodigieuse,
» par leur rapprochement mutuel qui est une suit
» du mouvement.

» En effet, il est impossible, disent-ils, de se re-
» présenter d'une manière fixe aucun être isolé, sans
» la qualité d'agent ou de patient; parce que rien
» n'est agent avant son union avec ce qui est patient,
» ni patient avant son union avec l'agent; et telle
» chose qui dans son concours avec un certain objet
» est agent, devient patient à la rencontre d'un autre
» objet, de façon qu'il résulte de tout cela, comme
» il a été dit au commencement, que rien n'est un,

» pris en soi, et que chaque chose devient ce qu'elle est
» par rapport à une autre ; qu'il faut retrancher ab-
» solument le mot *être*. Il est vrai que nous avons
» été contraints de nous en servir souvent tout à
» l'heure à cause de l'habitude et de notre ignorance ;
» mais le sentiment des sages est qu'on ne doit pas
» en user, ni dire en parlant de moi ou de quel-
» que autre, que je suis quelque chose, ou ceci, ou
» cela, ni employer aucun autre terme qui marque
» un état de consistance ; et que pour s'exprimer selon
» la nature, on doit dire des choses qu'elles s'engen-
» drent, se font, périssent, et s'altèrent : parce que
» si on représente dans le discours quoi que ce soit
» comme stable, il est aisé de réfuter quiconque parle
» de la sorte. Telle est la manière dont on doit s'é-
» noncer au sujet des élémens et de l'assemblage de
» ces élémens qu'ils appellent homme, pierre, animal,
» soit en individu, soit en espèce. »

CHAPITRE IX.

Seconde période. — Socrate.

SOMMAIRE.

Restauration opérée par Socrate ; — Point de vue dans lequel elle doit être considérée : — Etat dans lequel se trouvait la philosophie ; — Conditions nécessaires à son restaurateur ; — Moyens employés par Socrate pour remplir cette mission ; — Sources auxquelles on doit puiser pour bien déterminer le caractère de son enseignement ; — Cette restauration rapportée à trois points principaux.

1°. Il attaque dans leurs causes les abus qui égaraient les philosophes. — Quatre caractères essentiels de cette réforme ; — Insuffisance reprochée à la doctrine de Socrate.

2°. Il rappelle la philosophie à la véritable source : *La connaissance de soi-même.* — Valeur qu'il donne à ce principe. — Influence de la morale pratique sur les études philosophiques.

3°. Méthode Socratique. — Caractères essentiels de cette méthode. — Caractère général. — Procédés particuliers : — Trois sortes d'analyse ; — Socrate créateur de la langue philosophique. — Ironie de Socrate. — Autres traits de son enseignement.

Doctrine propre à Socrate : — Sa morale ; — Sa théologie naturelle ; — Sa démonstration de l'existence de Dieu. — La théorie que Platon lui prête sur les idées ne lui appartient point.

Influence générale exercée par Socrate : — Trois classes de disciples ; — Disciples exclusivement fidèles à sa doctrine ; — Leurs travaux sur la logique.

Autre adversaire des Sophistes. — Isocrate. — Il s'efforce de rappeler l'art oratoire à sa dignité et à son véritable but. — Sa philosophie morale.

L'ÉPOQUE qui sépare les deux premières périodes de l'histoire de la philosophie est certainement la plus importante de toutes celles que cette histoire peut offrir ; elle est marquée par le passage d'un état général de corruption et de désordre dans les idées et dans les méthodes, à une réforme qui embrasse le système entier des unes et des autres. Cette réforme ne tombe pas sur les seuls résultats ; elle porte sur les fondemens. Ce ne sont pas les doctrines seules qui changent, c'est le point de départ, c'est la direction, c'est la manière de philosopher.

Un aussi grand phénomène demande à être considéré dans son ensemble, dans ses causes, dans les moyens qui l'ont opéré, dans les circonstances qui l'ont accompagné.

Si le luxe, l'altération des institutions sociales, la corruption des mœurs privées, avaient amené les Sophistes, favorisé leur funeste influence ; les Sophistes, à leur tour, avaient achevé de rendre cette corruption plus générale et plus profonde. Au beau siècle de Périclès, Athènes avait vu succéder l'ambitieuse et frivole administration du jeune Alcibiade, l'oppression des tyrans. La Grèce tournant contre elle-même ses armes victorieuses des barbares, s'affaiblissait par la cruelle guerre du Péloponèse. De fréquentes révolutions politiques exaltaient l'ardeur des partis; les espérances des ambitieux offraient un triste aliment aux passions; tout dégénérait de plus en plus. C'était une inspiration digne d'un véritable sage, que l'idée d'arrêter le cours des écarts qui affligeaient à la fois la morale et la raison, et le spectacle même de ces écarts devait faire naître dans le cœur d'un ami de l'humanité le désir d'y apporter un remède. La présence d'un réformateur devait être invoquée aussi par les gens de bien; le besoin d'une réforme devait se faire sentir dans la société tout entière. L'instruction, quoique vicieuse, était devenue plus générale; les exercices de l'esprit, quoique frivoles, pouvaient faire naître chez quelques-uns le goût de la vérité. L'attention du peuple lui-même commençait à se diriger sur les recherches philosophiques. Un siècle éclairé ne pouvait être long-temps satisfait par ces discussions interminables qui mettaient tout en question sans rien résoudre, par ces vains artifices de l'esprit qui ne servaient qu'à faire briller l'habileté de quelque rhéteur. Une voix secrète avertissait les hommes qu'il y avait pour la raison humaine une carrière plus noble, des résultats plus solides ; que la science n'était point un jeu puéril, et qu'en dehors de ce frivole étalage, il devait se rencontrer cependant quelque part un dépôt de connaissances sérieuses et positives.

Mais, que d'obstacles à vaincre, que de dangers à affronter dans cette généreuse entreprise! Le pédantisme des faux savans, les prétentions de la vanité, les prestiges du talent, les subtilités de la dialectique, l'avidité de l'intérêt privé, les préjugés vulgaires, les passions politiques, semblaient conjurés à la fois contre toute tentative de réforme.

Quel est donc celui qui s'élève, qui ose se dévouer pour ce grand ouvrage? est-ce un homme puissant, qui dispose de l'influence attachée au pouvoir, à la fortune, au crédit? occupe-t-il une magistrature importante dans la république? est-il appuyé par des amis nombreux et forts? est-il entouré d'une clientelle qui le fasse respecter? surpasse-t-il ses adversaires en éloquence? a-t-il sur eux quelque avantage naturel? Non, c'est un homme simple et pauvre, d'une condition obscure; il est seul, il n'a pour lui que l'ascendant de son génie et l'autorité de son caractère; toute sa puissance est dans sa vertu; car, sa science et son génie lui-même ne sont autres que sa vertu. Et c'est cela même qui le rend capable d'accomplir cette restauration si difficile.

En effet, cette restauration ne pouvait être exécutée que par l'influence d'un accord parfait entre le caractère, la vie et la doctrine de son auteur; et la doctrine de Socrate, en particulier, était d'une nature telle qu'elle devait s'exprimer et se définir par son caractère et sa vie autant que par ses discours.

La philosophie s'était corrompue, parce que son enseignement avait été livré aux spéculations intéressées de la vanité, de la cupidité, de l'ambition. Il fallait donc qu'elle retrouvât un organe digne d'elle, un organe dont l'amour des hommes, l'amour de la vérité, dictât seul toutes les paroles, dont les intentions fussent aussi pures que généreuses, un organe tel que Socrate.

La philosophie avait perdu son autorité, parce qu'elle avait substitué de vaines argumentations à la solidité des preuves. Il fallait donc qu'elle pût se justifier, se légitimer par des faits réels, évidens, incontestables. C'était à la vie d'un sage à les fournir; ses actions devaient être la confirmation de ses maximes; il devait être en tout conséquent à lui-même; la plus grande des immolations devait lui imprimer le dernier sceau; le sage qui entreprenait cette réforme devait être prêt à en devenir la victime volontaire. Il fallait la vie et la mort de Socrate.

La doctrine de Socrate avait essentiellement pour objet de fonder la philosophie entière sur la morale, et la morale sur le témoignage de la conscience. Elle avait pour but de faire rentrer l'homme en lui-même, pour lui faire découvrir la vérité dans la source, pour lui faire reconnaître que le vrai et l'utile sont une même chose. Elle devait donc être mise en quelque sorte en action, plus encore qu'être expliquée par des maximes; les exemples devaient en être le principal commentaire. Socrate avait besoin d'obtenir des imitateurs, pour avoir de véritables disciples. C'est pendant le cours de l'accusation dirigée contre lui, de sa captivité, c'est le jour même de sa mort, que ses leçons se sont mieux fait entendre, que Xénophon et Platon les ont recueillies et transmises avec un soin plus religieux. Grand toute sa vie, alors il fut sublime.

Nul philosophe, aussi, n'a obtenu de la postérité une vénération plus juste, plus constante, plus unanime. Il semble qu'on ait épuisé tout ce que cet admirable sujet peut offrir d'instructions utiles, et le nom seul de Socrate dit plus aujourd'hui que tous les commentaires. Il reste, cependant, si nous ne nous trompons, quelques recherches à faire sur la part précise qui peut lui être assignée dans les progrès de cet ordre de théories qui se rattache aux principes des connaissances humaines, et tel est le point de vue spécial qui doit fixer notre attention.

Mais, au premier abord, on se demande comment en effet Socrate aurait pu concourir aux développemens de ces théories, puisque son enseignement n'avait pour objet essentiel que la morale, puisque, relativement à la morale elle-même, il n'a pas écrit, il n'a même prétendu établir aucune doctrine systématique, puisque, se bornant à un simple rôle d'interrogateur, il déclarait toujours ne rien savoir, s'annonçait toujours comme prétendant à ne rien affirmer.

Et, cependant, Socrate a le premier rappelé à ses vrais principes la théorie de la connaissance; c'est à lui que se rapportent, comme à leur auteur, les rapides progrès qu'obtint dans son siècle cette partie de la science.

Pour établir cette importante vérité, il est nécessaire de s'élever à quelques considérations générales, de pénétrer le véritable esprit de l'enseignement de Socrate, de bien apprécier le caractère de la méthode qu'il institua.

Les discours que Platon prête à Socrate, dans ses dialogues, ne doivent point être considérés comme une exposition de la doctrine de ce dernier, du moins en tant qu'ils renferment les développemens de diverses théories positives. Eschine, contemporain de Platon, lui reproche déjà d'altérer la philosophie de son maître, de confondre avec elle les systèmes de Pythagore. Timon lui faisait le même reproche; « Platon, » disait-il, prête à Socrate des ornemens qui » lui sont étrangers; il lui enlève son caractère » essentiel, celui de réformateur des mœurs (1). Socrate lui-même, au dire de Diogène Laërce, en entendant la lecture du Lysis, s'écria : *Dieux! combien ce jeune homme en impose sur mon compte!* Sextus l'Empirique confirme encore cette observation. Mais, Platon, lorsqu'on se

---

(1) Sextus l'Emp., *Adv. math.*, VII, § 11.

pénètre de l'esprit de ses écrits, n'a pas sous ce rapport des torts aussi graves que ceux qu'on serait tenté de lui attribuer. Platon, dans ses dialogues, n'est point un historien, ne prétend pas l'être. Il expose sa propre philosophie, sous une forme dramatique; il introduit le personnage de Socrate, ainsi que les autres philosophes ou les Sophistes; il le fait apparaître comme interlocuteur, sans s'astreindre même à observer l'exactitude des dates et des circonstances locales; il prête à son maître les maximes qu'il veut faire prévaloir. Du reste, fidèle observateur des convenances et des vraisemblances, Platon conserve à chaque personnage le caractère, la physionomie, la manière qui leur est propre. Sous ce rapport, Platon fait revivre Socrate, aide à le faire mieux connaître; nous pouvons le consulter avec fruit, si nous le consultons avec discernement, si nous le considérons moins comme un commentateur que comme un peintre. C'est à Xénophon que nous recourrons pour recueillir les faits, pour obtenir les maximes expresses qui appartenaient véritablement à son maître. Xénophon, dans sa simplicité, est un historien exact, quoique trop abrégé sans doute; un disciple d'autant plus fidèle qu'il ne prétend point lui-même avoir un système qui lui soit propre (A).

On peut rapporter à trois points principaux la réforme que Socrate entreprit et exécuta. Il attaqua, dans leurs causes mêmes, les erreurs qui avaient obscurci la philosophie, les écarts qui l'avaient égarée; il ramena l'esprit humain vers les sources principales de la vérité; il indiqua la route la plus sûre et la plus utile pour le diriger dans cette investigation.

1°. La plupart des philosophes, en spéculant sur la science, avaient négligé de se demander à eux-mêmes quel était le but réel de leurs spéculations. Une curiosité vague et indéfinie semblait seule animer et diriger leurs recherches. Ils croyaient avoir assez fait s'ils avaient coordonné avec une apparente harmonie les élémens d'un système, s'ils avaient réussi à le construire à peu près comme ces ouvrages de l'art qui sont destinés seulement à flatter les regards ou à satisfaire l'imagination. Socrate voulut avant tout que la philosophie déterminât et reconnût le but qu'elle doit se proposer à elle-même, qu'elle se rendît compte de sa propre destination. Il jugea que le premier mérite de la science est dans son utilité réelle. Aux recherches oiseuses et stériles, il opposa l'épreuve des résultats pratiques (1).

D'autres, quoique se proposant effectivement un dessein, n'avaient point pris leurs motifs dans les besoins de la science, mais dans les calculs de l'intérêt personnel. Tels étaient les Sophistes. Ils avaient donc dégradé la philosophie en la faisant servir d'instrument mercenaire aux vues de l'ambition, de l'avidité, de l'orgueil. Socrate rappela la philosophie à sa noble mission. Il jugea que le seul but digne d'elle était celui qui s'appliquait à la société, à l'humanité entière, qui consistait à rendre les hommes plus éclairés pour les rendre meilleurs, à les rendre meilleurs aussi, pour les rendre plus heureux. Il ne distinguait point la science de la sagesse. Aux étroites combinaisons des vues intéressées, il opposa l'inspiration des sentimens les plus généreux (2).

En créant à l'envi des systèmes sur toutes les parties de la science, on avait négligé précisément le soin essentiel par lequel il eût fallu commencer; on avait négligé de circonscrire le domaine légitime de la science, d'en poser

---

(1) Xénophon, *Mémorables de Socrate*, liv. IV, § 22.
(2) Xénophon, *ibid.*, liv. IX, § 17, 18, 24.

les limites. De là tant d'excursions téméraires dans des régions inaccessibles à l'esprit humain ; de là tant de questions agitées sans fruit, et dont l'examen ne produisait que des contradictions interminables, parce que ces questions étaient de leur nature insolubles; de là tant d'hypothèses élevées avec précipitation, et détruites presque aussitôt. Socrate condamna des prétentions que l'orgueil ou l'inexpérience avaient fait naître, que la raison ne pouvait avouer. Il s'efforça de restreindre la sphère des études, pour leur rendre plus de solidité; à cette vaine agitation de l'esprit, il opposa la défiance modeste, et une prudente réserve (1).

L'ambition du succès avait accrédité cette vanité frivole qui s'environne de l'appareil de la science, en faisant méconnaître le prix réel de la vérité; la philosophie, dénaturée par les Sophistes, s'engageait dans une malheureuse rivalité avec les arts brillans qui règnent sur la scène, ou qui décorent les monumens publics ; s'offrant en spectacle à la multitude, il lui suffisait d'avoir captivé les suffrages, sans aspirer à mériter l'estime. De là ces formules toutes prêtes pour

---

(1) Xénophon, *ibid.*, liv. I. § 3, 4, liv. IV, § 22.

discourir à volonté sur les sujets qu'on avait négligé d'approfondir; delà ce luxe d'éloquence, cette fausse érudition, qui subordonnaient le mérite des choses à l'éclat du triomphe littéraire. Socrate distingua d'une manière aussi neuve que judicieuse deux sortes d'ignorance : L'une qui peut être un malheur, parce qu'elle est une privation, mais qui peut devenir utile, parce qu'elle fait sentir le besoin d'acquérir; c'est l'ignorance de bonne foi, qui s'avoue à elle-même ce qui lui manque; l'autre qui, au contraire, se ment à elle-même, pendant qu'elle ment aux autres, qui affecte de savoir ce qui lui est inconnu; ignorance présomptueuse qui est le plus grand des dangers pour l'esprit humain, parce qu'elle est la source principale des erreurs (1). Il opposa donc, au faux appareil du savoir, ce doute réfléchi qui n'est autre que le besoin d'apprendre.

Sans doute, Socrate paraît, surtout si l'on en croit le témoignage de Xénophon (2), avoir porté jusqu'à l'exagération l'éloignement qu'il témoignait pour les sciences positives, et parti-

---

(1) Xénophon, *ibid.*, liv. IV. § 8.
(2) *Ibid.*, liv. IV. § 22.

culièrement pour la géométrie et la physique, et l'idée qu'il s'était formée de leur inutilité ; sans doute, il restreignait lui-même d'une manière trop étroite le but assigné aux recherches de l'esprit humain, si, comme Xénophon nous l'assure, il le concentrait uniquement dans les choses usuelles, dans une application immédiate (B). Sans doute, il aurait proscrit trop sévèrement toutes les théories spéculatives, enveloppant dans la même censure, avec celles qui n'ont aucun fondement solide, celles qui peuvent être légitimement démontrées. L'histoire de l'esprit humain nous montre que toute vérité, dès qu'elle a réellement ce caractère, quoiqu'elle semble peut-être isolée et stérile au moment de sa découverte, trouve tôt ou tard l'application qui lui convient, que les vérités générales portent dans leur sein une fécondité ignorée jusqu'au moment où l'on a rassemblé les faits sur lesquels elle doit se répandre ; la vérité d'ailleurs a son prix intrinsèque, comme la beauté, un prix auquel la raison ne peut refuser la plus haute valeur ; elle mérite d'être recherchée, contemplée pour elle-même. Mais, il ne faut pas oublier que Socrate, dans son austère censure, s'attachait essentiellement à réprimer les abus dont il était témoin ;

il critiquait donc les théories spéculatives telles qu'elles avaient été produites jusqu'alors, plutôt qu'il ne préjugeait les résultats de celles qu'on pourrait tenter à l'avenir; l'excès des abus dont il était témoin pouvait excuser à quelques égards l'exagération de ses reproches. On a d'ailleurs fait observer que Xénophon a pris souvent trop à la lettre certains discours de Socrate sur ce sujet, et prêté en partie à son maître les préventions excessives qui lui étaient personnelles. Socrate n'avait point donné l'exemple du dédain pour les sciences physiques et mathématiques; il les avait lui-même étudiées avec ardeur; il avait été à l'école d'Archélaüs, et possédait toutes les connaissances qui existaient de son temps. Enfin, la science de la morale, telle que l'entendait Socrate, avait une extension bien plus grande qu'on ne le supposerait au premier abord; elle comprenait tout ce qui se lie à la connaissance de l'homme, à son amélioration, au bonheur de la société; elle comprenait les rapports de l'homme avec Dieu. Socrate mettait au premier rang des trésors de l'homme le vrai, le bon et le beau, et ne les distinguait point de l'utile. « Ne connaissez-
» vous pas, dit-il à Euthydème, dans Xénophon,
» une espèce de gens qu'on appelle esprits *ser-*

» *viles?....* Et c'est à cause de leur ignorance
» qu'on leur donne ce nom.... On le donne à
» ceux (1) qui ignorent ce que c'est que le
» juste, le beau et l'honnête. »

Il faut donc bien entendre quelle était la véritable pensée de Socrate, lorsqu'il disait *qu'il ne savait qu'une seule chose, celle-ci, qu'il ne savait rien;* et c'est bien à tort que plusieurs commentateurs ont voulu y chercher un prétexte pour le ranger au nombre des sceptiques. C'était une sorte de devise qu'il opposait aux fastueuses promesses des Sophistes; une manière d'exprimer cette défiance de soi-même qu'il cherchait à inspirer aux autres; une formule dans laquelle il déguisait ce doute méthodique que Descartes, dans les temps modernes, a érigé en principe de la science. C'est dans le même sens encore qu'il entendait cette autre maxime, que *la science ne peut être enseignée.* Il faut, pour entrer dans les idées de Socrate, se représenter toujours sa position donnée, et les adversaires qu'il avait en tête.

---

(1) Xénophon, *Mémorables de Socrate*, liv. II, § 13; liv. III, § 14; liv. IV, § 14. — Platon, dialogue intitulé : *Le pr. Alcibiade.* — Cicéron, *De officiis*, liv. II, cap. 3.

2°. Lorsqu'on considère d'une part la nature des systèmes qu'avait enfantés jusqu'alors la philosophie dogmatique, et de l'autre les jeux frivoles auxquels les Sophistes livraient la raison humaine, on voit qu'il était nécessaire de reconstruire entièrement la science sur ses premières bases ; que l'ouvrage entier était en quelque sorte à recommencer ; que ce qui était devenu nécessaire avant tout, c'était de se dépouiller des idées acquises, et de bien fixer le point de départ pour l'investigation de la vérité ; et, telle est l'idée dominante, l'idée constante de Socrate (1).

De là suivait une première conséquence ; c'est que les opinions empruntées ne sont point la vraie science ; c'est que chacun doit la tirer de son propre fonds, la conquérir par ses propres forces ; c'est qu'en se dirigeant aveuglément par le jugement d'autrui on abdique tout droit à la sagesse. Et voilà pourquoi Socrate répétait si souvent que la sagesse ne peut être enseignée (2).

Le disciple de Socrate se trouvait ainsi sur

---

(1) Xénophon, *ibid.*, liv. IV, § 6.
(2) *Ibid.*, liv. III, § 6. Platon, *Protagoras, Alcibiade*, etc.

la voie qui devait le conduire à la véritable source, à la source unique de la science. Cette source, suivant Socrate, c'est la connaissance de soi-même. Pourrions-nous ici mieux exprimer sa pensée que ne le fait Xénophon? Voici l'entretien qu'il met dans la bouche de Socrate et d'Euthydème : « Dites-moi, mon
» cher Euthydème, avez-vous été quelquefois
» à Delphes? — J'y ai été deux fois. — Avez-
» vous pris garde à cette inscription qui se lit
» sur la façade du Temple : *Connais-toi toi-*
» *même?* — J'y ai fait attention. — Avez-vous
» méprisé cet avis, ou vous-êtes vous bien
» examiné vous-même pour chercher à vous
» connaître? — Non en vérité. C'est une con-
» naissance que je croyais posséder parfaitement,
» puisque sans elle on n'en peut obtenir aucune
» autre. — Eh bien, reprit Socrate, qu'appelez-
» vous se connaître? Croyez-vous qu'il suffise
» pour cela de savoir son nom?... Celui qui
» veut se connaître ne doit-il pas s'examiner
» sur toutes les facultés nécessaires à l'homme
» pour connaître ses devoirs? — Il me semble
» que ne pas connaître ses facultés, ce n'est
» pas se connaître. — Il est certain aussi qu'on
» trouve dans cette connaissance bien des avan-
» tages dont on ne peut jouir si on se ment à

» soi-même. Celui qui se connaît sait ce qui
» lui est utile, ce que ses forces peuvent sup-
» porter, ce qu'elles refusent... Celui qui ne
» se connaît pas et qui s'abuse sur ses facultés,
» ne sait pas mieux juger les autres hommes
» qu'il ne se juge lui-même; il ne s'entend pas
» mieux en affaires; il ne sait ni ce qu'il lui
» faut, ni ce qu'il fait, ni ce qui peut lui être
» utile; il se trompe en tout, perd de grands
» avantages, et tombe dans les inconvéniens
» les plus funestes (1). »

Platon développe à sa manière les mêmes maximes dans son beau dialogue intitulé Le *premier Alcibiade, ou de la nature humaine.* Après avoir fait reconnaître à son jeune élève que la sagesse consiste essentiellement à devenir meilleur, il en conclut qu'elle doit avoir pour principe la connaissance de soi-même; et sur cela il commente la célèbre inscription du temple de Delphes. Mais, Platon prend ensuite occasion de là pour exposer sa propre théorie sur les idées, sur l'essence des choses, sur l'archétype éternel qui réside dans la divinité. Et c'est ici qu'on reconnaît les limites qui séparent

---

(1) Xénophon, *ibid.*, liv. IV, § 7.

l'enseignement propre à Socrate, de la doctrine que le fondateur de l'académie a mise ordinairement dans sa bouche. On peut faire la même séparation dans *Le Théœtète*, lorsqu'il arrive à la définition de la science; dans le Phædon, lorsqu'il veut expliquer comment toutes nos idées ne sont qu'une réminiscence.

On a justement remarqué que le principe assigné par Socrate aux connaissances humaines était trop restreint, s'il fallait lui donner une valeur universelle, et qu'il ne pouvait s'appliquer, en particulier, aux sciences naturelles et à la physique. Mais, Socrate n'entendait chercher en effet que la source des études morales; et n'eût-il fait que séparer avec précision le domaine des sciences morales, de celui des sciences physiques, il eût déjà rendu un éminent service, en prévenant le retour d'une confusion d'idées prolongée tour à tour par les Pythagoriciens, les Éléatiques et les Sophistes.

Mais, le perfectionnement que devaient recevoir les sciences morales ne pouvait manquer de réagir sur tous les autres ordres des connaissances, par cela seul qu'il portait sur le centre commun dans lequel ils viennent tous correspondre. En effet, si nous renfermons la philosophie dans la sphère qui lui est essentiellement propre, si nous considérons la notion de la science dans sa valeur la plus universelle, celle que la philosophie lui donne, nous reconnaîtrons que Socrate ramenait du moins indirectement la raison humaine à l'origine première et véritable de toute science, même relativement à l'empire qu'elle s'attribue sur les objets extérieurs. Car, si cet empire n'est autre chose que le pouvoir donné à l'esprit humain, de conclure de ses propres perceptions à ce qui existe hors de lui, c'est encore dans l'examen de ses propres facultés qu'il découvrira non-seulement le droit qu'il peut avoir de prononcer sur les choses, mais encore l'exercice le plus utile qu'il en peut faire. Toutes les vérités réellement primitives résident au fond de nous-mêmes; les idées génératrices les plus fécondes sont déduites de notre propre nature. La distinction établie entre les connaissances qui dérivent des sens et celles qui dérivent de la réflexion n'est point absolue. N'est-ce pas la réflexion qui les élabore, qui les combine, qui les applique?

Enfin, l'influence de la morale restreinte même à une acception plus étroite, et considérée comme le code des préceptes de la vertu, embrasse d'une manière bien plus puissante qu'on ne serait tenté de le croire toutes les branches de la philosophie, et spécialement celle qui concerne la théorie de la connaissance humaine. On ne sait point assez combien la pratique de la vertu, les habitudes d'une vie honorable et pure, favorisent les exercices de la méditation, desquels dépendent, en définitive, les vrais succès de l'étude. Elles seules donnent à la raison un empire constant et absolu sur toutes les facultés; elles seules la font jouir de ce calme que ne donne point toujours l'insensibilité, parce qu'elle n'affranchit pas des inquiétudes de l'égoïsme, de ce calme nécessaire pour bien voir; elles seules préviennent les nombreuses illusions par lesquelles la vanité obsède l'entendement; elles seules attaquent dans leurs causes toutes les erreurs qui proviennent de nos passions. Elles entretiennent le goût de l'ordre qui est une préparation à la recherche du vrai; elles conservent à la raison cette candeur et cette bonne foi qui sont une condition nécessaire de la rectitude du jugement. Il y a dans le sentiment des devoirs quelque chose qui donne à l'étude même quelque chose de plus sérieux, qui y porte des dispositions en quelque sorte consciencieuses. Une âme nourrie dans la contemplation de ce qui est beau et bon, trouve en elle même des puissances inconnues pour les efforts de l'esprit, comme pour tous les autres efforts; elle puise en elle même les inspirations les plus heureuses pour toutes les conceptions grandes et utiles. L'amour de la vertu se confond presque avec celui de la vérité, il l'exalte et le fortifie. Par cela seul que Socrate rendait les hommes meilleurs, il les reconduisait donc à la véritable école où devait leur être révélée une plus saine philosophie. Ne leur enseignât-il que dans ce seul but le grand art de la connaissance de soi-même, il leur montrait, en se dépouillant des préjugés funestes à leur bonheur, à découvrir par analogie la source de ceux qui les égaraient dans les autres branches des sciences humaines. Ne leur enseignât-il qu'à régler leurs penchants, il leur enseignait, par une sorte d'induction, à régler les opérations de leur esprit. Ne leur fît-il apparaître dans tout leur éclat que les vérités éternelles de la justice, il leur apprenait à sentir le prix de tout ce qui est vrai, et à mesurer les forces qu'ils possédent pour y atteindre. Il y a en un mot, si l'on nous permet cette expression, il y a une religion de la vérité, qui fait aussi partie du culte de la morale, qui lui est inhérente, qui en découle; et, cette religion, Socrate en fut le digne apôtre.

3°. On a souvent et justement cité comme un modèle cette méthode, qui, du nom de son auteur, a reçu le nom de *méthode socratique.* Mais, est-elle bien connue, bien définie ? Sans donner ici à un sujet aussi intéressant les développemens qu'il demanderait, mais qui sortiraient des limites de notre plan, essayons de marquer les caractères essentiels du procédé qu'il employait.

Cette méthode n'était point absolument et rigoureusement uniforme. « Il avait, dit **Xé-**
» nophon, une manière différente de traiter avec
» différens caractères (1). Il avait, dit encore
» Cicéron, plusieurs manières de discuter, et
» de cette variété, non moins que de celle qui
» régnait dans les sujets qu'il embrassait, en
» résulte la divergence des philosophes formés
» à son école (2). » En discutant avec les Sophistes, il employait un genre de raisonnement auquel il n'avait garde de recourir lorsqu'il s'entretenait avec de jeunes élèves; il semblait quelquefois emprunter aux premiers leurs propres armes pour les combattre; quelquefois aussi, en s'entretenant avec ses disciples, il se

---

(1) *Mémorables de Socrate*, liv. **IV**, § 2.
(2) *Tuscul. quæst.*, § 15.

chargeait officieusement lui-même du rôle des Sophistes, et ne négligeait aucune des ressources de leur art, pour mieux en faire ressortir ensuite l'insuffisance, comme on le voit dans le Protagoras de Platon.

Cependant, une forme générale présidait ordinairement à ses discours : c'était celle de l'interrogation. Il feignait d'ignorer entièrement lui-même les choses sur lesquelles devait rouler l'entretien; c'est pourquoi il répétait sans cesse *qu'il ne savait rien;* souvent même, il laissait échapper, comme au hasard, une proposition absurde, comme pour confirmer encore son ignorance. Il contraignait ainsi son interlocuteur à agir, à produire, à s'interroger en secret, à découvrir ce qu'il voulait lui enseigner. Cette marche était en accord avec son principe fondamental que nous venons d'exposer. Si une erreur avait été commise par son adversaire ou son disciple, il l'amenait ainsi à la reconnaître, à l'avouer; si son disciple était embarrassé pour lui répondre, il le mettait insensiblement sur la voie, en lui posant des questions qui pussent le contraindre à se rendre compte de ses propres pensées, et diriger son attention vers le point décisif, jusqu'à ce qu'il fût rentré assez avant en lui-même pour le saisir. Tel était cet art qu'il avait coutume de comparer à celui des sages-femmes, et de désigner en s'appelant lui-même *l'accoucheur des esprits.* Mais il ne se bornait pas là ; c'était dans son ensemble une sorte de gymnastique intellectuelle ; il exerçait ses élèves à penser et à réfléchir, de manière qu'un jour ils pussent se passer de lui.

Ce procédé de Socrate, le langage qu'il y employait, ressemblait, comme nous l'avons déjà remarqué, à une sorte de scepticisme ; mais c'était le doute suspensif, le doute d'épreuve qui sert de préparation à la vérité, le doute méthodique, tel que Descartes l'a reproduit dans les temps modernes.

Ce caractère général de la méthode Socratique a été bien saisi par les historiens ; mais le détail des procédés qui la composent n'a peut-être pas été aussi bien étudié. C'est un grand art sans doute, que celui de poser les questions ; c'en est un non moins difficile que de déterminer l'ordre le plus convenable pour en développer le cours. Il faut voir quelle est la route que suivait l'esprit sous la direction de Socrate.

« Quand il voulait établir un sentiment, dit
» Xénophon, il procédait par les principes les
» plus généralement avoués, persuadé que c'é-

» tait la méthode de porter la démonstration
» jusqu'à l'évidence. Aussi, n'ai-je jamais connu
» personne qui sût mieux amener ses auditeurs
» à convenir de ce qu'il voulait leur prouver.
» C'est, disait-il, parce qu'Ulysse savait dé-
» duire ses preuves des idées reçues de ceux
» qui l'écoutaient, qu'Homère a dit de lui,
» que c'était un orateur de sa cause. »

Par ces principes généralement avoués, il faut bien se garder d'entendre les axiomes, ou tout autre principe abstrait. Quelques entretiens de Socrate conservés par Xénophon, et la manière de procéder que Platon lui prête dans ses dialogues, nous montrent que Socrate employait trois espèces d'analyse qu'on a le plus souvent confondues, quoiqu'elles soient à quelques égards fort distinctes.

La première nous montre une analogie frappante avec l'analyse employée par les géomètres; elle consistait à admettre par hypothèse une proposition comme vraie, et à en poursuivre ensuite toutes les déductions jusqu'à ce qu'elle se fût résolue en une vérité ou en une absurdité évidente, ou à décomposer une vérité reconnue en ses données constitutives jusqu'à ce qu'on eût pu en reconnaître toutes les conditions. Nous en voyons un exemple dans ces deux entretiens de Socrate, rapportés par Xénophon, l'un, dans lequel il enseigne à Critobale les conditions nécessaires pour mériter de vrais amis; l'autre dans lequel il montre à Euthydème les conditions nécessaires pour se rendre capable de bien gouverner un état. Dans la suite de ce même entretien, Socrate établit tour à tour diverses suppositions dont il presse les conséquences pour arriver à son but (1). Nous en voyons encore un exemple frappant dans le dialogue de Menon, chez Platon, où Socrate annonce lui-même qu'il va procéder à la manière des géomètres (2), comme aussi dans le dialogue du *premier Alcibiade*, où Socrate, voulant ramener ce jeune ambitieux à l'étude de lui-même, commence par le transporter sur la place publique, le flattant d'un succès qu'il va remporter, et lui fait successivement reconnaître que ces succès dépendront d'une vraie capacité dans les affaires publiques, que les intérêts publics reposent essentiellement sur la justice, que le principe de la justice dépend de la connaissance de soi-même.

---

(1) *Mémorables de Socrate*, liv. II, § 13; liv. III, § 6.

(2) Tome IV des œuvres de Platon, édition de Deux-Ponts, page 360.

La seconde consiste à remonter des faits particuliers aux vérités générales, à détacher ainsi les notions abstraites des groupes concrets auxquels elles appartiennent, pour les obtenir pures et sans mélange ; elle a quelque analogie avec les méthodes des naturalistes. C'est la méthode inductive préconisée par Bacon. Socrate en faisait un usage habituel. De là ce grand nombre d'exemples familiers qu'il accumulait dans le commencement de ses discours, et ces comparaisons qu'il empruntait sans cesse aux arts et aux métiers de la vie. C'est ainsi que commence, dans Xénophon, l'entretien de Socrate avec Aristippe, lorsqu'il veut l'arracher aux habitudes de la mollesse; qu'il encourage Charmide à s'engager dans la carrière publique. C'est ainsi qu'il conduit Euthydème, par l'énumération des bienfaits de la Providence, à concevoir les plus hautes idées des attributs de la divinité (1). C'est ainsi que, dans le premier Hippias de Platon, Socrate, voulant obtenir la notion du beau, dans toute sa généralité, parcourt successivement toutes les espèces de beau, et s'attache à faire voir que dans chacune la

---

(1) *Ibid.*, liv. II, § 1 ; liv. III, § 9 ; liv. IV, § 9.

notion est imparfaite quoique réelle, parce qu'elle est encore trop particularisée.

La troisième espèce d'analyse consiste à séparer les notions qui se trouvent associées dans les idées complexes, à les distinguer entre elles, et à faire disparaître ainsi la confusion qui peut naître d'une assimilation précipitée, ou des associations formées par l'habitude. Elle a quelque analogie avec les procédés des mécaniciens et des chimistes ; c'est la méthode recommandée par Condillac. Il n'est rien à quoi Socrate donne plus d'attention, que ce soin de bien déterminer les idées, par des énumérations exactes des élémens qui lui sont propres. Voyez comment, dans Xénophon, Socrate s'efforce de déterminer l'idée de la sagesse, celle de la vertu, celle d'un bon gouvernement, celle du bonheur, celle de la piété, celle du véritable bien (1)! Voyez, dans le second Alcibiade de Platon, comment il distingue les deux espèces d'ignorance, l'une présomptueuse, l'autre sincère, et les effets propres à chacune ; comment, dans le Criton, sollicité de s'évader de sa prison, et de profiter des moyens qu'on lui a ménagés à cet

---

(1) *Ibid.*, liv. I, §§ 22, 23 ; liv. III, § 16 ; liv. IV, §§ 15, 16, 17, 18.

effet, il détermine la véritable valeur qu'on doit attacher à l'opinion du peuple, et les caractères essentiels qui constituent la notion de la justice.

Quelquefois il réunissait ces trois modes de procéder, en les employant tour à tour dans le cours de la même démonstration. Telle était précisément cette méthode socratique dont Cicéron a fait un si juste éloge (1), et que Platon a portée ensuite à un si haut degré de perfection, mais qu'il avait certainement empruntée de son maître (2). Epicure et son école l'ont blâmée il est vrai; mais c'est parce qu'ils n'y trouvaient point cette sévérité rigoureuse et souvent sèche, cette forme didactique à laquelle ils donnaient la préférence (3).

L'un des principaux caractères de l'enseignement de Socrate, et l'un de ceux qui ont peut-être été le moins remarqués, consiste en ce qu'il a été, chez les Grecs, le véritable créateur de la langue philosophique. Nous avons vu que la philosophie avait d'abord, et pendant long-

---

(1) *De Officiis*, § 145.
(2) *Cujus* (Socrates) *ratio disputandi Platonis memoriæ et litteris consecrata*; Cicéron, *Tuscul. Quæst*, § 15.
(3) *Atticus*, dans Cicéron.

temps, emprunté le langage des poëtes; elle s'empara ensuite des formes du style oratoire; cette marche était naturelle. Socrate, le premier, lui donna enfin la langue qui lui est propre. Il n'est rien dont il s'occupa avec plus de soin, que de fixer l'acception des termes; il avait remarqué que la plupart des disputes ne sont que des équivoques. « Il fut le premier, » dit Aristote, qui s'appliqua à définir les ter- » mes (1). » Il rejetait tous les ornemens ambitieux et frivoles; la clarté, l'exactitude, la simplicité régnaient dans tous ses discours; le langage n'était pour lui qu'un transparent fidèle, destiné à transmettre, sans les altérer, les rayons de la pensée. Cette seule création devait avoir une utilité plus réelle pour les progrès de la raison, que toutes les règles de la logique.

Cette ironie dont Socrate faisait un usage si fréquent, entrait dans ses desseins, était en quelque sorte nécessaire pour la lutte dans laquelle il se trouvait engagé; elle faisait partie de l'art qu'il s'était créé pour introduire la réforme. Ayant à combattre, auprès d'un peuple

---

(1) *Metaphys.*, I, 6.

spirituel et fin, au milieu d'Athènes, des adversaires doués de talens remarquables, d'une grande habileté, et supérieurs dans l'art de l'éloquence, accoutumés à tous les genres de succès, il saisit l'ironie comme une arme nouvelle qui pût les atteindre et les frapper par leur côté faible. Il entreprit de punir ces hommes vains et orgueilleux par le châtiment le plus juste, par le ridicule. On le voit, tour à tour, enchérir encore sur les louanges qu'ils reçoivent, alors même qu'il est prêt à les confondre, affecter lui-même une apparence de bonhomie et même de rusticité, qui contraste avec l'élégance fleurie de leurs discours, quelquefois les imiter et entreprendre leur apologie pour mieux assurer leur défaite; on le voit varier à l'infini, suivant les circonstances, ces tours et ces allusions que l'abbé Fraguier a si bien décrits dans les Mémoires de l'Académie des Inscriptions (1). L'emploi qu'il en fait dans les dialogues de Platon rend quelquefois difficile, pour le dire en passant, pour les esprits peu exercés, la vraie intelligence de certains passages.

Par un autre contraste encore avec la ma-

___

(1) Tome IV, page 360, Hist.

nière des Sophistes, Socrate mettait ordinairement ses discours à la portée des auditeurs les moins instruits; il s'attachait essentiellement à la clarté; il ne dédaignait point de descendre à des comparaisons quelquefois triviales; il empruntait au sens commun de tous les hommes les maximes qu'il choisissait pour points de départ. Il ne pensait pas que la science bienfaisante de la morale dût être un privilége réservé à un petit nombre d'individus favorisés de la fortune; il regardait la vertu comme le patrimoine de l'humanité tout entière. Telle était la popularité qu'il ambitionnait, popularité bien opposée à celle dont se vantaient les Sophistes. Ceux-ci aspiraient à rendre plus habiles les jeunes gens appelés aux premiers rangs de la société; Socrate aspirait à rendre tous les hommes meilleurs. « Quant à
» ceux qui ne savent pas ce qu'il est nécessaire de savoir, les plus éclairés, disait-il, ont sur eux un beau droit, celui de
» les instruire (1). »

Combien ne devait-il pas être exercé dans l'art de la méditation, celui qui demeura un jour entier immobile à la même place, occupé

---

(1) Xénophon, *Memor. de Socrate*, liv. I. § 12.

à la recherche d'une vérité importante, sans s'apercevoir du cours des heures, et sans songer aux besoins du corps !

On a remarqué que, dans la plupart des dialogues de Platon, Socrate termine sans conclure. C'était en quelque sorte une suite de sa méthode. Il avait atteint son but dès qu'il avait mis son interlocuteur en mesure de trouver le résultat qu'ils avaient cherché ensemble. Si l'on résume avec attention la discussion tout entière, on voit qu'elle conduit nécessairement à cette conclusion que Platon a supposée tacitement, mais qu'il a évité d'exprimer, comme pour exercer sur son lecteur un art analogue à celui dont Socrate faisait usage.

Quoique Socrate fût opposé en toutes choses aux philosophes dogmatiques, quoiqu'il évitât le langage affirmatif, quoiqu'il n'ait point légué à la philosophie un corps, un système de théories, il a cependant sa doctrine, et cette doctrine embrasse les objets dont l'importance est la plus considérable pour l'homme, les maximes les plus fécondes en conséquences. Elle porte essentiellement sur les fondemens de la morale et de la législation, sur la théologie naturelle et sur les rapports qui unissent les deux premières sciences à la dernière.

Toute la morale de Socrate était fondée sur un principe désintéressé, mais en conciliant la vertu avec l'intérêt bien entendu. Il la fondait sur le principe de l'obligation, faisant consister le souverain bien dans l'accomplissement des devoirs, et faisant dériver, des lois du créateur, la notion des devors. Et il n'est rien auquel il se soit plus attaché qu'à mettre ce principe en évidence. Il réduisait la politique à la justice; il fondait la législation sur le droit naturel. « Ne
» connaissez-vous pas aussi, mon cher Hippias,
» dit-il dans Xénophon, des lois non écrites ?
» — Sans doute, et ce sont celles qui règnent
» dans tous les pays. — Dites-vous que ce sont
» les hommes qui ont porté ces lois ? — Et
» comment le dirais-je ? Ils n'ont pu se rassem-
» bler pour les dresser ; ils n'auraient même
» pu s'entendre, puisqu'ils parlent tant de
» langues différentes. — Qui croyez-vous donc
» qui ait porté ces lois ? — Ce sont les Dieux
» qui les ont prescrites aux hommes.... — Et
» croyez-vous que les Dieux ordonnent des
» choses justes ou étrangères à la justice ? — Et
» qui pourrait ordonner ce qui est juste, si ce
» n'est les Dieux ? — Ce qui plaît aux Dieux,

» mon cher Hippias, est donc en même temps
» et juste et conforme aux lois. (1) »

La démonstration de l'existence de Dieu que Xénophon rapporte d'après Socrate, et que Sextus l'Empirique répète d'après Xénophon, est la première qui nous ait été conservée textuellement et en entier, dans les monumens de l'antiquité. C'est la démonstration téléologique, telle qu'elle avait été établie en principe par Anaxagoras. « Daignez me répondre,
» mon cher Aristodème; y a-t-il quelques per-
» sonnes dont vous admiriez les talens ? —
» Sans doute. — Voudriez-vous bien me les
» nommer ? — J'admire surtout Homère dans
» la poésie épique, Mélanippe dans le dithy-
» rambe, Sophocle dans la tragédie, Policlète
» dans l'art statuaire, et Zeuxis dans la pein-
» ture. — Mais, quels artistes trouvez-vous
» les plus admirables, de ceux qui font des
» figures dénuées de mouvemens et de raison,
» ou de ceux qui produisent des êtres animés
» et qui leur donnent la faculté de penser et
» d'agir. — Ceux qui créent des êtres animés,
» si cependant ces êtres sont l'ouvrage de l'in-
» telligence et non du hasard. — Mais suppo-

---

(1) *Mémorables*, liv. IV, § 13.

» sons des ouvrages dont on ne puisse recon-
» naître la destination, et d'autres dont on
» aperçoive manifestement l'utilité ; lesquels
» regarderez-vous comme la création d'une in-
» telligence, ou comme le produit du hasard ?
» — Il faudra bien attribuer à l'intelligence les
» ouvrages dont on sentira l'utilité. » Socrate
parcourt les merveilles dont l'organisation humaine est le théâtre. — « Eh quoi, reprend-il,
» lorsque ces ouvrages sont exécutés avec tant
» d'art, vous doutez qu'ils soient le fruit d'une
» intelligence ? — Je sens bien que, les considé-
» rant sous ce point de vue, il faut reconnaître
» l'œuvre du sage ouvrier, animé d'un tendre
» amour pour ses ouvrages (1), et, si la divi-
» nité ne se montre point à nos sens, notre
» croyance n'en doit point être ébranlée. Car
» nous ne voyons point notre âme; nous la
» connaissons par ses opérations. De même
» nous connaissons la divinité par ses œuvres. »

Il faut voir encore dans Xénophon l'idée qu'il s'était faite de la Providence, des attributs de la divinité, du culte qui lui est dû. « Dieu est
» immatériel; sa science et sa puissance ne sont

---

(1) Xénophon, *Mémor.*, liv. I, § 19. Sextus l'Empirique, *Adv. Math.*, liv. IX, § 92 et suiv.

» soumises à aucunes limites ; il gouverne toutes
» choses ; l'âme humaine n'en est qu'une faible
» et imparfaite image (1). » C'est du code que
la divinité a placé dans le cœur de l'homme,
du culte que l'homme doit à son auteur, qu'il
dérivait tous les rapports qui lient entre elles
les diverses branches des connaissances morales. L'immortalité de l'âme, la perspective de
la rémunération future, formaient le juste et
digne complément de ce faisceau de vérités sublimes (2).

On a pensé du reste, avec assez de fondement,
que Xénophon a sacrifié à la prudence et aux
idées reçues, ou peut-être consulté ses propres
opinions, lorsqu'il attribue à Socrate un respect
aveugle pour quelques superstitions vulgaires (3).

Le genre de raisonnement habituellement
employé par Socrate montre assez combien il
était étranger à la théorie des *idées* que Platon
s'est plu à mettre si souvent dans sa bouche,

---

(1) Xénophon, *Mémorables*, liv. I, § 4; liv. IV, § 9 et 10.

(2) Xénophon, *Cyropédie*, VIII, ch. 7, § 3. — Platon, *Phædon*.

(3) L'abbé Garnier, *de la philosophie Socratique*, dans les Mémoires de l'Acad. des Inscript., tome 32.

et qui n'était qu'un système particulier à ce dernier. « Socrate, dit Aristote, étudiant les
» vertus morales, s'attachait le premier à en
» donner une définition générale, cherchait,
» conformément à la raison, à reconnaître la
» réalité des choses; car, il y a deux mérites
» propres à Socrate qu'on doit reconnaître en
» lui; c'est d'avoir introduit les raisonnemens
» d'induction et les définitions générales. Tels
» sont, en effet, les deux fondemens de la
» science. Mais, Socrate ne séparait point
» les notions universelles des faits particu-
» liers; ses successeurs les séparèrent, et leur
» donnèrent le nom d'*idées* (1). » Aristote
répète plusieurs fois la même remarque. Quant
au génie dont Socrate disait recevoir quelquefois l'assistance, qui a tant exercé les commentateurs, et dont plusieurs se sont fait
une idée si fausse, il nous suffira de remarquer ici qu'on ne saurait y trouver rien de
commun avec le principe d'illumination adopté
par les enthousiastes et par les mystiques. Le
génie de Socrate ne lui révélait point des
vérités abstraites et spéculatives; il ne l'assistait
que relativement à des actions pratiques de la

---

(1) *Metaphysic.*, liv. VI, chap. 4.

prudence humaine; de plus, il ne lui conseillait jamais d'agir; ses avis n'avaient jamais un caractère positif; il l'avertissait seulement de s'abstenir; c'était une sorte de pressentiment des conséquences fâcheuses qui pourraient résulter d'une détermination imprudente, ou peut-être ce n'était qu'une sorte d'allégorie employée pour exprimer la réserve qu'inspire une sage prévoyance (C).

Tel fut cet homme qui restaura la philosophie, en fondant la sagesse sur la céleste alliance de la piété, de la science et de la vertu (D).

Socrate atteignit le but principal qu'il s'était proposé. Le vain édifice élevé par les Sophistes fut renversé de fond en comble; les Sophistes eux-mêmes ne tardèrent pas d'être livrés à la haine et au mépris. La mort du plus sage des hommes fut son plus beau triomphe; elle acheva enfin son ouvrage; elle éclaira ceux des Athéniens dont les yeux étaient encore fermés à la lumière. Les regrets, la douleur publique, les hommages rendus peu de temps après à la mémoire de Socrate, le vengèrent plus dignement que la punition dont furent frappés ses accusateurs.

Socrate, d'ailleurs, n'institua point une école;

il ne voulait point en fonder ; il eut cela de commun avec tous les grands restaurateurs de la philosophie ; ce n'est pas seulement parce qu'il ne laissa aucun écrit, comme quelques écrivains l'ont remarqué, c'était parce que la nature même de son enseignement, parce que les principes qu'il professait, loin de produire cette uniformité d'opinions, cette espèce de discipline intellectuelle, nécessaires pour constituer une école, tendaient au contraire à rendre tous les esprits formés par ses leçons à leur propre énergie, à leur entière indépendance. Il avait assez fait en les délivrant des préjugés reçus, de la fâcheuse influence des exemples antérieurs, en les excitant à la recherche de la vérité, en leur indiquant la méditation comme la voie générale dans laquelle ils pouvaient espérer de la découvrir.

On peut partager en trois classes les disciples de Socrate : la première comprend ceux qui apprirent de lui à réformer leur vie, à conformer leurs mœurs aux préceptes de la vertu ; et, si c'était le succès auquel il aspirait avant tout, c'est aussi celui qui l'honore davantage ; il donna à sa patrie de bons citoyens, des magistrats intègres ; il contint même, aussi long-temps qu'il vécut, l'ambition de Critias et d'Alcibiade. La seconde classe comprend celle des hommes qui, s'étant éclairés par son commerce, ne prétendirent rien ajouter aux lumières qu'ils y avaient puisées, se contentèrent de conserver le dépôt de ses maximes. La troisième, enfin, embrasse les philosophes qui, après l'avoir entendu, animés d'une ardeur nouvelle, désirant mettre en valeur les instructions qu'ils avaient recueillies, s'aider des forces qu'il avait réveillées dans l'esprit humain, voulurent, ou ressusciter sous une autre forme les systèmes anciens, ou créer à leur tour des systèmes plus solides.

Dans le nombre des seconds, nous comptons Xénophon, le digne apologiste de son maître, qui, dans son *Banquet philosophique*, a conservé tant de précieuses maximes des sages de l'antiquité; qui, dans sa Cyropédie, a tracé, comme dit Cicéron, « moins un récit historique que le tableau d'un gouvernement fondé » sur la justice; » qui, dans son dialogue *sur la tyrannie*, a réduit ce même tableau en maximes; Eschine, qui se donna si cordialement à Socrate, n'ayant, disait-il, rien autre chose à lui offrir, qui en fut si bien récompensé, et qui, dans ses dialogues, commenta fidèlement la morale de son instituteur; Criton et Simon, qui composèrent aussi un grand nombre de dialogues Socratiques dont nous regrettons aujourd'hui la perte ; un Glaucon, un Simmias, un Cébès enfin, qu'on regarde assez généralement comme l'auteur du dialogue connu sous le titre du *tableau de Cébès*, et qui est en effet une peinture morale de la vie humaine. Nous remarquons dans ce dernier ouvrage la distinction établie entre la vraie et la fausse science, l'une qui épure l'âme, l'autre qui la séduit. « La voie qui conduit à la vraie science, dit l'auteur, est ardue, étroite, peu fréquentée ; rien n'en détourne davantage que de s'imaginer savoir ce que réellement on ignore. »

Il est digne de remarque que trois des plus fidèles disciples de Socrate s'étaient spécialement livrés à l'étude de la logique. Simon d'Athènes avait composé des dialogues *sur la science, sur le jugement, et sur l'art de discuter* ; Simmias de Thèbes, *sur la vérité, et sur le raisonnement* ; Criton, l'ami le plus intime de Socrate, avait écrit sur la *méthode pour apprendre, sur la connaissance*, et sur cette importante question : *qu'est-ce que savoir* ? On ne peut assez déplorer la perte d'écrits aussi précieux, qui nous eussent fait connaître d'une manière aussi sincère l'une des plus importantes applications de l'enseignement de Socrate. Du moins, cette direction commune de leurs travaux montre l'intérêt que leur maître portait à ce genre de recherches, et nous annonce qu'il s'en était beaucoup plus occupé lui-même qu'on ne le suppose ordinairement.

Nous passerons en revue dans les chapitres suivans les philosophes qui composent la troisième classe, qui, par leurs travaux successifs, ouvrirent une carrière nouvelle, et prolongèrent pendant le cours des siècles l'influence de la réforme exécutée par Socrate; nous commencerons par ceux qui suivirent immédiatement ce grand homme, et dont les systèmes moins complets offrent aussi plus de divergence, avant d'arriver à Platon qui a eu la gloire de transmettre à la dernière postérité l'héritage de Socrate en le fécondant par son génie, en l'accompagnant aussi d'un mélange de doctrines nouvelles ou empruntées à d'autres écoles.

Cependant, avant de passer aux écoles qui naquirent de l'enseignement de Socrate, nous ne saurions nous dispenser de faire ici mention d'Isocrate, qui, étranger à ces diverses écoles, n'a attiré l'attention d'aucun historien de la philosophie, sans doute parce qu'il n'a point fait profession de se livrer à cette science, mais qui, en ne le considérant même que comme orateur, nous fournit quelques lumières sur l'état de la philosophie à l'époque que nous embrassons, et qui nous ramène aux considérations exposées au commencement du chapitre précédent.

Nous avons vu, en effet, que la philosophie, par la suite de l'alliance qu'elle avait contractée avec l'art oratoire, avait subi les altérations que celui-ci avait éprouvées, avait perdu en certitude ce que celui-ci avait perdu en dignité, était devenu, avec lui, vénale, contentieuse et frivole. Isocrate entreprit de restaurer l'art oratoire, de le rappeler à sa noble destination, et par là, il servit aussi les intérêts de la vraie philosophie. Il se reporta en quelque sorte à la source même du mal, pour y apporter le remède. Disciple des Sophistes, il les attaqua, les combattit sur leur propre terrain; et ses efforts n'étaient certainement pas inutiles, car, nous voyons par ses harangues que les émules des Gorgias et des Prodicus avaient encore survécu à l'enseignement de Socrate. « Il est des » hommes, dit-il, qui se glorifient singulière» ment, après avoir avancé une proposition » absurde, de pouvoir en disserter avec faci» lité, qui passent leur vie à argumenter pour

» établir qu'on ne peut mentir, qu'il n'y a rien
» de contradictoire; les uns déclarent que le
» courage, la sagesse, la justice sont une même
» chose ; qu'aucune de ces vertus n'a son
» principe dans la nature; qu'elles sont toutes
» une acquisition de la science; d'autres con-
» sument le temps en vaines disputes. Pour
» moi, en voyant l'éloquence envahie par ces
» frivoles subtilités, je ne puis reconnaître
» dans leurs auteurs le mérite de l'invention ;
» car, quel est l'homme exercé dans les études
» qui ne sache que Protagoras et les Sophistes
» de ce temps nous ont laissé de semblables
» choses dans leurs écrits? Qui pourrait sur-
» passer un Gorgias qui a osé dire que rien
» n'existe de ce qui s'offre à nos sens, un
» Zénon qui s'efforce de prouver que la même
» chose peut et ne peut pas exister, un Mélissus
» qui, partant de ce principe que la réalité est
» infinie, a prétendu prouver que l'univer-
» salité des choses est une et identique (1) ? »

Isocrate oppose à cet abus de la parole qu'a-
vaient introduit les Sophistes, le tableau des
qualités nécessaires à l'orateur ; il assigne à l'é-

_____

(1) Panégyrique d'Hélène, dans le Prologue.

loquence son véritable domaine, lui marque son but; « elle doit tendre, dit-il, à nous » faire acquérir la vertu, à nous exercer dans » sa pratique (1). » Il avait lui-même cultivé la philosophie morale, et dans ses deux discours adressés l'un à Demonicus, l'autre à Nicoclès, il présente le tableau des devoirs de la vie privée et de ceux qui sont attachés aux fonctions publiques. Ce double code pourrait être avoué par un philosophe Socratique. Il recommande le culte des Dieux; mais il considère comme le culte le plus digne d'eux la vie la plus conforme à la bonté et à l'équité. Il excite Demonicus à pratiquer la vertu et l'honnêteté, parce que c'est d'elles que dérivent les seules vraies et solides jouissances. Il recommande au roi Nicoclès l'amour des hommes et celui de la patrie; il lui recommande « d'avoir soin du peuple, parce que l'ex- » périence enseigne, dit-il, que les gouverne- » mens les plus durables sont ceux où le peuple » obtient les plus grands égards. » Il fait consister la bonne administration à répandre les honneurs sur les plus dignes, à garantir les citoyens de

---

(1) Harangue contre les Sophistes.

toute injure. Il fait consister la sagesse dans la prudence, la modération, l'empire sur soi-même, et la supériorité à l'une et l'autre fortune (1). C'est ainsi qu'Isocrate justifia les heureux présages que Socrate avait formés sur lui; c'est ainsi qu'il mérita l'estime que lui a accordée Platon. « Il y a dans l'esprit de ce jeune
» homme une sorte de philosophie naturelle;
» son caractère est porté à la vertu, et une
» sorte d'inspiration divine peut le porter aux
» plus grandes choses (2). »

---

(1) Parthénaïque, I, 4.
(2) Paroles que Platon met dans la bouche de Socrate. — (*Voyez* le *Phædre*, *Voyez* aussi Cicéron, *De Oratore*.)

NOTES

DU NEUVIÈME CHAPITRE.

(A) Xénophon se trouve en accord avec Platon sur un grand nombre de points de la doctrine de Socrate ; ils se rencontrent dans les idées principales, au milieu même de la différence très-sensible du langage. On en voit la preuve dans le rapprochement que renferme ce chapitre. Le discours d'Araspas, dans la Cyropédie (liv. 6, chapitre 1er, § 21), renferme toute l'essence de la république de Platon ; on retrouve, dans le discours de Cyrus mourant à ses enfans, le germe des beaux traités sur l'immortalité de l'âme, que Platon a renfermés dans le Phædon et le Philèbe. Car, il ne faut pas perdre de vue que la Cyropédie n'est elle-même qu'une sorte de roman philosophique, ou de cadre, dans lequel Xénophon a mis en action les maximes de son maître. Mais, si Xénophon n'a rien ajouté du sien à la doctrine de Socrate, il n'a point exposé non plus cette doctrine tout entière ; et loin d'y prétendre, il en avertit lui-même ; le genre de ses études, sa vie militaire, ne lui avaient pas permis de suivre Socrate dans toutes les parties de son enseignement. On peut donc s'aider de Platon pour suppléer quelquefois au silence de Xénophon ; surtout lorsque dans les dialogues du premier, les discours de Socrate conservent cette simplicité qui lui était propre, et lorsque les opinions exprimées par Socrate diffèrent de celles que professait Platon lui-même. Mais, l'abbé Fraguier, qui a si bien compris Platon et qui s'était pénétré de sa doctrine, s'est laissé entraîner trop loin, lorsque, dans sa dissertation, il prétend faire prévaloir le témoignage de Platon sur celui de Xénophon, dans l'exposition de cette vraie philosophie Socratique (Mémoires de l'académie des Inscriptions, tome XXXII). Lorsque, dans les dialogues de Platon, Socrate s'engage dans la discussion des questions les plus subtiles, ce n'est plus le sage qui se mettait à la portée de tous, et se renfermait dans la philosophie du bons sens. Surtout ce n'est point Socrate, c'est Platon qu'on entend, toutes les fois que dans ces dialogues Socrate expose la théorie des *idées archétypes*, ou en fait quelque application ; nous aurons occasion de montrer dans le chapitre suivant que Platon en a été le premier auteur. Henri-Etienne Fische, dans sa dissertation sur les dialogues d'Eschine; Meiners, dans les commentaires de la société royale de Gottingue; Stapfer, dans son traité sur la philosophie de Socrate, ont prouvé que nous devons aussi ajouter peu de confiance aux prétendus commentateurs de Socrate, et que leurs écrits attribués à divers disciples de ce sage, ont été l'ouvrage de Sophistes appartenans à une école plus récente.

(B) On a pris souvent dans une acception trop rigoureuse l'espèce de sentence que Socrate avait prononcée contre l'étude des sciences physiques et mathématiques, quoiqu'elle semble confirmée par les témoignages de Xénophon et de Sextus l'Empirique. Socrate avait essentiellement en vue, dans ses censures, la fausse direction qu'avaient prise cette étude, et les questions oiseuses dont les philosophes de son temps l'avaient embarrassée; mais, il était loin d'en méconnaître l'utilité, lorsqu'elle était renfermée dans de justes bornes, et convenablement dirigée; il se proposait moins de l'exclure, que de restituer à celle des sciences morales une juste prééminence; il recommandait même l'étude des merveilles de la nature comme un moyen de s'élever à leur auteur. Toutefois, on reconnaît par les reproches que, dans Xénophon, Socrate fait à Anaxagoras, que le premier considérait comme injurieux à la divinité tout système de physique qui range les lois de la nature sous l'empire des causes secondes, et qu'il croyait nécessaire de chercher dans les causes finales l'explication des phénomènes, idée commune à Platon, à Aristote, et dont il était réservé à Bacon de montrer toute l'inutilité pour l'intérêt des vérités religieuses, tous les inconvéniens pour les progrès de la science physique.

Saine

(C) Depuis que les phénomènes du somnambulisme sont devenus l'objet d'une attention plus générale, qu'on les a observés et recueillis avec plus de soin, et qu'on a tâché de les rattacher à un système, plusieurs partisans de ce système ont cru retrouver dans le génie de Socrate un exemple frappant de cette singulière prévision de l'avenir qu'on remarque quelquefois chez les somnambules. Il nous paraît cependant difficile d'asseoir une semblable analogie. Car, on convient que cette faculté de prévision ne se manifeste que dans un état de crise, dont les signes sont extérieurs, sensibles, tels que le sommeil, et qui accompagne ordinairement la maladie. Mais, aucun historien ne nous indique que les avertissemens du génie de Socrate eussent lieu dans un état physique extraordinaire, ni même qu'il fût sujet à des crises semblables. Plutarque, qui a traité particulièrement du génie de Socrate, ne fait mention d'aucune circonstance relative à une altération quelconque dans les fonctions des organes, et cependant aucune vie n'a été plus connue que celle de Socrate; il vivait en public, si l'on peut dire ainsi. Il serait d'autant plus étonnant qu'on n'eût point relevé de semblables circonstances, qu'on en a rapporté sur plusieurs autres philosophes, et que le goût du merveilleux les a le plus souvent exagérées et multipliées à plaisir. Enfin, le genre de prévision qu'on attribue à Socrate n'est point celui qui paraît se manifester ordinairement dans le somnambulisme; le génie de Socrate ne lui faisait pressentir que les conséquences fâcheuses qui résulteraient de certaines actions, de certaines entreprises; on n'en cite aucun exemple qui fût relatif au développement des maladies, à l'emploi des moyens curatifs.

L'abbé Sallier, dans les mémoires de l'académie des inscriptions, ainsi que le savant et judicieux Tiedemann, pensent que le génie de Socrate n'était autre chose qu'une sorte de prévoyance naturelle, inductive, une sorte de prudence d'instinct; qu'elle ne supposait point à ses yeux l'intervention d'une intelligence étrangère et d'un ordre supérieur, et que l'expression par laquelle il le désignait ne doit point être prise dans une acception littérale. Ils en donnent des motifs assez plausibles. Le professeur Tennemann pense que Socrate, habituellement pénétré d'un sentiment religieux, admettant une action directe de la divinité sur les phénomènes de la nature et sur ceux de la nature morale en particulier, pouvait bien rapporter immédiatement à une sorte d'inspiration bienfaisante cette espèce de pressentiment confus, indéfini, dont il ne démêlait pas la formation logique dans son esprit.

(D) Les lettres attribuées à divers philosophes socratiques, ont été démontrées apocryphes par Oléarius et Bentley (Bentley, *Descript. Socrat. diss.*) (*Olearii dissertatio de scriptis Socratis contra Leon. Anat.*) Sur le génie de Socrate, on peut consulter aussi la dissertation du même auteur, *De genio Socratis*; toutes trois sont dans Stanley; Plutarque et Apulée ont l'un et l'autre traité spécialement la même question.

Nul sujet philosophique n'était plus digne d'exercer les écrivains que la vie et la doctrine du plus sage des hommes : dans leur nombre, nous indiquerons Charpentier, *Vie de Socrate* (Amsterdam, 1699). — Gilbert Cooper, *Life of Socrates, collected*, etc. (London, 1749, in-8°); — Wasser, *De vitá, fatis et philosophiá Socratis*; — Menzius, *Dissert. de Socratis methodo docendi*, etc. (Leipsick, 1740); — Lossius, *De Arte obstetricá Socratis*, (Erfurt, 1785). — Simon, *Dissert. de Socratis meritis in philoso-*

phiam, etc. (Wittemberg, 1797); — Heller, *Socrates*, en allemand (Francfort-sur-le-Mein, 1789). — Nous devons recommander surtout l'excellente dissertation de notre honorable ami M. Stapfer, sous ce titre: *De philosophiá Socratis, liber singularis* (Berne, 1786). Une érudition choisie, une saine critique, s'y réunissent à une connaissance approfondie de l'histoire de la philosophie, à cette élévation de vues et de sentimens nécessaires pour bien apprécier Socrate. M. Stapfer cite un passage grec de Thémistius, négligé jusqu'à lui, et qui renferme un résumé de la doctrine de Socrate. Nous donnons ici la traduction de ce passage en laissant à l'auteur le mérite de l'avoir signalé à l'attention des philosophes : « Avant Socrate,
» presque tous les philosophes s'étaient occupés de
» l'univers, de la forme de la terre et de la place
» qu'elle y tient; de savoir comment se reproduisent
» les animaux, comment se perpétuent les plantes.
» Socrate ne pensait pas que l'homme pût atteindre à
» ces connaissances, et il ne les croyait propres qu'à
» consumer la vie, et à détourner des travaux utiles.
» Le premier il chercha les moyens que l'homme doit
» employer pour devenir vertueux et honnête, et il
» ajouta à ces moyens ; il montra comment, si les
» germes de la vertu existent dans l'homme, on peut
» les développer, comment au contraire on peut y
» étouffer ceux du vice : voilà des titres qu'on ne peut
» lui contester. Mais, ce qui le distingue plus encore
» des autres philosophes, c'est que ces principes, il
» ne les a point professés en secret, ou devant quelques
» disciples choisis, mais à tous les hommes sans dis-

» tinction, comme il le dit lui-même, dans les comp-
» toirs des banquiers, dans les boutiques, dans les
» gymnases. Les mouleurs, les fondeurs entouraient
» Socrate, lorsque, par une épreuve facile, il couvrait
» de confusion, tantôt un général qu'il surpassait en
» courage, tantôt un homme d'état auquel il était su-
» périeur en connaissances politiques, tantôt un
» rhéteur, en lui demandant s'il savait quels moyens
» étaient propres à émouvoir et à dominer le cœur
» humain, tantôt un poète en l'interrogeant sur le
» but de ses ouvrages. »

CHAPITRE

Les Cyniques. — Écoles de Cyrène, d'Élis et de Mégare.

SOMMAIRE.

Divergence des premières écoles sorties de celle de Socrate ; cause qui l'a produite :

Parallèle d'Antisthènes et d'Aristippe. — Contraste de leur opinion sur la morale.

Cyniques. — Antisthènes rejette les notions générales. — Diogène. — Autres Cyniques.

École de Cyrène. — Son système sur la théorie des connaissances ; — elle n'admet que des vérités subjectives. — Autres opinions de cette école. — Théodore, Bion le Borysténite, Évehemère ; — Examen de l'accusation d'athéisme dirigée contre eux.

Ecole d'Elis; sa méthode, sa morale.

Ecole de Mégare. — Euclide ; sa méthode. — Eubulide ; invention des sept sophismes ; — Stilpon ; il répudie tout emploi des expressions générales ; comment il doit être entendu. — Caractère dominant de cette école : art de la dispute. — Réflexions sur la logique des anciens jusqu'à Platon et Aristote.

« Plusieurs philosophes issus de Socrate,
» dit Cicéron, puisèrent dans la matière si
» variée de ses entretiens des élémens différens;
» et, suivant que chacun d'eux adopta de préfé-
» rence telle ou telle espèce de vues, ils devinrent
» à leur tour les chefs de diverses familles sépa-
» rées entre elles, dissemblables ou opposées
» sous plusieurs rapports. » Ces philosophes se
divisent en deux branches : les uns, suivant uniquement l'impression de cet esprit d'originalité
qu'ils avoient puisé près de Socrate, étudièrent
la philosophie comme une science neuve,
et abdiquèrent les traditions léguées par les
anciennes écoles; les autres cherchèrent à modifier ces mêmes traditions, en les conservant dans leur principe, et les faisant revivre
sous une nouvelle forme. Les leçons de Socrate
germèrent plus ou moins heureusement, mais
avec une entière liberté, chez les premiers; chez
les seconds, elles furent seulement entées sur les
doctrines antérieures. Parmi les premiers, nous
comptons d'abord les Cyniques et les sectateurs
des écoles de Cyrène et d'Élis; parmi les seconds,
les partisans de l'école de Mégare.

Ces premiers essais n'eurent au reste, dans le
commencement, qu'une médiocre importance;
il fallut encore quelque temps pour que la phi-

losophie de Socrate portât des fruits vraiment dignes d'elle, pour l'avancement de l'esprit humain. Les conditions sur lesquelles il avait voulu la fonder exigeaient de longs efforts et des méditations profondes. Nous verrons par la suite cette influence se développer progressivement, et produire des résultats proportionnés à une telle cause.

Pour ne point rompre l'enchaînement des idées, nous devons suivre ces quatre écoles jusqu'au moment où elles se transformèrent, en donnant naissance à des écoles plus célèbres et dont l'existence fut plus durable ; car, celles-là n'ont eu sous leur première forme qu'une existence passagère ; l'intérêt qui s'attache à elles vient moins des travaux qu'elles nous ont laissés, que de ce qu'elles contiennent le germe des progrès qui furent obtenus plus tard. Malheureusement, l'histoire ne nous a conservé que des notions très-vagues sur les doctrines que professaient ces quatre écoles ; nous ne possédons aucun écrit des philosophes qui les formèrent ; on n'en a guère tracé que les formes extérieures dont elles s'environnaient, les instrumens dont elles faisaient usage. D'ailleurs, l'éclat dont brillèrent bientôt l'Académie, le Lycée, le Portique, étendit une sorte de voile sur les mérites réels, mais obscurs, des philosophes qui les avaient immédiatement précédés.

Nous retrouvons, dans deux des premiers disciples de Socrate, Antisthènes et Aristippe, ce que nous devons attendre des effets de l'enseignement de Socrate, enseignement dont le caractère essentiel était de conduire ses disciples à consulter et à exercer leurs propres forces. Chacun d'eux suit une direction conforme à ses dispositions personnelles, à la situation dans laquelle il était placé. Une teinte d'originalité s'attache également à tous les deux. Ils s'accordent seulement tous les deux à faire de la morale pratique l'objet principal de la philosophie, exagérant même à la fois l'espèce d'éloignement que Socrate avoit affecté pour les recherches spéculatives.

Lorsqu'un principe très-général a été posé, il arrive ordinairement que ceux qui surviennent ensuite pour l'appliquer, ne l'embrassant plus dans toute son étendue, saisissent de préférence l'une de ses faces et en suivent partiellement les déductions. Lorsqu'une grande réforme a été exécutée, et qu'il s'agit de reconstruire, il arrive souvent que ceux qui mettent la main à l'œuvre commencent chacun par un côté distinct de l'édifice, au lieu de travailler sur l'ensemble même du plan. Antisthènes et Aristippe nous en offrent aussi l'exemple. Chacun emprunte aux leçons de Socrate une maxime à laquelle il donne une rigueur absolue, une valeur exclusive.

De là vient qu'entre les deux disciples du même maître, nous remarquons le contraste le plus frappant. Antisthènes, né pauvre et dans une condition obscure, austère dans ses mœurs, dominé même par une disposition chagrine, s'indignant contre la corruption de son siècle, voit dans le luxe, la mollesse et la volupté la source des désordres qui affligent la société; il conçoit de la vertu les notions les plus rigides; il la fait consister dans un triomphe persévérant et courageux sur tous les plaisirs des sens; il s'impose et il impose à ses disciples les privations les plus pénibles; il estime la perfection en raison des sacrifices. Aristippe, né dans la florissante Cyrène, au sein de l'opulence, d'un caractère généreux, aimable et facile, vivant dans le commerce du monde, dans les habitudes de l'élégance et du plaisir, conçoit de la vertu des notions plus douces; il la fait consister dans le bonheur; il n'a garde de partager et d'approuver les jouissances qui dégradent l'homme, les excès qui l'abrutissent; mais, il ne lui impose point d'immolation inutile. Tous deux considèrent le souverain bien comme le but auquel tend la destinée de l'homme, auquel doit se diriger la sagesse, et ils adoptent en commun cette maxime principale de Socrate. Mais, l'un ne considère exclusivement comme un bien que ce qui est juste, comme juste que ce qui est conforme à la loi divine, et regardant comme quelque chose de divin d'être exempt de tous besoins, exige comme un devoir absolu cette renonciation aux avantages extérieurs, ce triomphe sur les penchans humains, qui est souvent en effet la condition nécessaire pour l'accomplissement des devoirs; l'autre voit le souverain bien dans la satisfaction intérieure, dans la jouissance légitime des dons de la Providence et de la nature, dans ce contentement qui naît d'une heureuse harmonie entre les vrais besoins et les moyens propres à les satisfaire; il prend pour maxime, nous dit Horace : *mihi res, non me rebus submittere conor*. Tous deux associent le bonheur à la vertu; mais, l'un attend le bonheur de la vertu seule, comme sa conséquence et son fruit; l'autre l'introduit dans la vertu même et semble considérer celle-ci comme le moyen le plus sûr de l'obtenir (1).

L'extrême rigorisme du premier le fit accuser

---

(1) Diogène Laërce, liv. VI, § 12, 13, 104, 105. — Liv. II, § 71, 72, 75, 113 et suiv.

d'orgueil. Ses disciples le portèrent jusqu'à une affectation qui devint ridicule, et qui dut leur concilier peu de partisans. La morale large et tolérante du second le fit accuser de relâchement et exposa son école à une prompte dégénération.

Antisthènes avait publié un grand nombre d'écrits, au dire de Diogène Laërce, et Timon lui reprochait que cette abondance avait seulement produit de frivoles jeux d'esprit. Dans le nombre on remarque les sujets suivans : « sur les Sophistes, sur la vérité, sur la dialectique, sur l'emploi des noms, sur la science, sur la nature, sur les opinions, sur la position des questions, etc. (1). » Ils annoncent que le chef des Cyniques n'avait point négligé cette branche de la philosophie qui recherche les fondemens de la vérité et les moyens de la transmettre. Mais, aucun de ces ouvrages n'est parvenu jusqu'à nous. Nous croyons voir seulement, par quelques passages d'Aristote, qu'il n'admettait point de vérités générales ; qu'il ne pouvait affecter un attribut qu'à une chose unique, « en sorte qu'il n'y avait point lieu à la contradiction ni à l'erreur qui proviennent de la

―――――――――

(1) Diogène Laërce, liv. VI, § 17.

fausse application d'une idée générale à un fait déterminé; d'où il concluait aussi que les définitions ne peuvent donner aucune instruction positive sur les choses, parce qu'elles n'expliquent point ce qu'elles sont réellement, la substance qui les constitue, mais seulement la valeur des termes qui composent le discours lui-même (1); » car, c'est ainsi que nous entendons le sens d'ailleurs fort obscur de ces deux passages d'Aristote. Aristote et Diogène Laërce lui prêtent encore cette sentence que « rien n'est » susceptible d'être contredit. » Proposition qui semble se rapprocher de la doctrine de Protagoras. Le titre des ouvrages qu'Antisthènes avait composés, nous avertit de ne point prendre trop à la rigueur le dédain qu'il affectait pour les sciences (2). Du reste, nous reconnaissons le disciple de Socrate, lorsqu'il répond à ceux qui lui demandent ce qu'il a appris à l'école de la philosophie; « qu'il y a appris à converser avec » lui-même, » lorsqu'il dit « qu'il n'y a rien » de nouveau pour le sage (3), » et lorsqu'il pro-

---

(1) Aristote, *Metaphys.*, liv. VIII, cap. 29; liv. VIII, cap. 3.

(2) *Topicor.* I, 9.

(3) Diogène Laërce, VI, § 10 et 13.

clame l'unité de Dieu. « Il y a, disait-il, » plusieurs Dieux de la religion vulgaire; mais » la divinité est une. Elle ne ressemble à aucun » objet sensible, elle ne peut être représentée » par aucune image (1). »

C'est sans doute aux mêmes maximes sur les vérités générales que Diogène faisait allusion, lorsque, cherchant à tourner en ridicule le système de Platon sur les idées, il disait : « Tu » vois la table et le vase, parce que tu as des » yeux; mais, tu ne vois pas le genre de la ta- » ble et du vase, parce que tu manques d'une » intelligence propre à les saisir (2). » Diogène Laërce, qui a mis tant de soin à recueillir les traits de la vie de ce Cynique et ses réponses détachées, eût bien dû ne pas se contenter de nous citer les titres de ses dialogues, mais s'attacher à nous donner quelque idée de sa doctrine. Dans la singularité de sa vie, dans l'originalité de ses réponses, nous trouvons une satyre amère et constante des vices, des opinions, des usages, même des idées reçues. Ses censures se diri-

---

(1) Cicéron, *De naturâ Deor.*, I, 23. — Lactance, *Divin. inst.* I, 5. — Clément d'Alexandrie, *Admon.*, § 46.

(2) *Ibid.* § 57.

geaient particulièrement contre Platon et l'école de Mégare.

Diogène Laërce nous raconte encore, avec plus ou moins de détails, la vie de quelques autres philosophes cyniques : Monime, Onésicrate, Cratès, Métroclès, Ménippe, Menédème. « On attribuait, dit-il, à Cratès, un re-
» cueil de lettres qui renfermait une excellente
» philosophie, et dont le style s'élevait souvent
» à l'égal de celui de Platon ; il avait écrit aussi
» des tragédies qui renfermaient un modèle
» très-élevé de philosophie. » Ce n'est pas sans surprise qu'au sein de cette école nous rencontrons une femme, Hypparchie, que les leçons de Socrate pénétrèrent de mépris pour tous les agrémens de la vie et pour tous les avantages de la beauté (1). « Ces philosophes, ajoute Dio-
» gène Laërce, eurent cela de commun, qu'ils
» rejetèrent la dialectique, l'étude de la nature,
» les sciences mathématiques, et se bornèrent
» à toutes les règles d'une bonne vie (2). » Dédaignant d'ailleurs la fortune, le rang, la gloire, ils se condamnèrent au régime le plus rude. Nouvel exemple de ce penchant qui porte l'es-

---

(1) Liv. VI, § 87 et 89.
(2) *Ibid.* § 95.

prit humain, dès qu'il a saisi un principe, à lui donner une valeur exclusive ; dès qu'il a adopté une maxime, à l'exagérer ; nouvel exemple de la faveur que peuvent recevoir toutes les idées singulières à raison de leur singularité même. Les Cyniques furent en quelque sorte les anachorètes de la morale Socratique.

Les Cyrénaïques, en adoptant sur la morale une doctrine toute contraire, mirent leur logique en rapport avec leur morale (1). Ils se rapprochèrent des opinions de Protagoras sur le principe des connaissances. « Ils n'admet-
» taient, dit Sextus l'Empirique, d'autre
» source de la vérité, que l'évidence attachée
» aux impressions reçues, aux modifications
» que l'âme éprouve ; ils faisaient consister le
» bonheur dans l'agrément et le plaisir qui les
» accompagnent ; ces impressions sont donc à
» la fois, pour eux, et le juge et le but de toutes
» choses ; elles doivent servir de règle à notre
» vie. C'est pourquoi, ajoute Sextus, ils ne
» paraissent pas s'éloigner du sentiment de ceux
» qui attribuent aux sens le droit de prononcer

---

(1) Sextus l'Empirique, *Adversùs Logic.*, VII, § 199. — *Pyrrhon. Hyp.* lib. I, § 53 et 54.

» sur la vérité (1). » Ce principe, tel que l'entendaient les Cyrénaïques, les conduisait à une sorte d'idéalisme. « Nous ne pouvons, disaient-
» ils, apercevoir et connaître que nos propres
» modifications, non les causes extérieures qui
» les occasionnent. Lorsque nous sommes af-
» fectés par l'image d'une couleur blanche ou
» celle d'une saveur douce, nous pouvons bien
» affirmer qu'en effet nous sommes affectés de
» telle manière, mais non qu'un objet blanc ou
» doux nous fait éprouver cette manière d'être.
» Ainsi, les noms que nous imposons aux ap-
» parences, désignent non les objets, mais nos
» propres sensations; la sensation qui nous
» modifie se montre et se révèle elle-même
» à notre esprit, mais ne nous montre rien
» de plus qu'elle-même. L'intervalle des lieux,
» le mouvement, les transformations, mettent
» obstacle à ce que nous puissions connaître
» réellement les objets extérieurs. D'où il
» suit qu'il n'y a véritablement de commun
» entre les hommes, que les noms qu'ils im-
» posent aux choses, tandis qu'il n'y a rien de
» commun aux impressions qu'ils en reçoivent.
» Nous employons tous les expressions *blanc*

---

(1) *Adversus Math.*, VII, § 200 et 201.

» *et doux ;* mais nous n'y attachons pas tous la
» même valeur. Chacun ne juge que sa propre
» modification et non celle de son voisin ; il ne
» peut savoir si celui-ci est affecté comme lui.
» Quoique nos jugemens soient exprimés dans
» le même langage, il n'y a donc point de *cri-*
» *terium* général et uniforme de la vérité pour
» tous les hommes (1). »

Aussi, les philosophes de l'école de Cyrène furent confondus par quelques-uns avec les sceptiques. « Cependant ils en diffèrent », dit ailleurs Sextus. Les sceptiques se bornent à
» suspendre leur assentiment lorsqu'il s'agit de
» rendre compte des objets externes ; les phi-
» losophes de Cyrène affirment que la nature
» de ces objets est incompréhensible (2). »

Ce système et la manière dont il est exposé était certainement fort curieux ; nous nous étonnons qu'il ne paraisse point avoir jusqu'à ce jour obtenu de la plupart des historiens de la philosophie l'attention qu'il semble mériter.

---

(1) Sextus l'Empirique, *ibid.*, §§ 191 et suiv., liv. VI, § 53.

(2) *Pyrrhon. hyp.* liv. I, § 215. — Diogène Laërce, liv. II, § 174 et 175. — Cicéron, *Acad. quæst.* IV, § 7, 24 et 46.

On ne peut établir avec certitude si le premier Aristippe, fondateur de l'école de Cyrène, est le véritable auteur de ce système. Diogène Laërce expose longuement, mais d'une manière assez confuse, la théorie de ces philosophes sur la morale. Ils reconnaissaient des jouissances propres à l'âme, comme des jouissances qui proviennent du corps; mais, ils remarquaient que les premières ont moins d'énergie que les secondes. Le bonheur, but de la vie, consistait, suivant eux, dans l'union et la coordination des jouissances (1).

Mais, combien quelques Cyrénaïques ne s'éloignèrent-ils pas de l'enseignement de Socrate, s'ils avançaient, comme Diogène Laërce le dit de Méléagre et de Clitomaque, « qu'il n'y a » rien d'injuste ou d'honnête en soi, et d'après » les lois de la nature; que cette distinction » ne provient que des lois humaines et de » l'usage! » Diogène leur associe aussi Théodore; mais suivant Phavorin, dans Suidas, Théodore aurait enseigné que l'honnête est le seul vrai bien; le deshonnête, le seul vrai mal, et que tout le reste est indifférent au sage.

---

(1) Diogène Laërce, *ibid.* — Cicéron, *Acad. Quæst.*, IV, § 43.

Ils affectaient le même dédain que les Cyniques pour les sciences physiques, et leur système sur le *criterium* de la vérité y contribuait sans doute, ainsi que l'atteste Diogène Laërce (1). « Cependant, ils divisaient l'éthique, dit Sex-
» tus, en cinq parties : la première, qui traite
» du choix à faire entre les choses; la seconde,
» des affections; la troisième, des actions; la
» quatrième, des causes; la cinquième, des rai-
» sonnemens (2). » La quatrième correspond à la physique, la dernière à la logique. On remarque ici un pas fait vers la division des sciences. « Ils étudiaient la dialectique, dit
» Diogène Laërce, à cause de l'usage qu'ils
» étaient contraints d'en faire. Ils considéraient
» l'erreur, dit le même historien, comme digne
» d'indulgence, parce qu'il n'est personne qui
» se trompe de plein gré et de propos déli-
» béré (3). »

Nous retrouvons aussi une femme dans l'école de Cyrène; c'est Arêtée, fille d'Aristippe, qui fut elle-même l'institutrice de son fils le second Aristippe, auquel on a donné le surnom

---

(1) Liv. 11, § 175.
(2) *Adv. Logic.* VII, § 11.
(3) *Ibid.* § 179.

de *Metrodidactos*; elle eut encore d'autres disciples, entre autres Théodore, et obtint une grande célébrité. Suivant Diogène Laërce, l'école Cyrénaïque se partagea en deux branches, sous Hégésias et Anniceris; cette distinction avait essentiellement pour objet la part qui doit être accordée aux affections dans la morale. Le système d'Hégésias tendait à l'apologie de l'égoïsme; Anniceris rendait aux sentimens généreux le rang qui leur appartient dans le domaine de la vertu.

Trois des derniers Cyrénaïques ont été rangés par les anciens au rang des athées; ce sont Théodore, Bion surnommé le *Borysténiste* et Evehemère. Mais, nous ne pouvons assez répéter que, par cette dénomination, les anciens désignaient seulement les philosophes qui rejetaient les fables de la mythologie païenne, ceux qui rejetaient les Dieux, c'est-à-dire les génies intermédiaires auxquels le langage reçu donnait ce titre, et qu'on supposait être les agens intermédiaires de la divinité. Plutarque, il est vrai, nous dit de Théodore, « qu'il rejetait la no-
» tion de la divinité, parce qu'il concevait
» cette notion comme celle d'un être éternel,
» immuable, être dont l'existence lui paraissait

» impossible (1). » Toutefois, Sextus l'Empirique, qui sous tous les rapports mérite plus de croyance, nous déclare que « Théodore ainsi » qu'Evehemère, s'était borné à avancer que » ceux qui ont été mis au rang des Dieux par » les traditions vulgaires avaient été des » hommes (2). » Quant à Evehemère, nous pouvons heureusement prononcer par nous-mêmes d'après les fragmens qui nous restent de ses écrits, et cet exemple est fort précieux; car, il répand une lumière certaine sur la nature de cette accusation si légèrement prodiguée, ou si mal interprétée. Evehemère avait écrit une histoire sacrée, composée, disait-il, d'après les inscriptions qu'il avait lui-même recueillies dans les temples pendant le cours de ses voyages. Dans cette histoire, il entreprenait de montrer comment la reconnaissance des hommes, à l'origine des sociétés, avait consacré la mémoire de leurs bienfaiteurs en leur décernant un culte (3) (A). Polybe, dans Strabon, Athénée, Cicéron, Diodore de Sicile, qui avaient lu cette histoire, s'accordent dans ce témoignage. La plupart des

---

(1) *Adversùs Stoicos*, tome II, § 1075.
(2) *Advers. math.* IX, § 51.
(3) Cicéron, *De naturâ Deor.*, lib. I, cap. 4n.

Pères de l'église, loin de confirmer une accusation qui semblait favorable à leur cause, rendent la même justice aux philosophes de l'antiquité. Arnobe et Lactance, en particulier, font l'apologie de la croyance religieuse d'Evehemère. L'abbé Jovin, qui a discuté avec sagacité l'histoire de ce Cyrénaïque et les opinions qu'on lui attribue, conclut en le justifiant (1).

Bion s'était d'abord attaché aux Cyniques ; il suivit ensuite Théodore, et perdit auprès de lui un peu de cette âpreté et de cette rudesse qui avaient signalé ses premiers maîtres. Il se livra aux exercices de la dialectique. Nous n'avons de lui que quelques sentences morales qui ne sont point sans mérite.

L'école Cynique vint se fondre dans le Portique ; l'école de Cyrène dans celle d'Epicure. Elles prirent l'une et l'autre, dans ce passage, une forme nouvelle, plus complète et surtout mieux connue.

L'école d'Elis, qui a reçu aussi le nom d'Erétriaque, a été encore plus négligée par les historiens que les deux précédentes ; nous manquons de monumens qui nous fassent con-

---

(1) Mémoires de l'Académie des Inscriptions, tome VIII, page 107.

naître sa doctrine et qui nous aident à combler cette lacune. Phædon avait laissé trois dialogues qui sont perdus; Ménédème, son successeur, qui, du nom de sa patrie, donna à cette école le titre d'Erétriaque, avait fréquenté les écoles de Platon, de Cyrène et de Mégare; il ne fut point satisfait des doctrines qui y étaient enseignées, surtout dans les deux premières. Diogène Laërce répète, d'après Antigone Carystius qui avait écrit sa vie, qu'on ne peut juger avec certitude ses opinions, parce qu'il ne les avait point rassemblées par écrit. « Il rejetait cette méthode des Sophistes, qui consiste à procéder par voie de contradiction; il n'adoptait que la démonstration directe; il s'attachait à fonder ses preuves sur des propositions simples, signalant le danger des propositions complexes, et cherchant sans doute à les analyser pour les établir (1). »

Cicéron nous dit que la maxime fondamentale de cette école consistait à dire que « le vrai bien a son siége dans l'âme et dépend de la force du caractère. » Tout ce que nous savons de la vie et des mœurs de ces philosophes est extrêmement

---

(1) Liv. 2, § 126 à 130.

honorable pour leur mémoire ; on y reconnaît la pureté, la noblesse, le désintéressement, la tempérance, au sein de la richesse. C'est qu'ils s'écartèrent moins que les autres de l'enseignement de Socrate. Cette circonstance contribue sans doute à l'espèce d'oubli auquel les ont condamnés des historiens plus empressés à recueillir les choses nouvelles et singulières, qu'à tenir compte des travaux modestes, mais utiles, et plus avides d'exciter la curiosité des lecteurs qu'à satisfaire l'intérêt des amis de l'humanité. Il en est des chroniques de la philosophie comme de toutes les autres ; elles saisissent de préférence les sommités, et souvent ces sommités ne naissent que des perturbations. Dans l'ordre moral et intellectuel, comme dans l'ordre politique, les causes bienfaisantes agissent inaperçues, parce que leur influence est générale, douce, parce qu'elles ne sortent point de l'harmonie accoutumée. Elles opèrent comme la nature ; et leurs effets sont d'autant moins frappans, qu'ils suivent un cours plus régulier.

Nous avons, sur l'école de Mégare, des données un peu plus abondantes ; mais nous nous étonnons de voir qu'on se soit borné à décrire les instrumens dont elle faisait usage, sans songer à exposer la doctrine pour le service de la-

quelle elle les employait. Plusieurs rapprochemens donnent lieu à supposer qu'elle était, en
partie du moins, empruntée aux Eléatiques ;
et rien n'est plus naturel, puisque Euclide,
fondateur de cette école, s'était instruit dans
les écrits de Parménide, avait imité la dialectique de Zénon. Il fréquenta ensuite Socrate,
et, pénétré de vénération pour son caractère,
s'efforça de le prendre pour modèle, mais sans
abandonner entièrement les maximes qu'il avait
déjà adoptées. Lorsqu'on remarque que l'é-
cole de Mégare, en donnant cours à son penchant pour la controverse, ne s'éleva point
contre Platon, mais combattit plus tard avec
ardeur les opinions d'Aristote et de Zénon de
Cittium, on est fondé à croire qu'elle repoussait
l'autorité de l'expérience et le témoignage des
sens. Aussi, toute sa logique repose-t-elle sur
l'artifice des mots. La maxime fondamentale
que Cicéron attribue à Euclide, *Le bien est
seulement dans ce qui est un, et semblable, et
le même, et toujours* (1), respire tout ensemble l'esprit des doctrines Eléatique et Platonique. Euclide abandonna la méthode Socratique, en rejetant les raisonnemens fondés sur les

---

(1) *Luc*, 4.

comparaisons et les exemples : « Si ces exemples, » disait-il, sont tirés de choses semblables, il » vaut mieux tirer la preuve de leur nature » commune; s'ils sont tirés de choses diffé- » rentes, ils ne sont pas concluans. » Il revint aussi aux procédés des Sophistes, en attaquant les opinions de ses adversaires, par les conséquences qu'il en faisait ressortir, au lieu de chercher à détruire les fondemens sur lesquels elles reposaient.

Eubulide, son successeur, est l'inventeur des sept célèbres sophismes qu'on explique encore aujourd'hui dans nos écoles, et malgré l'importance qu'on a bien voulu attacher à cette découverte, elle ne lui apporte pas une grande gloire. Nous laisserons ces sophismes dans les livres classiques où on n'a pas dédaigné de les conserver (B); nous nous bornerons à remarquer que cet art si vanté de l'école de Mégare, ne tendait à rien moins qu'à recommencer ces abus du raisonnement contre lesquels Socrate s'était tant élevé, qu'à faire renaître la même maladie de l'esprit humain que Socrate s'était efforcé de guérir.

Stilpon acquit dans cet art puéril une grande célébrité ; mais, voici une chose fort étonnante : ce même dialecticien rejeta tout emploi des idées générales, emploi qui cependant fait la matière ordinaire de la dialectique; peut-être avait-il compris dans la dialectique, comme l'a ensuite entendu Aristote, l'art de déduire par l'induction les principes probables qui naissent de l'expérience usuelle. Dans la critique des notions générales, il se rencontrait avec l'opinion qu'avait embrassée Antisthènes. « Il » niait, dit Plutarque, qu'on pût affirmer le » général du particulier, et qu'on pût dire, » par exemple, que *l'homme est un animal;* » car, autrement, on ne pourrait dire que le » cheval est un animal, ou bien il faudrait » affirmer que le cheval est un homme (1). » Il rejetait toutes les espèces, dit Diogène » Laërce, et il prétendait qu'un homme en gé- » néral n'exprime aucun homme; car, cette dé- » nomination ne désigne ni tel homme ni tel » autre. Pourquoi désignerait-elle l'un plutôt » que l'autre? (2) » Cependant cette proposition bizarre ne doit pas être prise peut-être dans toute sa rigueur. Il est possible que Stilpon voulût seulement censurer l'abus que l'on commen-

___

(1) Plutarque, *ad Colotem.* Il est remarquable que Plutarque prétend justifier cette opinion contre Colotes qui l'avait réfutée.

(2) Liv. II, § 214, 215.

çait à faire des notions abstraites ; il est surtout vraisemblable qu'il voulait seulement faire entendre que ces notions n'ont aucune réalité positive; que, dans le fait donné par l'expérience, on ne peut affirmer d'un sujet que l'attribut qui lui est inhérent et propre ; que souvent l'expression générique désigne une qualité différente suivant le sujet auquel elle s'applique ; et n'est-ce pas ce que Plutarque semble indiquer, lorsqu'il ajoute cet exemple : « On donne le nom » de *bon* à un aliment, à un remède, comme » on le donne à l'homme ; on ne peut donc » considérer ces deux termes l'*homme* et *bon*, » comme exprimant une même chose ? » D'où l'on pourrait conclure que Stilpon voulait signaler l'abus auquel donnent lieu les termes généraux, par le vague de leur acception, par la facilité avec laquelle ils se prêtent à recevoir des valeurs diverses. Dans tous les cas, la brusque attaque de Stilpon eut certainement le rare avantage d'attirer l'attention sur l'une des questions les plus importantes et les plus difficiles de la philosophie, celles du légitime emploi des vérités générales; question que jusqu'alors on n'avait guère songé à examiner, et qui aujourd'hui encore n'est pas à beaucoup près résolue. Il faut remarquer au reste que, suivant Diogène

Laërce, ce Stilpon, si ardent dans la dispute, était un homme simple, sans feinte, et *semblable*, dit-il, *à un idiot* (1).

L'école de Mégare acquit une telle renommée par son goût et son talent pour la dispute, qu'elle en reçut le nom d'Eristique. Elle fut encouragée sans doute par la faveur que l'esprit subtil des Grecs, leur penchant pour la controverse, devait accorder dès lors à ce genre d'exercice, disposition qui est encore aujourd'hui un des caractères distinctifs de cette nation (C).

On est frappé de voir quels obstacles la logique a rencontrés pour faire reconnaître ses vrais principes, et pour jouir des droits qui lui appartiennent sur les opérations de l'esprit humain. La philosophie a commencé par des propositions isolées, par de simples affirmations; et pendant long-temps on s'est contenté de ces vérités sous forme d'aphorismes. Ensuite on a lié les propositions; mais, en se bornant à établir entre elles l'harmonie nécessaire pour satisfaire l'imagination. Plus tard, on a essayé un genre de coordination plus solide, celui qui consiste à justifier les affirmations par des preuves. De là on est arrivé à rechercher à quelle source les

---

(1) Liv. II, § 211.

preuves peuvent être puisées, quel juge a le droit de prononcer sur leur légitimité. Enfin, on a érigé en art les moyens d'attaquer les propositions, de les détruire; on a imaginé une sorte de tactique pour ces combats, pour ce pugilat de l'esprit. Telle était la logique de Zénon, celle de l'école de Mégare; elle présidait seulement à la controverse. Mais cette logique, qui trace les règles d'après lesquelles les vérités doivent être déduites les unes des autres, d'après lesquelles l'édifice des preuves doit être construit, nul n'avait encore tenté de les créer. Il en était de même de cette autre logique qui enseigne non plus seulement les règles matérielles et mécaniques du raisonnement, mais les règles plus difficiles qui président à l'éducation et à la direction des facultés intellectuelles, qui est pour la raison ce que la diététique est à la santé. Socrate, il est vrai, avait donné de l'une et de l'autre d'excellens exemples; mais ces exemples n'avaient point encore été réduits en préceptes. On avait essayé, employé au hasard diverses espèces de méthodes, sans penser à les définir; l'art des méthodes, en tant qu'il se constitue par des règles expresses, était encore à naître (D).

NOTES

DU DIXIÈME CHAPITRE.

(A) « Evehemère, ancien auteur de Messine, a
» donné une histoire de Jupiter et des autres héros
» qu'on a depuis érigés en divinités, uniquement tirée
» des titres et inscriptions sacrées qui étaient con-
» servées dans les temples les plus anciens, et parti-
» culièrement dans celui de Jupiter Tryphilnien; on y
» admirait entre autres choses une colonne d'or, où
» ce dieu lui-même, comme le titre l'indiquait, avait
» gravé les actions les plus éclatantes de son règne. »
(Lactance, page 62.)

« Il se proposait de faire voir que les dieux auxquels
» on avait élevé des autels ne différaient pas des autres
» mortels. Le monde était alors dans son enfance.
» Hors d'état de faire un usage étendu de leur raison,
» les petites choses parurent aux hommes merveil-
» leuses et surnaturelles. Grands capitaines; bienfaits;
» découverte utiles; sage gouvernement. Tels furent
» les titres à l'Apothéose. »
Cicéron, *de la Nature des Dieux*, liv. I, chap. 41.

(B) Le *sorite* seul mérite quelque attention. Ulpien
l'a fort bien défini, lorsqu'il le fait consister dans l'art
de conduire insensiblement de ce qui est évidemment

vrai à ce qui est évidemment faux, par une suite d'altérations presque imperceptibles ; Cicéron en donne un exemple : « Si vous avez commencé par établir
» que la réalité de l'image qui s'offre dans le som-
» meil a quelque probabilité, comment ne passerez-
» vous pas à dire qu'elle est vraisemblable? puis, vous
» ajouterez, qu'elle ne peut être que difficilement
» distinguée de la vérité ; puis, qu'elle n'en peut être
» distinguée, puis, qu'elle est la vérité même. »

(C) Ce goût de la dispute allait jusqu'à une sorte de fureur. Stilpon, dans quelques vers que nous rapporte Diogène Laërce, appelle Euclide, *Euclide le querelleur qui a inspiré aux Mégariens la rage de la dispute*. Dans le même historien, un poète comique dit d'Eubulide : « Eubulide l'insolent, armé de l'ar-
» gument cornu, pressant les rhéteurs par de vains
» et captieux discours, égalait la rapidité de Démos-
» thènes. » Diodore surnommé Cronus, pressé par Stilpon de répondre à une suite de questions, en présence de Ptolémée Soter, n'ayant pu improviser cette réponse, avait été en butte à quelques railleries : en se retirant, il écrivit un discours sur ces mêmes questions, et expira du chagrin d'avoir éprouvé un semblable revers. (Diogène Laërce, liv. II, § 177, 200 et 206.)

On peut consulter, sur l'école de Cyrène : *Mentz, Aristippus, philos. socraticus*, etc., Halle, 1719, in-4°. *Kunhardt, Dissert. de Aristippo philos. mor.*, Helmstadt, 1796, in-4°. *Rambach, Progr. de He-*

gesta πεισιθα, 1771, in-4°. *Silloge, Dissert. ad rem litter. pert.*, Hambourg, 1790, in-8°. — L'abbé Batteux, Mémoires de l'Académie des Inscriptions, tome XXVI.

Et sur l'école de Mégare : Gunther, *Dissert. de modo disput. Megarica*, Jena, 1707, in-4°. — Walch, *Comment. de philos. veterum. Eristices*, Jena, 1755, in-4°. — Spalding, *Vindiciæ philos. Megaricorum*, dans son commentaire sur le livre de Xénophon, Zénon et Gorgias. *Schwab, Remarques sur Stilpon* (en allemand), dans le magasin d'Eberhard, 2ᵉ vol., 1ᵉʳ cahier. — Graffe, *Dissert. quâ judiciorum analyticorum naturam antiquis scriptoribus non fuisse perfectam probatur*, etc. Gottingue, 1794, in-8°, *etc.*

CHAPITRE XI.

Platon et la première Académie.

SOMMAIRE.

Pourquoi les premiers disciples de Socrate n'élevèrent point de systèmes nouveaux et complets en philosophie ; conditions qui étaient nécessaires. — Parallèle de Socrate et de Platon. — Caractère de l'esprit de Platon ; — Son éducation intellectuelle.

Difficultés dans l'étude de Platon. — Sa doctrine publique et sa doctrine secrète. — Explication proposée pour pénétrer la seconde. — ?.? met l'une et l'autre en accord ; — Preuves qui la justifient.

Introduction à la philosophie de Platon : psychologie ; des facultés de l'âme ; — De la sensation, de l'entendement. — Première sorte de notions abstraites et générales.

Théorie des IDÉES : — Si Platon est réellement l'inventeur de cette théorie. — Opinions contraires ; solution proposée. — Nature des IDÉES ; — Leur origine ; — Leur rapport aux autres notions. — Deux ordres de connaissances. — Confirmation de l'explication proposée ci-dessus sur la doctrine secrète de Platon. — Comment il a été conduit à cette théorie. — Comment il la fait servir à résoudre le problème de la certitude et de la réalité des connaissances.

Que toute la philosophie de Platon se rattache à la théorie des IDÉES, comme à son pivot. — Comment il en déduit sa métaphysique, — Sa théologie naturelle, — Sa morale,

— Sa logique. — Méthodes analytiques et synthétiques. — De l'art de raisonner; — De l'origine des erreurs; — Du langage et de l'abus des mots.

Résumé de la philosophie de Platon; — Étendue qu'il assigne au système des connaissances humaines; — Harmonie qu'il y établit.

Influence exercée par Platon : — Causes de la divergence qui s'établit entre la première Académie et les deux dernières.

Première Académie : Speusippe; — Xénocrate; — Polémon; — Cratès, etc.

ON est surpris, au premier abord, de voir que la plupart des disciples sortis immédiatement de l'école de Socrate n'ont point construit en philosophie de systèmes complets et véritablement originaux, et que, délivrés par lui des nombreuses hypothèses qui avaient jusqu'alors tenu presque généralement la place des vraies doctrines, ils n'aient point réussi à fonder celles-ci sur des principes nouveaux et de savantes théories. Mais ce n'était point une entreprise ordinaire; elle offrait d'immenses difficultés : le domaine de la philosophie avait reçu dans le siècle précédent une extension très remarquable; de vastes édifices avaient été élevés par des hommes qui ne manquaient point de génie, s'ils avaient manqué de prudence; les ruines en étaient encore étalées sous les yeux; on était en présence de souvenirs imposans; il fallait réédifier de fond en comble et sur de vastes proportions; il fallait surpasser ce qui avait été fait, en le remplaçant. La vérité d'ailleurs s'établit avec bien plus d'efforts qu'il n'en faut aux simples hypothèses pour se produire; mille voies s'offrent à celles-ci; il n'en est qu'une pour la première, voie ardue, et qu'on ne peut suivre qu'avec lenteur. D'un autre côté, Socrate, en montrant la vanité de ces tentatives, en marquant le point de départ, s'était lui-même arrêté à dessein à l'entrée de la nouvelle carrière. Faisant profession de se borner à un enseignement populaire, il n'avait point donné, par son exemple, l'essor aux recherches scientifiques, et, comme nous le voyons par les idées de Xénophon, par le témoignage des écrivains de l'antiquité, il avait pu inspirer contre les spéculations théoriques une prévention qui devait accroître encore la timidité de ses successeurs.

N'oublions pas, d'ailleurs, que cet ouvrage ne pouvait être exécuté, comme il le serait de nos jours, par parties détachées; que la division de la science avait été à peine ébauchée; que les branches principales des connaissances humaines formaient un faisceau étroitement lié; qu'il fallait donc le soulever tout entier, l'embrasser à la fois dans son ensemble.

Ce n'était donc point assez, pour achever cette grande reconstruction que Socrate avait rendue nécessaire, qu'il se trouvât un homme doué de facultés éminentes, et surtout de cette énergie intellectuelle qui seule forme les esprits créateurs; il fallait que cet homme fût à la hauteur d'un siècle déjà si éclairé et riche de tant de brillantes traditions; qu'il se fût familiarisé avec toutes les conceptions des penseurs originaux qui avaient exploré, dans les temps antérieurs, le territoire de la science, et que l'érudition égalât en lui le génie inventif. Il fallait, pour que cette rénovation de la science obtînt un succès général, dans un siècle et dans un pays où le goût était si épuré, où les arts brillaient de tant d'éclat, où la curiosité avait été exercée de tant de manières, dans un temps, enfin, où l'enseignement public était le seul moyen adopté pour exposer un système, que ce même homme possédât encore au plus haut degré, une condition qui se concilie rarement avec l'habitude des méditations profondes, qu'il possédât un talent d'exposition égal à la puissance de la pensée; qu'il fût un grand orateur, un grand écrivain, en même temps qu'un sage, et que la beauté des formes, la richesse des ornemens répondît au mérite intrinsèque de l'ouvrage.

En reconnaissant ce que cet homme devait être, nous exprimons ce que Platon fut en effet. Platon fut essentiellement redevable à Socrate, parce que Socrate avait préparé pour lui le terrain, fait disparaître les obstacles, assigné les limites, choisi les matériaux, marqué la place des fondations; et, surtout, parce qu'il trouvait dans Socrate la source inépuisable et sûre des plus nobles inspirations. Mais, Socrate avait besoin d'un Platon pour que le germe qu'il avait déposé reçût sa fécondité, se développât; Socrate avait besoin d'un Platon pour qu'il fût réalisé, par les soins d'un digne architecte, le monument dont il avait posé les bases et qui devait captiver l'admiration de la postérité. Il ne suffisait point d'un disciple qui eût recueilli les paroles de Socrate; il fallait un disciple qui se fût tout entier pénétré de son esprit. On retrouve, dans le disciple comme dans le maître, un sentiment moral qui s'élève et s'épure encore par son alliance avec un sentiment profondément religieux. L'un et l'autre ont compris toute la dignité de la nature humaine, et la destination sublime assignée par le Créateur à la créature intelligente; tous deux dirigent essentiellement l'auguste science de la sagesse vers l'amélioration des hommes, et s'indignent des abus qui l'ont asservie aux passions intéressées; tous deux enseignent à puiser dans la connaissance de soi-même les lumières de la vraie science. Platon adopte, suit fidèlement, et met en scène la méthode de Socrate. Mais Socrate n'avait eu qu'une seule ambition, celle du bien, et, en faisant le bien, ne se proposait que le bien lui-même; il cherchait à instruire le simple vulgaire, se communiquait à tous pour être utile à tous; ses actions étaient une portion de son enseignement. Platon ambitionne aussi le succès et la gloire; il donne des conseils aux princes, offre des lois aux républiques, lègue ses écrits aux siècles futurs. Socrate néglige ou dédaigne de s'élever aux spéculations scientifiques; il se renferme dans les lumières du bon sens, s'attache surtout à réprimer la témérité de l'esprit humain. Platon croit que le moment est venu de rendre à ces spéculations un essor plus sûr; il s'élance, parcourt les plus hautes régions de la théorie, et croit avoir trouvé les moyens d'allier la prudence avec la hardiesse et la grandeur des vues. Le premier est toujours simple, dans son originalité, clair, dans sa concision; le second prodigue tous les ornemens de la plus belle langue de l'univers ; il porte quelquefois la délicatesse des aperçus jusqu'à la subtilité ; quelquefois en s'élevant, il se trouve environné de nuages. D'ailleurs, Platon achève ce que son maître avait indiqué, perfectionne ce que son maître avait ébauché, commente les maximes que son maître avait posées, affecte d'accomplir ses vœux, alors même qu'il s'écarte de sa direction, comme s'il voulait lui rapporter tout l'honneur de ses propres travaux. Dans Socrate, on admire l'homme, le modèle du vrai sage ; dans Platon, on admire l'artiste heureux qui a voulu représenter ce modèle, quoiqu'il l'ait trop souvent altéré en prétendant l'embellir. Le sublime de l'un est dans sa vie; celui de l'autre, dans ses travaux.

La nature avait réuni dans Platon ses dons les plus heureux et en même temps les plus divers, comme si elle s'était complue à former en lui le plus beau génie que la philosophie ait présenté à l'humanité. Il possédait au plus haut degré les facultés qui président aux arts d'imagination : ce genre d'inspiration qui puise dans la région de l'idéal le type de ses productions, ce talent d'imitation qui fait revivre les objets après les avoir observés, cette vivacité de sentiment qui les revêt de couleurs brillantes, surtout ce goût d'harmonie, cette fidélité aux proportions, ce tact exquis des convenances, qui distribuent les détails dans le plus parfait accord; mais, il possédait en même temps cette faculté d'abstraire qui est le privilége des penseurs, et qui leur permet de ramener les objets particuliers sous la formule des notions les plus générales, de les rallier ainsi sous un point de vue commun et central. Une chaleur secrète, une exaltation constante, animent toutes ses pensées, et cependant son expression est toujours calme, son enthousiasme est comme naturellement allié plutôt que soumis aux lois de la raison, aux formes de la logique, sans laisser apercevoir, dans cette alliance, ni asservissement ni contrainte. Il sait embrasser avec le coup d'œil le plus vaste l'infinie variété des objets qui occupent le théâtre du monde; tous ses plans sont empreints d'une grandeur remarquable, développés avec une sorte de luxe et de magnificence; il voit, dans un principe, ses conséquences les plus éloignées; dans un résultat, ses causes premières; jamais jusqu'à lui les questions ne s'étaient liées par un enchaînement aussi étroit tout ensemble et aussi étendu. Et, cependant, la sagacité de ses aperçus, la finesse de ses observations, la délicatesse des distinctions qu'il établit, sont telles qu'il paraît quelquefois subtil, et qu'il triomphe de la dialectique la plus exercée. Il voit les masses et pénètre les moindres élémens. Suivant Origène, Platon, dans un songe, s'était apparu à lui-même avec un troisième œil, comme s'il eût reçu de la nature un organe pour apercevoir ce qui demeure caché aux autres hommes (1).

Quand on a bien saisi le caractère de cet esprit extraordinaire, on devine d'avance la doctrine à laquelle il a dû donner le jour. La poésie, dès l'origine, avait dominé la philosophie ; en lui elles semblent s'être mariées et confondues. Il a porté au plus haut point de perfection la poétique de cette science, si on peut s'exprimer de la sorte; il a été l'Homère de la philosophie (2). Voilà pourquoi, debout au milieu des siècles, il nous représente en quelque sorte, dans la région philosophique, l'antiquité tout entière. Et, comme la poésie ne vieillit jamais, voilà pourquoi aussi il nous apparaît encore plein de vie et de jeunesse, pourquoi il subsiste au premier rang de ces

―――――――――

(1) *Contra Celsum*, page 280.
(2) C'est le titre que lui donne Panætius, dans Cicéron, *Tuscul.*, I, 79, c. 32.

classiques qu'on ne peut se lasser d'étudier, dont l'étude, pour ceux qui en sont capables, est toujours nouvelle et toujours féconde.

Pour achever d'expliquer Platon, il faut se rappeler aussi l'éducation intellectuelle qu'il avait reçue. Il n'en fut jamais de plus favorable pour l'accomplissement d'une aussi grande entreprise; ajoutons aussi que c'était une préparation nécessaire pour l'exécuter. La lecture des poètes avait formé ses premières études; sa première ambition avait été de les imiter; il s'était exercé successivement dans les genres lyrique, épique, dramatique; il se livra aussi à la peinture et à la musique; mais il abandonna bientôt ces essais pour des méditations plus sérieuses (1). La géométrie leur succéda; elle lui servit d'introduction aux recherches spéculatives, et c'était, en raisonnant d'après son propre exemple, qu'il interdisait l'accès du sanctuaire de la philosophie à ceux qui n'avaient point d'abord été initiés à cette science. Il avait déjà recueilli les leçons d'Héraclite, par l'organe de Cratyle, dit Aristote (2), lorsqu'à l'âge de vingt ans il fut admis à l'école de Socrate; à la

---

(1) Alien, *var. hist.*, II, 30. *Voyez* aussi Diogène Laërce, Plutarque; *De musicá*; Apulée, *De dogm. Plat.*

(2) *Metaphys.*, I, 6. — Apulée, *de Dogmat. Plat.*

mort de son maître, il accompagna à Mégare ses principaux disciples, et là il entendit Euclide. Les voyages de Platon sont fort célèbres; c'est en quelque sorte une suite de pèlerinages philosophiques. En Italie, il trouva les sages issus de l'école de Pythagore, Archytas et son disciple Philolaüs, Eurytus, Timée, Ethecrate; à Cyrène, Théodore le géomètre. En Egypte, il puisa, dans le commerce des prêtres, les connaissances astronomiques, et chercha à pénétrer les traditions mystérieuses dont ils étaient dépositaires; l'influence que ce commerce exerça sur lui paraît avoir été durable, et contribua sans doute à lui donner cette gravité singulière, ces formes solennelles, et cette espèce de pompe et de dignité qui, lorsqu'il enseigne, le font paraître comme investi lui-même d'une sorte de sacerdoce (1). Il parcourut toute la Grèce, habita trois fois la Sicile, observa toutes les formes de gouvernement, les lois, les mœurs, les constitutions des états; suivit, dans les républiques, les destinées diverses de la li-

---

(1) Valère Maxime, VIII, cap. 7. — Apulée, *De dogmat. Plat.* — Eusèbe, *Præp. evang.* XI. — Saint Clément d'Alexandrie, *Stromat.*, I, page 305. — Pline, *Hist. nat.* l. XXXI, cap. 1. — Quintilien, *Hist. orat.* I, cap. 12, etc.

berté; résida dans les cours, fut en rapport avec les princes; mais, toujours indépendant, et jaloux de son indépendance, il crut avoir fondé, il crut gouverner un assez bel empire en érigeant l'Académie.

Cette fois, du moins, l'historien de la philosophie peut puiser aux sources; il possède les écrits sortis de la plume de celui dont il veut exposer la doctrine; ils ont été conservés dans leur intégrité, sous leur forme première; leur authenticité n'est pas contestée. Et quels écrits ! Ils traitent les questions les plus essentielles de la science; ils embrassent toutes les branches des sciences morales, et quelle qu'en soit la variété, ils unissent étroitement toutes ces sciences par un lien commun. Ils offrent, en général, une clarté qu'on trouve rarement dans les écrivains contemporains, quand ils abordent des sujets aussi relevés. Quelle que soit, cependant, l'immense richesse de ce trésor, la doctrine même de Platon n'en ressort pas d'une manière aussi naturelle, aussi positive qu'on serait tenté de le croire. Platon est, en général, bien éloigné de ce dogmatisme affirmatif, que ses commentateurs ont porté à un si haut degré, et que lui attribuent ordinairement ceux qui parlent de lui sans l'avoir lu avec attention, comme il arrive trop souvent de nos jours. Les anciens ont été partagés sur la question de savoir s'il était sceptique ou dogmatique, ainsi que nous l'atteste Sextus (1). « Une portion de ses écrits, dit le même historien, sont *dubitatifs* ou gymnastiques; d'autres sont affirmatifs, ce que les anciens appelaient *agonistiques*. » Il est rare, et très-rare, qu'il procède par voie d'exposition; les livres des Lois et de la République sont presque les seuls où il paraisse manifester ses propres pensées. Observez-le : ce n'est point lui qui parle, ce n'est point lui qui est en scène. Il place toujours en regard les philosophes qui l'ont précédé; il les appelle, il les fait intervenir; il les met en commerce entre eux, avec Socrate; il conserve à chacun sa physionomie, son langage; il prête à chacun l'occasion d'exprimer sa doctrine particulière; seulement, il a l'art de les commettre ensemble, de les commettre avec Socrate, pour faire naître de ces contrastes une discussion méthodique; au moment où elle approche de son terme, où vous attendez une solution, il s'arrête, il évite de conclure. Lui-même, non-seulement il ne prend aucun parti dans cette controverse, mais il ne se montre

---

(1) *Pyrrhon. Hypot.*, I, § 220.

jamais, il ne paraît pas même vouloir laisser pressentir le but qu'il se propose. Si quelquefois la marche du dialogue conduit à l'une de ces questions principales qui renfermeraient la solution cherchée, Platon se borne à dire que ce n'est pas le lieu et le moment de l'examiner(1), et c'est à dessein qu'il s'impose cette réserve. Dans sa septième lettre, adressée aux parens et aux amis de Dion, Platon déclare « qu'il n'a » jamais écrit, qu'il n'écrira jamais les choses » qui appartiennent à ses méditations les plus » sérieuses. » Dans sa seconde lettre, adressée à Denys, il se refuse à donner en termes exprès l'explication qui lui est demandée; il se borne à l'indiquer dans une sorte d'énigme, « afin, » dit-il, que si sa lettre venait à s'égarer sur » mer ou sur terre, celui entre les mains duquel elle tomberait ne puisse la comprendre.» Tous les anciens, et Aristote en particulier, ont reconnu que Platon avait une doctrine secrète ou *ésotérique* qui contenait ses véritables opinions sur les objets les plus importans de la science. Il est probable que ses communications avec les castes sacerdotales de l'Egypte,

---

(1) *Premier Alcibiade*, tome 5, page 59.— *De la République*, liv. IV, tome 6, page 358.

avec les Pythagoriciens d'Italie, avaient contribué à lui donner ce penchant pour les formes mystérieuses. Nous en trouvons une preuve dans ce récit curieux que renferme le Phèdre (1), au sujet du roi de Thèbes, Tham, et de son entretien avec Theuth ou Isis. Le Dieu exalte les avantages de l'écriture alphabétique dont il est l'inventeur; le roi affecte de montrer tous les dangers de la propagation des connaissances, dangers que favoriserait l'emploi du langage écrit, et en particulier celui de multiplier les demi-savans qui ne sont que de faux savans. Peut-être aussi était-il porté à ce mystère, ou par une sorte d'orgueil, par le désir de relever le prix des connaissances qu'il réservait à ses confidens les plus intimes, ou par la crainte des persécutions dont Socrate avait été la victime, persécutions auxquelles Aristote ne put lui-même échapper par la suite. Mais, ce qui nous paraît le plus probable, c'est qu'il se proposait essentiellement de graduer son enseignement suivant la capacité de ses élèves et l'étendue de l'instruction que déjà ils avaient acquise. La nature même de son enseignement appelait cette distinction, et l'on conçoit fort

(1) Tom. X, page 381.

bien comment il réservait aux avancés la portion de cet ense[ignement] ayait un caractère transcendant[al] même nous confirme dans cette un grand nombre de passages, i nécessité de proportionner le ch[oix] aux esprits qui doivent les rece[voir]
» doctrines élevées, dit-il, sont c
» à des hommes peu éclairés,
» qui puissent paraître plus rid[icules]
» si elles sont offertes à des hom[mes]
» et instruits, il n'en est pas q[ue]
» plus divines et plus admirabl[es]
» d'ailleurs ne peuvent être écr[ites]
» révèlent immédiatement à l'âme
» lumière intérieure, lorsque l'â[me]
» venablement préparée par un
» assidue. Mais, si une fois elles
» tendues, elles se conserveront
» la mémoire, sans avoir
» écrites (1). »

Quoi donc! et quelle est cett[e] culte? et dans quelles ténèbres abimes sommes-nous subitement

(1) Lettres 2e et 7e, tome XI, p[ages] 130 et 136.

bien comment il réservait aux élèves les plus avancés la portion de cet enseignement qui avait un caractère transcendental. Platon lui-même nous confirme dans cette opinion. Dans un grand nombre de passages, il insiste sur la nécessité de proportionner le choix des alimens aux esprits qui doivent les recevoir. « Si ces
» doctrines élevées, dit-il, sont communiquées
» à des hommes peu éclairés, il n'en est pas
» qui puissent paraître plus ridicules; mais,
» si elles sont offertes à des hommes capables
» et instruits, il n'en est pas qui se montrent
» plus divines et plus admirables. Ces choses
» d'ailleurs ne peuvent être écrites; elles se
» révèlent immédiatement à l'âme, comme une
» lumière intérieure, lorsque l'âme a été con-
» venablement préparée par une méditation
» assidue. Mais, si une fois elles sont bien en-
» tendues, elles se conserveront vivantes dans
» la mémoire, sans avoir besoin d'être
» écrites (1). »

Quoi donc! et quelle est cette théorie occulte? et dans quelles ténèbres, dans quels abîmes sommes-nous subitement replongés? et

---

(1) Lettres 2ᵉ et 7ᵉ, tome XI, pages 69, 129, 130 et 136.

à quoi pourront nous servir ces nombreux écrits, s'ils ne renferment point la vraie pensée du fondateur de l'Académie, si nous sommes condamnés à l'ignorer?... Voici, certainement, un des plus curieux et des plus importans problèmes que puisse nous offrir l'histoire de la philosophie.

Il nous semble, cependant, qu'il n'est pas absolument impossible de soulever le voile, quelque épais qu'il soit, dont Platon a voulu couvrir ses opinions les plus essentielles, et nous trouverions la clef qui peut servir à en obtenir l'accès, précisément dans le rapprochement des deux circonstances qui, considérées séparément, semblent au premier abord faire désespérer d'y réussir. Quoique les dialogues de Platon ne présentent jamais qu'une controverse commencée, continuée, et non terminée, en les méditant avec soin, on remarque qu'il n'en est pas un seul dont un esprit exercé ne puisse tirer les corollaires que Platon s'est défendu de prononcer ; c'est une sorte d'argumentation dont on lit les prémisses, dont on doit soi-même déduire les conséquences. Si, ensuite, on compare entre eux les corollaires ainsi obtenus, on découvrira encore entre eux une conformité frappante; ils appartiennent tous à une tige commune dont ils ne sont que les rameaux. Si, enfin, on compare cette théorie générale dont ces mêmes corollaires sont les élémens, avec les indications que Platon laisse échapper sur sa doctrine secrète, on voit encore une corrélation non moins marquée, ou plutôt une identité parfaite. En effet, quel que soit l'art ou la science que Platon prenne pour sujet dans ses dialogues, quels que soient les interlocuteurs qu'il mette en scène, il conduit toujours à faire chercher la règle de l'art ou le principe de la science, dans les vérités universelles, dans l'essence même des choses; il conduit toujours à chercher cette essence dans la région éternelle et supérieure, dans le type immuable du vrai, du bon et du beau, dans les notions de la divinité. Telle est la conclusion de chacun de ses écrits, conclusion qui n'est point écrite, mais qu'il a rendue en quelque sorte nécessaire. Nous n'en citerons ici qu'un seul exemple. Plusieurs des dialogues de Platon tendent à démontrer que la vertu ne peut être enseignée; qu'elle n'est point une science; c'est l'objet de Protagoras, du Ménon, etc. Platon s'arrête là, et paraît presque inintelligible. Mais, sa pensée se révèle par la doctrine secrète : « La notion de la vertu

ne se puise que dans la contemplation directe de l'essence divine. » Car, qu'embrassait, de son aveu, sa doctrine secrète ? « les premiers prin-
» cipes, les principes les plus élevés de la nature
» (τα πρωτα, τα εργα) des choses précieuses et
» divines. Il y a cinq ordres de choses, dont les
» quatre premières seulement peuvent être en-
» seignées au commun des hommes; ce sont : le
» nom, la définition, l'exemple, la science, et
» enfin *le compréhensible*. Celui-ci réside
» dans la plus haute et la plus belle région;
» c'est l'essence même de ce qui existe (1). »
L'énigme dans laquelle il enveloppe cette théorie dans sa lettre à Denys n'est pas difficile à pénétrer; la voici : « Tout dépend du Roi uni-
» versel; tout dérive de lui; tout ce qui est
» beau reçoit de lui sa beauté; mais l'esprit
» humain croit comprendre la nature des choses
» en considérant les objets qui lui sont analo-
» gues, et aucun d'eux n'a la puissance de lui
» révéler ces grandes vérités; c'est dans ce Roi
» universel lui-même qu'il doit les contem-
» pler (2). » Ce Roi universel, quel est-il, si ce n'est la divinité? Ailleurs, dans le Timée, et

---

(1) Tome XI, pages 331 et suiv.
(2) *Ibid.*, page 69.

la concordance de ces deux passages est bien remarquable, il nous donne lui-même le mot de cette énigme : « Il est difficile, dit-il, de dé-
» couvrir cet auteur commun de l'universalité
» des êtres, et lorsqu'on l'a découvert, il est
» interdit de le révéler au vulgaire (1). »
Nous en avons, enfin, dans le Philèbe, un exemple non moins remarquable sur lequel nous reviendrons dans un instant (2). Nous pourrions citer encore le témoignage de Proclus qui *(in Platonem)* déclare expressément que la doctrine secrète de Platon avait pour objet essentiel les notions de la divinité; mais, nous devons nous abstenir ici d'invoquer les nouveaux Platoniciens, par des motifs qui s'expliqueront dans la suite.

Ainsi, les écrits de Platon, sa doctrine exotérique, étaient une sorte d'introduction, de préliminaire, destinés au plus grand nombre de ses disciples, par lesquels il cherchait à les exercer, à les préparer, avant de les admettre à la région transcendantale et mystérieuse de son système; et, il les y préparait surtout, en cherchant à leur faire sentir l'insuffisance de tous les systè-

---

(1) Tome IX, pages 302 et 303.
(2) Tome IV, page 216.

mes précédens; de la sorte tout s'explique naturellement. Et quel but, quel dessein raisonnable pouvait avoir Platon en traçant ces nombreux et admirables écrits, si ce n'est d'en former l'avenue de ses plus hautes théories? Dans cette supposition, ses deux enseignemens auront appartenu au même plan; l'un sera le portique, et l'autre le sanctuaire. Il devient conséquent à lui-même. Il fait l'éducation intellectuelle des autres, comme il a fait la sienne. Les écrits de Platon sont comme les rayons émanés d'un foyer qu'il a voulu couvrir d'un nuage; mais ils aident à le retrouver. On ne peut admettre que la doctrine publique et la doctrine secrète de ce sage fussent opposées et contradictoires entre elles; cette hypothèse répugne à son caractère connu, comme aux maximes qu'il professait. L'explication que nous proposons est au contraire confirmée en quelque sorte par le témoignage de Platon lui-même : « Si j'avais pensé,
» dit-il, que ma doctrine pût être publiée, ou
» par écrit, ou de vive voix, qu'y eût-il eu de
» plus beau pour moi, dans la vie, que d'offrir des
» choses aussi utiles aux hommes, et de produire
» au grand jour la nature elle-même? Mais,
» j'ai cru que cette étude ne pourrait être utile
» qu'à un petit nombre de sujets, qui, ayant

» suivi d'abord les traces de la route étroite » qui leur est indiquée, sont devenus assez » habiles pour y atteindre (1). » Ailleurs, il décrit les conditions qu'il exige d'eux (2). Enfin, dans sa lettre à Denys, il se défend de lui donner les explications expresses que celui-ci sollicitait; il lui annonce qu'il y parviendra de lui-même, après avoir médité profondément ses premières indications, et discuté les opinions des autres philosophes (3).

Si cette explication n'était pas fondée, si les écrits de Platon avaient été par lui jetés en quelque sorte au hasard, quoique utiles sans doute encore à consulter en eux-mêmes, ils seraient de la plus complète inutilité pour l'étude des pensées de leur auteur. Mais, si elle est fondée, comme nous le pensons qu'elle va le paraître bientôt avec une entière évidence, ces écrits peuvent nous introduire nous-mêmes à la connoissance de la doctrine entière de Platon, pourvu que nous en pénétrions bien la véritable tendance; nous aurons trouvé le point de vue convenable pour les étudier avec fruit.

---

(1) Tome XI, page 130.
(2) *Ibid.*, page 72.
(3) *Ibid.*, page 70.

C'est dans cet esprit que nous allons rapprocher les textes qui se rapportent plus particulièrement à notre sujet, en le laissant parler lui-même. En résumant sa théorie de la connoissance humaine, nous aurons résumé en quelque sorte sa philosophie tout entière. Car, cette théorie est le centre, le pivot sur lequel roulent toutes les autres branches de son enseignement, et cette circonstance qui est l'un des caractères essentiels de la philosophie de Platon, est celui qui lui donne le plus haut degré d'importance (1).

La psychologie était, aux yeux de Platon, l'introduction naturelle à la philosophie.

« Les philosophes ont voulu fonder la science, et ont négligé de se demander, avant tout, ce que c'est que la science; ils ont spéculé sur les choses, et ont négligé d'examiner la nature de l'intelligence qui seule peut s'appliquer aux choses. Qu'est-il arrivé de là? Ils ont trans-

---

(1) Nos citations sont toutes prises de l'édition de Deux-Ponts, en 12 volumes; on retrouve le volume dont la page est indiquée par le titre seul de l'écrit cité, et lorsque cet écrit, comme la République, s'étend à plusieurs volumes, nous avons soin d'indiquer celui où se trouve le passage.

porté leurs propres conceptions dans les objets; ils ont été entraînés à toutes les contradictions; ils se sont perdus dans le doute. Pour moi, fatigué de contempler les choses, j'ai craint qu'il ne m'arrivât comme à ceux qui, voulant fixer le soleil pour observer une éclipse, sont aveuglés par lui, au lieu de le considérer dans l'eau, ou dans quelque autre image. J'ai donc cru qu'il fallait recourir, pour étudier les choses, aux notions que nous en avons, observer les rapports de ces notions avec leurs objets. Commençons donc par examiner quelle est en nous la nature du principe pensant, ses facultés, ses opérations (1). »

« Il y a, en quelque sorte, deux âmes dans l'homme; car, nous donnons aussi le nom d'*âme* au principe physique de la vie et de l'activité spontanée, à cette force organique qui est commune aux brutes, aux plantes mêmes, et à tous les êtres organisés. Mais, dans un sens plus rigoureux, nous réservons le nom d'*âme* pour le principe de la sensibilité et de la pensée; celui-ci est unique et simple ; car, le sujet qui juge

---

(1) *Cratyle*, tome III, 284, 165.—*Phædon*, tome I, 178, 225 et 226.— *Menon*, tome IV, 350.— Aristote, *Métaphys*, I, 6, etc.

est identique au sujet qui aperçoit et qui sent ; la connoissance, le jugement, la science ne pourraient être conçus sans cette identité. Cette âme qui sent, connaît, juge et raisonne, n'existe que dans l'homme seul, sur la terre; elle émane de l'intelligence suprême, elle est immatérielle, elle échappe aux sens, et n'est point sujette au changement. Le corps et l'âme, quoique différens par leur nature, se trouvent étroitement unis, exercent l'un sur l'autre une influence réciproque, et la *santé de l'homme* consiste à les maintenir dans une constante harmonie (1). »

« Nous ne pouvons bien connaître la nature des facultés, qu'en les étudiant dans les effets qu'elles produisent (2). Nous devons donc distinguer dans l'esprit autant de facultés qu'il y a d'opérations différentes sur lesquelles il s'exerce. Je distingue d'abord deux facultés principales ; celle de sentir, celle de penser. Sentir, c'est être affecté par une impression extérieure ; penser, c'est opérer sur ses idées. La faculté de

---

(1) Tome Ier, *Phædon*, pages 178 et 181. — *Charmides*, page 113. — IX *des Lois*, page 87, — *Timée*, pages 424 et 428.

(2) Tome V, *premier Alcibiade*, page 61.

penser se divise à son tour en deux autres : l'entendement et la raison. L'entendement distingue et réunit les images sensibles, ce qui constitue proprement la compréhension; la raison est la faculté suprême qui régit toutes les autres, assigne le but, marque les rapports, et forme les exemplaires de toutes les choses individuelles. L'entendement et la raison s'exercent d'une manière ou passive ou active; sous le premier rapport, ils reçoivent et conservent les notions; sous le second, ils les unissent, les séparent, les combinent et les mettent en ordre : ces opérations s'exercent également sur les images sensibles et sur les notions intellectuelles. Ce qui caractérise éminemment la faculté de penser, c'est le pouvoir de juger, de conclure et d'unir les idées. La pensée est une sorte d'entretien secret de l'âme avec elle-même; elle s'interroge, se répond. Cet entretien qui s'opère sans le secours des mots, forme le *jugement* qui consiste dans l'union des idées, comme le discours consiste dans l'union des noms et des verbes (1). »

« L'entendement est étroitement lié à la sensation; car chaque sensation est un jugement

---

(1) Tome II, *Théætète*, pages 140 et 141. — IV, *Menon*, page 385.

encore confus que l'entendement développe; il réunit en une seule image les impressions détachées que les sens ont fait naître : les sens livrent les matériaux, l'entendement les élabore. De même, quoique la sensibilité et la raison soient deux facultés opposées de leur nature, elles ont cependant quelques rapports entre elles; elles appartiennent à un même sujet pensant, qui réunit, dans un seul acte de la conscience, les notions venues de ces deux sources. D'ailleurs, le développement de la raison ne peut avoir lieu qu'à l'aide de la sensibilité. C'est donc en établissant et maintenant le système entier de ses facultés dans une constante harmonie, que le sage jouira de la *santé de l'âme* (1). »

« Considérons maintenant en détail les fonctions particulières à chacune de ces deux facultés, et les productions auxquelles elles donnent le jour. Il y a, en nous, des images, des notions et des idées; les premières appartiennent aux

---

(1) Tome VII, *de la République*, pages 61, 122, 124, 240, 257.—II, *Philèbe*, 255.—IV, *Théætète*, 151, 155.—VII, *Parménide*, 83.—VIII, *Sophiste*, 266.— IX, *Des Lois*, 91. — X, *Timée*, 340, etc.

sens, les secondes à l'entendement, les troisièmes à la raison. Tout commence cependant aux images sensibles; car les sens se développent dans l'homme avant la faculté de penser, et la précèdent de long-temps. L'enfant commence à sentir dès sa naissance; la trace de la pensée se découvre beaucoup plus tard; et, chez quelques hommes, elle ne se découvre jamais. D'ailleurs l'âme et la raison ne peuvent être conçues sans la vie et la pensée, et celles-ci sans une action réelle des objets matériels sur nos organes. Il y a trois choses dans chaque perception sensible : l'objet perçu, le sujet qui perçoit, et la perception elle-même qui n'est autre que leur rapport mutuel. Les couleurs, les odeurs, etc., ne résident pas dans les objets, elles n'ont leur siége qu'en nous-mêmes. Les sensations ne sont donc proprement que les *affections*, les modifications de l'âme; elle est passive en les recevant; un objet extérieur agit sur les organes des sens, certaines fibres reçoivent cette impression et la transmettent à l'âme; ainsi la sensibilité est la faculté d'être affecté, modifié par un changement d'état; aussi les sensations ne sont-elles remarquées que par leur changement et leur variété. Enfin, les objets externes qui affectent l'âme, y laissent gravées certaines traces; la mémoire les conserve, l'imagination les ranime (1). »

« Les perceptions sensibles sont donc l'effet de l'action combinée des objets et des organes; mais, il est nécessaire que les perceptions viennent se réunir dans un centre, un foyer commun, et de là résulte *l'unité* de l'acte de la conscience. Chaque sens ne nous transmet qu'une classe particulière d'impressions: la vue, les couleurs, l'ouïe, les sons, etc. Cependant, nous avons le pouvoir de comparer ces diverses classes d'impressions, de juger ce qu'elles ont d'analogue ou de distinct. Quel peut être l'organe de cette comparaison? ce ne peut être ni l'un ni l'autre sens: elle a donc sa source dans l'âme seule. C'est à l'entendement qu'est confiée cette fonction. Au moment où nos sens aperçoivent un objet, nous n'apprécions point encore ses diverses relations, comme la *grandeur* et la *petitesse*; cette opération exige une distinc-

---

(1) Tome Ier, *Phædon*, 166.—II, *Théætète*, 86, 128, 139, 148, 153, 164, 199.—*Sophiste*, 265, 275.—IV, *Philèbe*, 211, 255, 261, 265, 321. —VII, *De la République*, 60, 62, 68, 147, 257, 298.—IX, *Des lois*, 223.—*Timée*, 301, 316, 336, 348, 377.—X, *Phædre*, 326.

tion, un jugement qui s'exécute dans l'âme, c'est-à-dire dans le centre unique où les impressions sensibles viennent se rencontrer. C'est en cela que consiste la faculté d'abstraire. L'entendement forme donc les *notions*, c'est-à-dire les perceptions de rapport et les considérations génériques, soit en distinguant, soit en combinant ce que les objets ont de commun ou d'analogue ; il compare les images, les isole et les détache de tous les accidens particuliers ; il parvient ainsi aux notions abstraites, sans lesquelles il n'y a point de perception claire. Ces notions sont en partie le tribut offert par les objets, en partie le produit de la faculté de penser, et, sous ce second rapport, dérivent de notre propre fonds. Les sens nous présentent toujours ce qu'il y a de particulier, d'individuel ; l'entendement, ce qu'il y a de commun et de général. Les sens nous offrent des perceptions confuses et dans l'état *concret* ; l'entendement, des perceptions claires et dans l'état *abstrait* (1). »

---

(1) Tome Ier., *Apologie de Socrate*, 93. — *Phœdon*, 147, 170, 226. — II, *Théætète*, 143. — *Sophiste*, 261, 275. — IV, *Philèbe*, 217, 255, 265. — VII, *De la République*, 75, 82, 147, 169, 223,

On peut voir des exemples frappans des modes que Platon assigne à la sommation des notions générales et de la méthode avec laquelle il les déduit dans le Philèbe, le Ménon, etc.

« Les images peuvent disparaître de l'esprit et y être ensuite rappelées, à l'aide de la liaison qui s'établit entre elles ; le retour de l'une réveille les autres. Cette liaison est quelquefois l'effet de l'analogie et quelquefois l'effet du hasard. Cette loi s'étend aussi aux notions formées par le concours et l'élaboration des idées sensibles (1). »

» Les combinaisons que l'entendement forme, en appliquant l'activité de l'âme aux images sensibles, ne sont point encore le dernier degré de l'exercice de la pensée ; l'entendement ne s'élève que jusqu'aux notions mathématiques ; ces notions ne sont que comme les formes, les contours des choses. Mais, il y a une autre sorte de notions générales, dont les objets extérieurs ne fournissent point les matériaux, qui sont toutes puisées à une autre source. »

260. — IX, *Des Lois*, 44, 123, 132. — X, *Parménides*, 83. — *Phædre*, 326. — XI, *Lettres*, 135.

(1) Tome Ier, *Phædon*, pag. 163, 170. — II, *Théætète*, 148. — III, *Philèbe*, 255. — *Ménon*, 351. — IX, *Timée*, 341.

Hâtons-nous d'arriver à cette seconde source des connaissances ; elle renferme les opinions essentiellement propres à Platon, le nœud de tout son système ; placée précisément au point de contact de son enseignement public et de sa doctrine occulte, elle est l'anneau qui lie l'une à l'autre et qui fonde leurs rapports. C'est le seuil du sanctuaire, c'est la célèbre théorie des IDÉES (1).

Plusieurs modernes, et à leur tête Fr. Patricius, ont refusé à Platon le titre d'inventeur de cette théorie, et ils ont été singulièrement favorisés dans leur opinion par les efforts des nouveaux Platoniciens pour rattacher leurs doctrines aux traditions de la plus haute antiquité. On a rattaché les IDÉES de Platon aux *Junges* des Chaldéens, à ces *espèces intelligibles*, à ces *puissances fécondes* dont parle Psellus ; on les a retrouvées dans les *idées universelles*, dans le *type intellectuel*, dont parlent les oracles attribués à Zoroastre ; on les a fait dériver des nombres mystérieux qui for-

---

(1) Il n'est pas besoin d'avertir que dans cette théorie l'expression *idées* a une signification différente de celle qu'elle reçoit ordinairement dans la logique et de celle que nous suivons nous-même dans cet ouvrage.

maient la doctrine des Pythagoriciens; et on s'est appuyé, pour leur attribuer cette dernière origine, d'un passage de Nicomaque, des vers d'Epicharme rapportés par Diogène Laërce, et de l'autorité de Jamblique (G). Mais on remarque que cette supposition ne s'appuie que sur le témoignage des nouveaux Platoniciens, ou sur des textes qui sont généralement reconnus pour être leur ouvrage, et pour avoir été composés dans un temps postérieur à Platon. D'un autre côté, à des inductions aussi incertaines, on peut opposer une autorité positive, celle d'Aristote, auteur contemporain, d'Aristote qui avait approfondi avec tant de soin l'étude des philosophes antérieurs. Il nous déclare d'abord que, « la doctrine des nombres, ima-
» ginée par les Pythagoriciens, ne correspond
» point à celle des *idées*, produite par Platon (1).
Après avoir parcouru la suite des systèmes philosophiques des Pythagoriciens et des Éléatiques sur les causes premières, il ajoute : « *Survint ensuite* la doctrine de Platon qui leur a
» emprunté beaucoup de choses, mais qui y a
» ajouté aussi certaines vues nouvelles. Car,

---

(1) *Métaphys.*, XI, 4, édition de Duval.

» ayant, dans sa jeunesse, entendu les leçons
» de Cratyle, et recueilli l'opinion d'Héraclite
» qui considérait toutes les choses sensibles
» comme dans un flux perpétuel, et qui en
» tirait la conséquence qu'elles ne peuvent
» former l'objet de la science, il établit le sys-
» tème qui suit. Socrate, livré aux études mo-
» rales, et ne s'occupant point des connaissances
» physiques, y cherchait cependant les notions
» universelles, et fut le premier qui fonda les
» définitions. Platon, applaudissant à cette
» manière de voir, supposa qu'elle ne s'applique
» point aux choses sensibles, mais à un ordre
» différent, placé au-dessus des choses sensibles
» et des abstractions mathématiques; il conçut
» un ordre de généralités perpétuelles, immobi-
» les, dont l'unité est le caractère; et comme les
» genres sont le principe des choses particu-
» lières, il les considéra comme les premiers
» élémens des êtres, il plaça la substance dans
» l'unité (1). » Et plus loin (2), il entreprend
la réfutation de cette théorie. Il en rapporte
l'origine dans les mêmes termes. « Il est deux
» choses, ajoute-t-il, qu'on reconnaît comme

---

(1) *Ibid.*, I., 6.
(2) XI, 4 et 5.

» propres à Socrate, l'emploi de la méthode
» d'induction pour la démonstration de la vé-
» rité, et les définitions. Mais, Socrate ne sé-
» parait point les universaux des choses parti-
» culières. Après lui on les sépara, on leur donna
» le nom d'*idées;* ainsi, on considéra comme *idée*
» tout ce qui peut être exprimé par un terme uni-
» versel. » C'est dans le dialogue même du Phædon qu'Aristote puise l'exemple de cette théorie
qui, en séparant les *idées*, des choses, considère
celles-là comme les causes véritables de celles-ci.
« Platon, maître et modèle tout ensemble, et dans
» l'art d'écrire et dans l'art de penser, dit Cicé-
» ron (1), a donné le nom d'*idées* aux formes,
» aux exemplaires des choses; les Académi-
» ciens, d'après lui, pensaient que l'âme seule
» est capable de juger, parce que seule elle
» aperçoit ce qui est toujours, ce qui est
» simple, ce qui est uniforme, et le voit tel
» qu'il est; c'est ce que nous appelons le *genre*
» qui a reçu de Platon le nom d'*idée*. Ce n'est
» pas, dit saint Augustin (2), que Platon ait
» le premier fait usage de ce terme; mais il
» est le premier qui l'ait appliqué à un ordre

---

(1) *De oratore*, 10.—*Acad. quæst.*, I, 30.
(2) *De* 83 *Quæst.*, *q.* XLVI.

» de notions qui n'existait point encore, ou
» qui n'était pas compris. » Comment supposer
que les anciennes traditions des Chaldéens ne
fussent point encore connues des Grecs, avant
Platon? Comment supposer qu'après la destruction de l'institut de Pythagore, lorsque tant de
sages célèbres issus de son école, enseignaient à
la fois en Italie, un mystère absolu pût encore couvrir sa doctrine, et qu'elle pût être
méconnue par Aristote qui en traite à chaque
page de ses écrits?

Nous pensons, toutefois, qu'on ne saurait
adopter à cet égard une décision absolue, nous
pensons que Platon recueillant, développant,
mettant en œuvre, les élémens empruntés aux
anciennes doctrines mystiques de l'Asie et à celle
de Pythagore, en a formé seulement un ensemble nouveau, leur a donné une forme systématique, et en a composé une véritable
théorie. C'est ce dont on se convaincra en rapprochant ces mêmes doctrines, telles que nous
les avons exposées en substance dans les chapitres troisième et cinquième de cet ouvrage,
avec le résumé qu'on va lire. Dans les doctrines
mystiques de l'Asie, Platon peut avoir puisé
l'hypothèse qui fait dériver de la contemplation
directe de la nature divine, la source des con-

naissances ; la doctrine des Pythagoriciens sur les nombres lui a offert l'exemple de notions abstraites réalisées, transformées en principes et en causes ; il a ensuite cherché ces types primitifs dans un plus haut degré de généralisation, leur a donné ainsi une valeur plus universelle, et les a puisés surtout dans les notions morales. C'est ce qui nous paraît résulter clairement de l'opinion qu'il exprime en divers endroits, sur les vérités mathématiques, et du degré qu'il leur assigne dans son échelle. C'est aussi, en ce qui concerne la doctrine de Pythagore, ce qui nous est expressément confirmé par Sextus l'Empirique (1). Nous avons déjà remarqué qu'Héraclite avait écrit *sur les idées ;* Aristote et Sextus s'accordent à dire que la doctrine d'Héraclite a eu une grande influence sur celle de Platon.

Nous avons dit que cette théorie des *idées* est le seuil du sanctuaire de la doctrine occulte ; et c'est sans doute pourquoi elle est généralement exposée d'une manière si obscure dans tous les écrits de Platon, obscurité qui a tourmenté tous les commentateurs. C'est un nuage formé à dessein. Essayons de le pénétrer.

―――――

(1) *Adv. math.*, IV, 10 ; VII, 93 ; IX, 364.

« Les IDÉES sont les exemplaires et les for-
» mes éternelles des choses, le genre, l'es-
» sence; elles n'ont point été produites, elles
» ne reçoivent rien d'ailleurs; elles existent
» par elles-mêmes, elles ont une valeur
» propre; elles consistent dans ce qui est
» toujours, dans ce qui est un et le même.
» Elles sont affranchies de toute condition de
» l'espace et de la durée, de toute forme sen-
» sible; elles seules méritent le nom d'*êtres*.
» Elles sont l'objet présent à la raison de l'au-
» teur de toutes choses; elles composent le
» monde intelligible; mais, elles ne sont
» point la divinité même; l'homme aussi est
» admis à la participation de cette lumière
» éternelle et pure. Ils sont semblables à des
» aveugles ceux qui ne peuvent atteindre à
» ce type primitif et universel; celui-là seul est
» vraiment éclairé qui contemple cette nature
» des choses, laquelle persévère toujours sem-
» blable à elle même, et contemple tout le
» reste en elle; à lui seul appartient le titre
» de philosophe, comme à Dieu seul appar-
» tient celui de sage. Ces IDÉES sont les notions
» générales de l'ordre le plus relevé, les plus
» hautes universalités; car, la nature est tout
» entière contenue dans ces genres principaux.

» L'IDÉE est la clef de cette unité opposée au
» multiple, ou plutôt la source du multiple,
» source qui se découvre au sommet de toutes les
» échelles des êtres. Car, il n'y a qu'une seule
» et même idée pour chaque genre; elle en
» constitue l'essence; elle représente toutes les
» espèces et tous les individus; elle en ren-
» ferme toutes les conditions; elle leur sert de
» lien commun.

» Les IDÉES ne sont point déduites, à la diffé-
» rence de ces notions générales dont nous
» parlions tout à l'heure, et qui se forment
» par la comparaison successive des percep-
» tions particulières; elles n'ont point la même
» origine. Rien ne leur correspond dans le
» monde extérieur et sensible. Il serait donc
» impossible d'en expliquer la génération, si
» elles n'étaient indépendantes de l'expérience,
» et par conséquent INNÉES, c'est-à-dire, pla-
» cées dans l'esprit immédiatement par Dieu
» même, pour servir de principes à nos con-
» naissances. Avant de nous être ainsi com-
» muniquées, elles résidaient dans l'intelli-
» gence divine, comme autant de formes et de
» modèles, d'après lesquels la divinité a or-
» donné l'univers. Et voilà pourquoi tout ce
» que nous paraissons apprendre n'est au fond

» que *réminiscence*, » maxime que Platon reproduit souvent et s'attache surtout à démontrer dans le Phædon, le Ménon, et le Timée. « Il faut que nous ayons appris dans un autre » temps les choses dont nous nous rappelons » dans cette vie. » C'est encore ce que Platon cherche à faire comprendre, lorsqu'il compare l'âme à une tablette qui a été enduite de cire après avoir reçu l'empreinte de certains caractères ; si » on enlève cette cire, les caractères reparaissent.

» L'intelligence suprême remplit, entre la
» raison et le monde intelligible, la même
» fonction que le soleil remplit, dans le monde
» sensible, entre l'organe de la vue et les objets
» qui s'offrent à nos regards. C'est de sa parti-
» cipation à l'essence divine que l'âme tire ces
» lumières ; c'est par la même voie qu'elle est
» appelée à en jouir ; c'est pourquoi on peut
» l'appeler *alliée par une sorte de parenté à*
» *celui qui est la cause universelle.* (1) »

---

(1) Tome Ier, *Phædon*, pag. 147, 148, 163, 165, 170, 178, 179, 227, 230, 237, etc. — II, *Théœtète*, 141, 142, 148. — *Sophiste*, 215, 261, 264, 265. — III, *Cratyle*, 286, 345, 430. — IV, *Gorgias*, 141. — *Philèbe*, 217, 219, 255, 305. — *Ménon*, 357. — VI, *Politique*, 63, 64, 73, 113, 122. — VII, *De la République*, 116, 119, 125, 133, 160, 162, 166,

Ici commence, ici se dévoile la doctrine *ésotérique*. Elle consistait, suivant nous, dans le développement et l'application de ces maximes qui rattachent à la contemplation immédiate de la nature divine toutes les notions du vrai, du bon et du beau. Cette image sublime, resplendissante au sommet de l'échelle des êtres, a captivé les regards de Platon; c'est en elle qu'il place le foyer de toute lumière; c'est d'elle qu'il fait découler toute science, parce que toute existence en est dérivée. Continuons à le laisser parler lui-même.

« Nous appellerons donc les notions puisées
» à cette source divine, du nom d'IDÉES, idées
» essentielles et pures, pour les distinguer de
» ces notions obtenues par l'élaboration de
» l'esprit, qui dérivent des perceptions sensi-
» bles, et qui ne sont que superficielles. Il y a
» cependant quelque rapport entre les unes et
» les autres. Les secondes sont en quelque sorte
» les ombres, le reflet, l'image des premières
» (*ideæ umbratiles*). » C'est ce que Platon exprime par cette belle fiction du septième livre

---

167, 286, 348. — IX, *Timée*, 28, 238, 301, 302, 341, 348. — X, *Parménide*, 82, 85, 89, 125. — *Phædre*, 222. — XI, *Lettres*, 131, etc.

de la République, par laquelle il représente l'homme enchaîné depuis son enfance dans une caverne où la lumière du jour pénètre seulement par une ouverture placée derrière lui, où les objets lui sont également masqués, mais où les ombres de ces objets viennent se dessiner à ses yeux sur une muraille par le jeu des rayons de la lumière. « Il y a d'ailleurs, dans les opé-
» rations de la pensée, une loi d'association en
» vertu de laquelle les impressions sensibles
» servent d'excitateurs aux idées placées en
» nous dès notre naissance ; enveloppées des
» voiles matériels du corps, elles demeurent
» en quelque sorte ensevelies, jusqu'à ce qu'une
» occasion vienne nous en rendre le sentiment
» et mettre la raison en possession de toute
» son activité et de toute son indépendance. »
» Il y a donc pour l'homme deux ordres de
» connaissances. Le premier dépend des sens
» et ne mérite qu'improprement le nom de
» *connaissances*; il ne comprend que de sim-
» ples opinions ; il manque de certitude,
» de fixité et de clarté; il ne nous apprend
» que *ce qui est*. Le second ordre de con-
» naissances, qui constitue éminemment *la*
» *science*, nous montre *ce qui doit être*; il
» s'exerce sur la possibilité des choses, sur

» leurs essences; c'est par le ministère des *idées*
» qu'il exerce cette fonction. Ainsi les *idées*
» sont le principe de toute science. En effet,
» *il ne peut y avoir de science pour les choses*
» *mobiles et passagères;* la science doit donc
» avoir un caractère absolu, nécessaire, uni-
» versel; comment la posséderait-elle, si ce
» n'est à l'aide de ces exemplaires qui représen-
» tent la condition fondamentale de toutes
» choses (1)? »

Aurait-elle besoin maintenant d'être justifiée, l'indication que nous présentions tout-à-l'heure (pages 224 à 228) pour résoudre le problème de la doctrine *ésotérique* de Platon? Ce double ordre de connaissances ne correspond-il pas évidemment à la double doctrine? Et, lorsqu'on voit Platon, dans ses écrits, se borner exclusivement au premier de ces deux ordres, peut-on

---

(1) Tome Ier, *Phœdon*, 147, 165, 170, 189. — II, *Théœtète*, 63, 117, 142, 159, 185, 188, 296. — III, *Cratyle*, 345, 346. — IV, *Gorgias*, 143. — *Cratyle*, 299 à 306, 352, 359. — V. *Premier Alcibiade*, 58 à 62. — *Charmides*, 133. — VII, *De la République*, 59, 60, 122, 124, 163 à 166, 224, 260. — IX, *Timée*, 301, 348. — X, *Parménide*, 91. — *Banquet*, 245. — XI, *Lettres*, 132. — *Définitions*, 295.

hésiter à conclure que le second formait l'objet de son enseignement secret? Et, lorsqu'on voit que la théorie des idées est la base sur laquelle repose le système du second ordre de connaissances, que tous les écrits de Platon tendent à faire ressortir la nécessité de cette théorie, la corrélation des deux doctrines ne devient-elle pas manifeste? L'une ne sera donc que le reflet de l'autre; elle sera la muraille de la caverne décrite dans le septième livre de la République.

Si cette indication avait besoin d'être encore confirmée, il suffirait de reprendre les divers passages dans lesquels Platon fait allusion à sa doctrine secrète, et de les parcourir en entier. Ainsi, dans le Timée, par exemple, c'est après avoir distingué « ce qui n'est jamais produit, de ce qui est
» engendré et sans existence propre, l'un qui se
» révèle à l'entendement, l'autre qui se montre
» aux sens », que Platon arrive à « cette notion
» du grand ouvrier, du père de l'univers, qui ne
» doit point être révélé au vulgaire (1); » ainsi, dans le Philèbe, c'est au moment où Protasque vient de demander quelles sont « ces merveilles
» qui n'ont point encore été divulguées » que Platon répond par la bouche de Socrate:

---

(1) Tome IX, pag. 302, 303.

« qu'elles consistent dans ce qui est véritable-
» ment *un*, lorsque cet *un* n'est point pris
» parmi les choses sujettes à la génération et à
» la corruption, comme celles, ajoute-t-il,
» dont nous venons de faire mention (1), (E).
Enfin, Atticus le Platonicien, dans Eusèbe (2),
dit en propre termes : « La doctrine des choses
» intelligibles est le sommet et le pivot de toute
» la philosophie de Platon. Le premier et le plus
» élevé de ses dogmes réside dans cette na-
» ture spirituelle et éternelle; celui qui pourra
» y atteindre, en jouir, sera parvenu au comble
» de la félicité. Aussi, Platon, en chaque oc-
» casion, dirige-t-il tous ses efforts à dé-
» montrer l'énergie et la puissance de cette
» nature compréhensible. » S'il est un de
ses dialogues dans lequel il semble toucher de
plus près à cette haute spéculation, et soulever
un coin du voile, c'est dans le Phædon; et, il
ne faut pas s'étonner s'il la met alors dans
la bouche du sage expirant martyr de la vérité.
Quelle plus digne occasion de laisser entrevoir
cette doctrine telle que nous venons de la reconnaître? et Platon, en saisissant ce moment

---

(1) Tome IV, pag. 216, 217.
(2) *De Prepar. evang.*, lib. XV, cap. 13.

solennel, en plaçant cette révélation dans son traité sur l'immortalité de l'âme, n'était-il pas en accord avec lui-même, lui qui disait aussi que « l'âme du sage mourant s'ouvre aux vé-
» rités les plus sublimes, » lui qui, dans le Cratyle, comparait la mort à une sorte de résurrection, et le corps à une sorte de tombeau où elle est momentanément ensevelie. « L'âme,
» dit-il, dans le Phædon, est une vie immortelle
» enfermée dans une prison périssable. »

Platon avait été frappé de l'importance et de la fécondité des notions générales; c'était sa pensée dominante; mais, il n'avait pu expliquer par les opérations ordinaires de l'esprit une partie de ces notions : celles qui ne sont point soumises aux formes du temps et du lieu; de là vient qu'il s'est cru dans la nécessité de leur attribuer une autre origine.

Nous n'avons pas besoin de dire que cette belle fiction de Platon ne doit être considérée que sous le rapport de l'art; gardons-nous de l'interroger sur le genre de réalité qu'il prétend attribuer aux *idées* ; il est, à cet égard, tellement vague, incertain, qu'Aristote lui-même s'y est trompé et en a fait des substances pour en faire quelque chose. Ne discutons pas même les raisonnements sur lesquels il essaie d'établir cette hypothèse; on peut voir dans le Phædon, dans le Théœtète, dans le Philèbe, dans le Ménon, dans les livres de la République, qu'elles se réduisent à quelques subtilités peu dignes d'un tel génie. Il a transporté dans la nature des choses, il a transformé en une loi positive, universelle, cette opération de l'esprit qui rapporte les idées particulières aux notions générales. Il a imité ces auteurs dramatiques qui font intervenir les Dieux, pour opérer un dénouement qu'ils ne pouvaient obtenir du cours naturel des événemens.

La théorie des *idées* est pour Platon la solution des grands problèmes relatifs à la certitude et à la réalité des connaissances; car, « les idées ont une réalité objective; elles ont servi de type à l'ordonnateur suprême; elles ont été appliquées comme autant de *formes* à une *matière* brute, passive; leur connaissance, que l'âme avait puisée dans le sein de la divinité, a été obscurcie, assoupie par son union avec le corps; la philosophie la fait renaître. » Platon le premier a établi, ou mis du moins dans tout son jour, cette distinction des *apparences* et des *réalités*, des *phénomènes* et des *noumènes*, à laquelle l'école de Kant, dans les temps modernes, a rendu une si grande importance. « Le premier ordre comprend ce qui est perçu par les sens; le second, ce qui est conçu par la raison; le premier, ce qui est mobile, le second, ce qui est immuable; le premier ce qui est corporel; le second ce qui est immatériel; le premier ce qui est complexe; le second ce qui est un; le premier ce qui est conditionnel, le second ce qui est absolu. Le premier peut toujours être conçu, le second ne peut être aperçu; le premier est l'image du second; le second est l'archétype du premier, comme il est celui de tout ce qui existe (1). »

« Ne rejetons cependant point, continue Platon, cet ordre des apparences, comme inutile. Il a une utilité relative, en ce qu'il sert de préparation et d'introduction à un ordre de connaissances plus relevé. D'ailleurs, en tant qu'il repose sur une impression reçue, il a une valeur rela-

---

(1) Tome Ier, *Eutyphron*, 11.—*Phædon*, 178 à 182, 249.—II, *Sophiste*, 266, 277.—*Théætète*, 155, 191, 192.—III, *Cratyle*, 346.—IV, *Philèbe*, 216, 255, 299, 305.—*Menon*, 351, 385.—VI, *Politique*, 162 à 165.—VII, *De la République*, 65, 116, 119, 254, 288 et suiv.—IX, *Des lois*, 84. —*Epinomis*, 252.—*Timée*, 301, 302, 341, 347. —X, *Parménide*, 83, 96, 117.—*Banquet*, 241, 247.—*Phædre*, 322, etc.

tive pour le sujet qui les possède. Il y a dans chaque image quelque chose de réel; c'est son rapport avec un objet externe (1). »

De la théorie des idées dérivent pour Platon la métaphysique, la théologie naturelle, la morale et la logique. Indiquons rapidement comment cette déduction s'opère, surtout à l'égard de la première et de la dernière.

La métaphysique a deux objets principaux : l'*être* et la *causalité*.

L'*être*, dans le langage de Platon, n'a pas une acception rigoureusement déterminée ; « c'est l'objet conçu, c'est le positif, ce qui existe, ce qui subsiste ; en lui l'unité est associée au multiple. L'*essence* est l'ensemble des attributs qui ne varient point, sans lesquels l'être ne peut exister ni être conçu. La *substance* est l'être lui-même en tant qu'il persévère sous les modifications changeantes (2). » Ces notions

(1) Tome II, *Théætète*, 68, 86; 148, 185. — VII, *De la République*, 62. — III, *Cratyle*, 345.

(2) Tome II, *Phædon*, 178. — II, *Théætète*, 132, 148, 182. — *Sophiste*, 206, 241, 265, 276, 280, 285, 295. — III, *Cratyle*, 312. — IV, *Philèbe*, 215, 241. — VII, *De la République*, 146. — IX, *Des lois*, 83. — *Timée*, 301, 343. — X, *Parménide*, 76. — XI, *Lettres*, 133. — *Définitions*, 287, etc.

de l'*un* et du *multiple*, du *même* et de *l'autre*, qui reparaissent si souvent dans Platon, sont empruntées à l'école Pythagoricienne, mais dégagées par lui des conditions mathématiques, et portées à un plus haut degré d'abstraction. C'est encore à la même cause qu'il puise les idées du *fini* et de *l'infini*, qui, dans la langue philosophique actuelle, seraient mieux nommées le *complet* et *l'incomplet* (F).

« Rien n'a lieu sans cause ; or, il y a deux sortes de *causes* : des causes mécaniques ou *physiques*, des causes *libres* ou intelligentes. Les premières ne méritent point proprement ce titre ; car, elles sont subordonnées et dépendantes ; elles agissent sans dessein et sans régularité. Or, il y a un ordre de causes conditionnelles, qui sont mises en jeu par d'autres, qui leur empruntent leur énergie ; il doit donc y avoir une cause première, une cause absolue, qui, dans son action, ne dépend d'aucune condition antérieure, qui ne suppose rien au-dessus d'elle, qui ne peut naître, qui ne peut disparaître (1). »

Ces principes devaient conduire Platon à cette démonstration de l'existence de Dieu qu'on ap-

---

(1) *Phædon*, 221 à 224. — IX, *Des Lois*, 86. — *Epinomis*, 254. — *Timée*, 337.

pelle *de l'être nécessaire*. Aussi, l'a-t-il associée aux preuves téléologiques, comme on peut le voir dans le Philèbe, et dans le dixième livre des Lois. Dans le nombre des preuves téléologiques, il donne la préférence à celles qui sont déduites des phénomènes célestes, suivant en cela l'exemple des Pythagoriciens, et s'éloignant de celui de Socrate qui s'était particulièrement attaché aux phénomènes de l'organisation des êtres animés. La notion qu'il a donnée de la divinité a captivé la juste admiration des siècles ; elle a obtenu le suffrage de la plupart des Pères de l'église ; elle est l'un de ses premiers titres à la gloire. « Dieu est la perfection, la raison suprême ; législateur et juge, exempt de passions, comme d'erreurs, source de tout ce qui est bon, comme de tout ce qui est vrai, il est la loi morale personnifiée, l'idéal éternel, infini, un astre dont la majesté, la pureté, éclairent toutes les créatures intelligentes ; un but dont la créature libre doit tendre à se rapprocher sans cesse (1). »

On sait d'ailleurs que Platon admettait,

---

(1) Tome Ier, *Eutyphron*, 12, 13. — III, *Cratyle*, 251, 255. — IV, *Philèbe*, 241 à 248. — *De la République*, liv. 2, p. 248, 255. — VII, idem, liv. 6,

comme tous les anciens, la matière coéternelle à la divinité. C'est dans son système une suite du contraste général entre l'unité et la variété.

Il ne faisait point reposer la morale sur le principe de l'obligation, sur la définition du devoir, mais sur la tendance à la perfection. Avec Socrate, il plaçait dans le souverain bien le terme auquel l'homme doit aspirer par sa nature. Ici, encore, Platon distingue des biens qu'il appelle *divins*, d'autres *humains*. « Les premiers sont tels par eux-mêmes, se suffisent à eux-mêmes, sont permanens et nécessaires à l'être moral. Trois conditions les constituent : la vérité, l'harmonie, la beauté; toutes trois appartiennent à l'ordre des *idées*; leur réunion forme la perfection. La divinité en est donc le siége, la source, la règle, comme la notion de la divinité en est le type. La vie entière de l'homme doit être consacrée, par la sagesse, à se rapprocher de ce modèle. » Aussi toute la philosophie de Platon n'est qu'une contre-épreuve, une émanation de sa morale. Comme Socrate encore, il identifie la politique

---

p. 118, 120, 132. — Liv. 7, p. 133. — IX, *Des Lois*, liv. 10, p. 70, 106. — liv. 12, p. 177, 229. — *Epinomis*, 254 à 259. — *Timée*, 301 à 325 ; etc., etc.

à la morale; la première n'est à ses yeux que la seconde appliquée à la société humaine. Tel est l'esprit entier de son traité *de la République*, où la morale individuelle et les institutions sociales sont non-seulement rapprochées, mais tellement unies, qu'on se méprend souvent en appliquant à celles-ci ce qu'il n'entend dire que de celles-là. La morale, en un mot, est répandue, comme un parfum exquis, dans toute l'atmosphère des notions que Platon a embrassées; on la respire incessamment alors même qu'on croit étudier seulement les principes qu'il impose aux sciences, ou les règles qu'il donne aux arts.

Platon n'a consacré à la logique aucun traité particulier. Les règles qu'il institue pour l'art de raisonner sont dispersées dans ses divers écrits. Déjà on a pu les pressentir; elles dérivent en partie de sa psychologie.

« Sans l'union des idées, il n'y a ni langage, ni jugement, ni science. Mais, quelles sont les idées qui peuvent être unies entre elles, celles qui n'en sont pas susceptibles? La dialectique a pour objet d'en faire le choix; elle prescrit les règles de cette association. La dialectique n'est qu'une partie subordonnée de la philosophie;

elle n'est que l'instrument qui lui donne la forme scientifique; elle peut être appelée la méthode de philosopher. La dialectique repose sur l'observation de *l'identité* ou de la diversité qui se trouvent entre les idées ; car, juger, c'est unir à un objet la notion qui lui convient. » Platon avait fort bien distingué les deux méthodes synthétique et analytique ; il avait même, suivant le témoignage d'Aristote, écrit sur ce sujet un traité qui ne nous est pas parvenu. Dans le Philèbe (1), il indique la première, comme une voie qu'il préfére, comme la voie la plus belle, celle qui a conduit aux découvertes, mais en même temps comme très-difficile; « c'est un présent fait aux hommes par » les Dieux ; c'est une route que Prométhée lui-» même a montrée éclairée d'un flambeau éclatant. » La première est aussi, sans doute, celle qu'il employait dans l'enseignement secret. Dans ses écrits, il fait ordinairement usage de l'autre, et il l'a portée à un rare degré de perfection.

» La raison s'exerce de deux manières : ou en partant de principes généraux pour arriver, à l'aide des perceptions, à des applications prochaines, ou bien en remontant de ces mêmes

---

(1) Tome IV, p. 219.

principes pour arriver, sans le concours des perceptions, à un principe premier qui lie l'ensemble des connaissances, et leur donne un caractère fixe et immuable; cette dernière méthode conduit seule à la science parfaite, parce que seule elle complète le système des connaissances, en le ramenant à l'unité du premier principe. »

Dans toutes les parties de la doctrine de Platon on retrouve le contraste fondamental : il se reproduit entre la Divinité et la matière, entre la réalité et l'apparence, entre les biens divins et les biens humains, entre la science et l'opinion, entre la raison et l'expérience, entre la synthèse et l'analyse; il l'applique même aux différens arts, et c'est ainsi qu'il distingue par exemple deux sortes d'arithmétiques.

« On peut conclure du général au particulier, et non du particulier au général. Les idées *seules* peuvent donc servir de principes, ou de prémisses au raisonnement. »

« La définition doit être claire et précise; elle ne doit point renfermer de mots à double sens, ni rouler dans un cercle vicieux. » Aussi faut-il voir quel soin scrupuleux Platon apporte à la définition de tous les termes.

« La perfection de l'art de raisonner consiste à décomposer une notion en tous ses caractères, à chercher toutes les combinaisons dans lesquelles elle se reproduit, à distribuer exactement toutes les notions placées au-dessus ou au-dessous d'elle, à développer toutes les conséquences qui naissent de la supposition ou de la non supposition de la pensée qu'on analyse. »

« Lorsqu'on a des objets variés et épars, on ne doit point les abandonner jusqu'à ce qu'on les ait renfermés sous une notion commune, à l'aide des comparaisons. »

« Nos erreurs proviennent de différentes causes : la principale est dans le vague et l'obscurité des notions, et surtout des *idées*. Il est nécessaire, pour bien établir une preuve légitime, d'avoir une notion claire de l'objet, pour découvrir si ce qu'on en affirme y est déjà renfermé. Lorsqu'on emploie une vue générique, il faut chercher avec soin toutes les nuances qui distinguent entre eux les objets compris sous cette classe; lorsqu'on va du particulier au général, ou du général au particulier, il faut bien prendre garde de ne pas franchir les notions intermédiaires ; car on pourrait alors ne pas saisir exactement tous les caractères généraux ou distinctifs; et de cet oubli sont nées une foule d'erreurs, de méprises et de sophismes. D'autres erreurs naissent encore de ce qu'on confond les notions abstraites avec les simples perceptions sensibles. Enfin, les sens mettent souvent obstacle, par la vivacité de leurs impressions, aux efforts de la raison; ils nous trompent en diverses manières; mais la faute en est proprement à l'entendement qui précipite trop ses jugemens. Cependant la vérité des jugemens dépend aussi de la fidélité avec laquelle les sens livrent à l'âme les élémens de ses pensées. (1) »

« La vraisemblance ne se fonde pas sur la vue de l'objet, mais sur la simple analogie. »

« La proposition est un jugement exprimé par des paroles. »

« Une opinion s'est établie depuis quelque temps, qui fait reposer sur le langage seul tout le système de nos connaissances; cette opinion est fausse; le langage n'est pour la pensée qu'une

---

(1) Tome II, *Sophiste*, 275, 296. — VII, *De la République*, 61, 123, 163, 288, 298. — *Théætète*, 109, 251, 163. — II, *Politique*, 63. — IV, *Philèbe*, 211, 264, 319. — I, *Euthyphron*, 26. — V, *Hypparque*, 265. — XI, *Définition*, 396. — IV, *Menon*, 338, 386. — *Gorgias*, 93. — II, *Phædon*, 209, 226. — III, *Cratyle*, 237, 244. — *Protagoras*, 181. — IX, *Timée*, 331, 336, etc.

sorte d'instrument; toutefois il exerce sur elle une puissante influence. La nature, l'analogie et l'arbitraire, ont concouru à la formation du langage; malheureusement, il n'a pas eu toujours pour auteurs des esprits justes, et plusieurs d'entre eux, en créant des mots, y ont mêlé de fausses opinions qui se sont ensuite transmises sans qu'on y prît garde. C'est au penseur qu'il appartient, en employant les termes, de déterminer exactement leur signification. Il est des systèmes qui présentent une liaison exacte dans les conséquences, mais dont l'erreur fondamentale réside dans un abus de mots qu'on ne peut facilement découvrir. Si donc il faut en raisonnant développer et définir les idées, il n'est pas moins nécessaire de déterminer le sens des mots, de distinguer surtout exactement ceux qui offrent une signification analogue; car il n'y a pas de vrais synonymes (1). »

On voit que Platon est bien éloigné de circonscrire le territoire des connaissances hu-

---

(1) Tome XI, *Lettres*, 131, 132. — II, *Sophiste*, 256, 291. — *Théætète*, 139, etc. — III, *Cratyle*, 230, etc. — VI, *Politique*, 13. — III, *Euthydème*, 17, etc.

maines dans les étroites limites que Socrate avait paru lui assigner. Il rend en particulier aux sciences mathématiques et à l'astronomie le rang qui leur appartient; il en recommande l'étude, dans les livres de la République; il expose l'utilité de leurs applications; il remarque même combien elles concourent à former les facultés de l'esprit ; cependant il les apprécie plus encore comme un moyen qui conduit à *l'étude de l'essence*, pour nous servir de ses expressions, que comme conduisant à la connaissance des phénomènes naturels (1). Il a cependant tenté aussi quelques excursions dans la physique; mais toujours dans le même esprit. « Ce qui constitue les corps, c'est l'étendue à trois dimensions, d'où résultent la figure et l'impénétrabilité. Les quatre élémens ne sont eux-mêmes que des composés. Il faut distinguer, dans les corps, la *matière* et la *forme*; la *matière* inerte, passive, dépourvue de qualité; la *forme* qui seule imprime à la première ses propriétés quelconques, et qui lui est donnée par l'ouvrier suprême (2). » Platon a déterminé la notion du

---

(1) Tome VII, p. 151 et suiv.

(2) Tome IV, *Philebe*, 233, 245. — IX, *Des lois*, 81, 225, 229. — *Timée*, 307, 348, 361, 371, etc.

temps avec une exactitude inconnue avant lui ; et toutefois, il manque de précision lorsqu'il emploie celle du *mouvement*. Sa cosmologie est fort imparfaite. En général, il n'est pas heureux quand il descend des régions de la théorie et veut opérer sur le terrain des applications. On sait que les lois dont il fit présent à plusieurs états de la Grèce, ou ne furent point adoptées, ou ne purent soutenir l'épreuve de l'exécution. Il était loin cependant de méconnaître le mérite de l'alliance de la théorie et de la pratique; il la recommandait au contraire, et c'est ce qu'il entend par ce *mélange du fini et de l'infini* auquel il revient si souvent.

Platon avance la division des sciences en conservant le lien qui les unit entre elles. Il institue la philosophie, comme une science qui assigne aux autres leur rang, leur but, qui leur fournit les premiers principes, savoir : *l'absolu*, *l'universel*, les *essences* des choses, et qui règle le *monde réel* par le *monde des intelligibles*. Nulle part il ne donne à ses vues la forme systématique ; mais leur sympathie ressort au milieu de ce désordre apparent ; c'est une vaste et immense harmonie qui résonne de toutes parts et repose sur les mêmes accords; elle a pour centre et pour régulateur cet idéal qu'il semble avoir emprunté aux arts d'imagination, et imposé, comme sa loi suprême, à la plus abstraite des sciences, cet idéal qui définit Platon tout entier, et qu'il a livré à ses successeurs comme une sorte de flambeau dérobé aux régions célestes (G).

C'est par là qu'il a exercé une influence si puissante et si variée sur la marche de l'esprit humain; cette influence se répand comme un fleuve majestueux au travers des âges suivans; elle captive le christianisme dès sa naissance, nous allions presque dire, le subjugue au moment de son triomphe; ou plutôt, elle est aspirée par lui, elle en est réclamée comme une sorte de notion anticipée; si elle s'en sépare, c'est pour lutter encore avec lui. Pendant plusieurs siècles, les travaux des philosophes ont pour but ou le développement ou la critique de sa doctrine, et l'histoire de l'esprit humain semble en être le long et vaste commentaire. On a beaucoup dit que la première Académie d'une part, la seconde et la troisième Académie de l'autre, se sont éloignées de l'enseignement de leur fondateur, et on a peine à reconnaître en effet comme issues d'un auteur commun des écoles qui, à plusieurs égards, offrent dans leurs opinions un contraste aussi frappant. Mais, ces diverses écoles ont été peut-être moins infidèles aux traditions qu'elles avaient reçues, qu'elles ne nous le paraissent aujourd'hui. La première, qui avait recueilli l'enseignement oral, se sera attachée principalement à la doctrine secrète, et aura donné par là naissance au nouveau Platonisme et à sa doctrine mystique. Les deux dernières auront eu pour guide la doctrine publique qui se trouvait consignée dans ses écrits, et dont il avait composé le domaine de la science humaine. On reconnaît entre les écoles le même contraste fondamental que nous avons remarqué dans sa doctrine. Du double principe auront germé ces deux grandes branches de systèmes. L'une exploita l'héritage des hautes théories; l'autre s'empara des armes que Platon avait dirigées contre cette raison livrée à elle-même, qu'il a réduite à la simple opinion. De là le dogmatisme toujours croissant de l'une; le semi-septicisme toujours plus réservé des deux autres; la divergence sera devenue de jour en jour plus sensible, comme le développement de l'exagération de chacune d'elles, dès l'instant où la séparation aura eu lieu.

Si les deux élémens essentiels dont se composait la philosophie de Platon, ont dû, en se développant séparément, produire des effets divers dans diverses écoles, la part qu'il avait accordée à l'enthousiasme moral dans l'ensemble même de cette philosophie, qui en constituait la vie, si l'on peut dire ainsi, a dû rendre aussi l'influence pratique qu'elle a exercée, aussi mobile que l'est de sa nature le principe qui l'animait. Cet enthousiasme, renfermé dans de justes limites, a dû seconder le génie de l'invention; en se refroidissant, en s'éteignant, il a dû laisser sans force et sans appui une doctrine que son auteur avait trop négligé d'asseoir sur une logique rigoureuse; abandonné à lui-même, il a dû franchir toutes les bornes, s'égarer dans d'oiseuses spéculations, dans des rêveries mystiques. La philosophie de Platon a dû subir ainsi toutes les vicissitudes que les temps, les mœurs, les dispositions particulières font éprouver à cette énergie spontanée de l'âme et de l'imagination. De plus, la philosophie de Platon, à raison de ce caractère vague et indéfini qui lui est propre, s'est prêtée plus que toute autre au syncrétisme, et a reçu sans résistance dans son sein les mélanges les plus contraires; elle manquait de ces formes fixes et déterminées, de ces limites positives, qui seules eussent pu la préserver des altérations.

Nous n'avons aucun des nombreux écrits que Diogène Laërce attribue à Speusippe; cet historien nous atteste seulement qu'il conserva les maximes de Platon; puis il ajoute, d'après les commentaires de Diodore, que le premier il découvrit le lien commun des diverses sciences, et les coordonna entre elles, autant qu'il lui fut possible (1). Speusippe admit deux critériums de la vérité, suivant Sextus l'Empirique (2); qui correspondent, l'un aux choses sensibles, l'autre à celles qui sont du domaine de la science. « Celles-ci sont jugées par la raison seule, celles-là par les sens que l'art a formés; car, l'art peut, en réglant les sens, les introduire à la vérité et les mettre en rapport avec la raison; » c'est ce qu'il explique par l'exemple de l'éducation que reçoit la main du musicien pour l'exercer à toucher un instrument.

Déjà on avait remarqué que le langage de Speusippe se rapprochait de celui de Pythagore,

---

(1) IV, § 3 et 7.
(2) *Adv. math.*, VII, 145, 146.

et cette remarque devint plus sensible encore dans Xénocrate. Ce dernier reproduisit la *monade*, la *dyade*, et la terminologie empruntée au système des nombres. Aux deux critériums de Speusippe, il en ajouta un troisième qu'il appela *composé* ou *opinable*. Les sens jugent ce qui est au-dessous du ciel; la raison, ce qui est au-delà du ciel, ou *l'essence*; le troisième arbitre prononce sur le ciel lui-même; les jugemens du second ordre ont seuls la vérité et la certitude entière; ceux du premier sont vrais encore, mais non au même degré; les troisièmes composent l'opinion, sont mélangés de vrai et de faux (1).

Polémon, Cratès, Crantor, qui, avec les deux précédens, sont rangés dans la première Académie, confirmèrent leurs leçons par une vie qui leur mérita la vénération de leurs contemporains. Les deux premiers, étroitement unis pendant leur vie, furent ensevelis dans le même tombeau; et, dans l'inscription qu'Antagoras avait composée, il les appelle « des hommes célèbres par leur amitié, dont la voix divine faisait entendre des discours sacrés, et dont la vie

---

(1) Sextus l'Emp., *ibid.*, 148, 149.

pure et sage était l'ornement de leur siècle. » Polémon s'élevait contre les abus de la dialectique ; il recommandait d'abandonner cet art frivole qui ne s'exerce que sur des questions minutieuses, pour s'attacher à la réalité des choses (1).

Nous devons attendre, pour arriver à la seconde et à la troisième Académies, que nous ayons exposé les systèmes d'Aristote, d'Épicure, de Pyrrhon et de Zénon, qui se placent sous divers points de vue en regard de la doctrine instituée par Platon, qui sont nécessaires pour expliquer le caractère des nouvelles Académies, et les causes qui la firent dériver de la route suivie par la première.

---

(1) Diogène Laërce, liv. IV, § 38, 45, 48.

NOTES

DU ONZIÈME CHAPITRE.

(A) On est surpris de voir, non-seulement que tant de gens parlent de Platon et de sa philosophie, sans avoir abordé le problème difficile de sa doctrine secrète, sans avoir remarqué que cette solution est indispensable pour connaître ses vraies opinions, mais, que la plupart des historiens eux-mêmes de la philosophie ne se sont point occupés de cette solution, et nous ont exposé la philosophie de Platon d'après ses seuls écrits, oubliant qu'il avait annoncé lui-même, n'avait rien écrit sur ses vrais sentimens. Il faut cependant excepter le professeur Tennemann, qui, soit dans son système de la philosophie Platonicienne, soit dans son histoire de la philosophie (tome II, pag. 200 et 222), a compris toute l'importance de cette question et a mis tous ses soins à l'éclairer; il arrive au même résultat que nous présentons ici, mais par une voie différente de celle que nous avons suivie ; et la conformité des conclusions obtenues par lui avec celles auxquelles nous nous trouvons conduits, prête une nouvelle force à la solution que nous cherchons à déduire de la corrélation que devaient avoir entre elles la doctrine publique et la doctrine secrète de Platon, corrélation que ce savant admet sans prétendre la démontrer. Il se fonde essentiellement sur le dialogue du *Phædre*, sur quelques passages d'Aristote, et sur deux passages de Platon même, que nous avons indiqués ; dans l'un, tiré du premier Alcibiade, après avoir élevé la question : *qu'est-ce que l'homme?* et y avoir répondu que l'âme constitue proprement l'homme, Platon ajoute : « Cette vérité ne peut être parfaitement saisie » qu'en la considérant dans son exemplaire, dans sa » source, dans l'essence divine elle-même : » puis il ajoute que « ce n'est pas le moment de s'élever à cette » recherche. » Dans l'autre, tiré du quatrième livre de la République, Platon examine si la justice politique est de même nature que la justice individuelle et privée, et à cette occasion il demande s'il y a dans l'âme trois ordres de facultés, comme il y a trois pouvoirs dans l'État ; puis il ajoute : « Nous ne le comprendrons » jamais par des discours tels que ceux dont nous » usons dans cette discussion ; il y a une autre » voie qui y conduit, voie plus longue et plus diffi- » cile, etc. » On remarque un parfait accord entre ces deux passages et ceux que nous citons ici et plus loin, page 248 ; il convient de lire, surtout en entier, le texte du 1ᵉʳ passage. L'abbé Sallier, dans son intéressant mémoire sur l'usage que Platon a fait des fables, fait observer que Platon, dans ses dialogues, n'approfondit jamais les plus hautes questions de la métaphysique ; cette observation n'eût-elle pas dû le conduire à supposer qu'elles appartenaient à la doctrine secrète de ce philosophe, surtout s'il eût remarqué que parmi des questions qu'il indique, se trouvent précisément celles qu'Aristote assure avoir été traitées par lui dans son enseignement *ésotérique*?

On comprend que nous avons évité à dessein de tirer aucune induction de la doctrine des nouveaux Platoniciens; ce serait, d'après nos idées, supposer la question. Il faudrait, en effet, avoir déterminé avant tout ce que le nouveau Platonisme peut avoir de commun avec la doctrine secrète de Platon lui-même. Les modernes, qui n'avaient sous les yeux que les écrits de Platon, ont été généralement portés à considérer les nouveaux Platoniciens comme s'étant fort éloignés de l'enseignement du fondateur de l'Académie; et l'on ne peut contester qu'ils y ont du moins ajouté beaucoup d'emprunts faits au système de Pythagore et aux traditions mystiques de l'Asie. C'est seulement après avoir bien reconnu ce qui constitue essentiellement la doctrine *ésotérique* de Platon, qu'on peut établir le lien de consanguinité qui lui rattache l'école d'Alexandrie. La méthode que nous proposons ici pourra répandre un nouveau jour sur cette matière.

(B) Garve, dans sa dissertation intitulée *Legendorum philosophorum veterum præcepta nonnulla et exempla*, a fort bien montré comment il faut entendre cette corrélation, et qu'il ne faut pas prendre à la lettre les expressions de Platon qui semblent supposer une sorte de terme moyen réel entre l'objet perçu et le sujet qui perçoit : il a expliqué avec la même sagacité les idées de Platon sur le caractère relatif des perceptions sensibles, toujours susceptibles d'augmentation, de diminution, et auxquelles on ne peut accorder l'attribut de grandeur, de petitesse, ou autres semblables, que par le résultat d'une comparaison, et le caractère de cet absolu, immuable, qui est ce qu'il est par lui-même, et duquel on peut toujours affirmer et nier la même chose. (Mélanges de Fülleborn, tome III, 3e cahier, pages 157 et suiv.)

(C) Voir les vers 100 et 117 des Oracles attribués à Zoroastre :

« De l'entendement du Père, s'élancent comme un
» trait ces *idées* qu'il a conçues dans ses desseins
» éternels, et qui sont la forme de toutes choses ;
» elles découlent d'une source unique ; car, dans le
» Père résident le dessein et la fin.......; elles se di-
» visent en d'autres intelligibles. Car, le Roi suprême
» s'est proposé un type intellectuel et incorruptible au
» monde varié, lui imprimant sa forme ; et le monde est
» apparu revêtu *d'idées* de tout genre émanées d'une
» même source... Les idées intelligibles, les *Junges*,
» conçues par le Père, conçoivent elles-mêmes, ani-
» mées par d'ineffables desseins, et intelligentes. »

Nicomaque (*In Arithmet.*) attribue à Pythagore la définition suivante des *idées* : « Les réalités vérita-
» blement existantes, qui sont toujours parfaites,
» semblables à elles-mêmes et suivant le même
» mode, et qui ne subissent pas un instant le plus léger
» changement. Elles sont pures de toute matière ;
» mais, le reste des choses y participe, en reçoit
» l'empreinte, et celles-ci sont appelées improprement
» existantes. »

(276)

(D) En exposant la doctrine des philosophes antérieurs à Platon, dont les écrits ne nous sont point parvenus, nous nous sommes attaché à réunir et à rapporter textuellement les paroles que les historiens ont mises dans leur bouche, et à discuter les passages de ces historiens qui expriment leurs opinions. Ici, ayant les écrits de Platon sous les yeux, nous nous sommes borné à en indiquer, à en rapprocher les textes les plus essentiels, et nous avons négligé d'y joindre les citations des historiens qui ne feraient que les confirmer.

On trouve cependant, dans Sextus l'Empirique en particulier, un grand nombre de passages relatifs à la théorie des *idées* de Platon ; et leur conformité avec les lumières que nous tirons des écrits de Platon lui-même prouve la confiance que mérite l'exactitude de cet historien, dans les témoignages qui ne peuvent subir l'épreuve des mêmes comparaisons : *Pyrrhon. Hypot.*, III, § 189. — *Adv. math.* I, § 28; 301. — IV, § 10 à 14. — VII, § 93, 143, 144. — VIII, § 6, 7, 56 à 62. — IX, 364, etc. etc.

(E) La fin du Philèbe mérite aussi de fixer l'attention ; on y reconnaît d'une manière sensible ce caractère propre aux dialogues de Platon d'être tous une introduction à un second ordre de vérités qu'il laisse seulement entrevoir ; on y reconnaît aussi la nature toujours constante qu'il assigne à cet ordre supérieur de vérités en se bornant à l'indiquer.

« Il me paraît que ce discours est désormais achevé.

» Nous voilà maintenant parvenus aux vestibule, à
» l'entrée du bien suprême.....

» Ce premier bien est la mesure, la convenance,
» et renferme toutes les autres qualités semblables
» qu'on doit considérer comme le partage de la nature
» éternelle....»

Dans le Philèbe, Platon élève une sorte de pyramide ; la base, ou le premier rang, comprend la volupté ; le second, les sciences, les arts, et ce que Platon appelle *les opinions droites* ; le troisième, l'intelligence et la sagesse ; le quatrième, la proportion, la beauté, la perfection ; le cinquième, la nature divine ; à peine a-t-il atteint cette sommité qu'il s'arrête. « *Socrate* : Vous me laisserez donc partir ? — *Pro-*
» *tasque* : Il y a encore une chose à éclaircir, Socrate ;
» aussi-bien vous ne partirez pas avant nous, je vous
» rappellerai ce qui reste à dire. » C'est ainsi qu'il termine ; c'est là qu'il laisse le lecteur ; le reste de l'entretien ne nous est pas communiqué.

Nous pourrions faire des remarques semblables sur plusieurs autres dialogues.

(F) Nouvel exemple du soin qu'il faut apporter à n'entendre les philosophes anciens que dans la langue qu'ils s'étaient donnée. L'*infini*, suivant Platon, exprime ce qui est susceptible d'augmentation et de diminution ; il suit en cela le langage de l'école pythagoricienne ; le *fini* est l'absolu ; le mélange du *fini* et de l'*infini* est l'application de la forme à la matière.

Platon n'avait point établi avec netteté l'abstraction

qui sépare la substance de ses qualités ; il la concevait réunie avec ses attributs essentiels.

(G) On pourrait composer une bibliothèque des auteurs qui ont écrit sur Platon. Patricius a compté, parmi les anciens seulement, soixante-cinq commentateurs de ce philosophe, avant Annonius Saccas, vers l'an 220. Bornons-nous à indiquer ici ceux qui peuvent être consultés avec le plus de fruit.

Parmi les anciens : Apulée, *De dogmat. Platonis* ; Alcinoüs, *De doctrinâ Platonis* ; Diogène Laërce, Olympiodore, Hésychius.

Parmi les modernes : Guarini de Vérone, *Vita Platonis* ; Marsile Ficin, *idem* ; Mélanchton, *Oratio de vitâ Platonis* ; Bosch, *idem* ; l'abbé Fleury, *Discours sur Platon*, dans son traité sur le choix et la méthode des études ; Dacier, *Vie de Platon, avec l'exposition des principaux dogmes de sa philosophie*, en tête de sa traduction de quelques dialogues. Sam. Parker : *A free und impartial censure of Platonic philosophy*, Lond., 1666, in-4°. — Bernardi, 2ᵉ tome de son *Seminarium totius philosophiæ*, Venise, 1599, in-folio. — Coclenius, *Idea philosophiæ Platonicæ*, Marbourg, 1612. — Fr. Patricius, *Plato mysticus et exotericus*, Venise, 1591, in-folio. — Kenke, *Dissert. de philosoph. mysticâ Platonis*, imprimis, Helmstatd, 1776. — Weigenmeier, *Dissert. de philosophiâ Platonis*, Tubingen, 1623, in-4°. — Les abbés Fraguier, Garnier, Sallier et Arnaud, dans les Mémoires de l'académie des inscriptions et belles lettres ; Tennemann, *Système de la philosophie platonicienne*,

en allemand), Leipsick, 1792, 1795, 4 vol. in-8°.
— *Remarks on the life and Writings of Plato*, etc.,
Lond., 1760, 1780, etc.

Sur la théorie des *idées*, en particulier : Scipion Agnelli, Venise, 1615, in-folio. — Jacques Thomasius, 13° lettre. — Sibeth, Rostock, 1720, in-4°. — Schulz, Wittemberg, 1785, in-4°. — Faehse, Leipsick, 1795, in-4°. — Plessing dans Cæsar, 3° vol., 1786, in-8°. — Schants, Lond., 1795. — Bartstedt, Erlangen, 1761, in-12.

M. Cousin nous fait espérer une traduction complète des œuvres de Platon en français, précédée d'une dissertation sur sa philosophie. Nous désirons vivement que la santé de ce jeune et estimable professeur lui permette de nous faire bientôt jouir d'un travail auquel ses connaissances et ses talens ne pourront donner qu'un grand prix, et nous partageons ce désir avec tous les amis des lettres et de la philosophie.

CHAPITRE XII.

Aristote.

SOMMAIRE.

Comment Platon a préparé Aristote. — Autres circonstances favorables à ce dernier ; — Causes qui ont concouru à la direction qu'il a suivie. — Parallèle de Platon et d'Aristote.

Des écrits d'Aristote. — Distinction entre les écrits *exotériques* et les écrits *acroamatiques* ; diversité d'opinion à ce sujet ; solution proposée. — Ordre que nous avons adopté pour l'exposition de sa doctrine.

Premier ordre de considérations. Points principaux sur lesquels Aristote s'est séparé de Platon. — Aristote rejette et combat la théorie des *idées*. — Il y substitue, il y oppose la maxime qui fait dériver de l'expérience toutes les connaissances humaines. — Cependant, loin de suivre fidèlement les conséquences de cette maxime, il se rapproche souvent de Platon dans les notions fondamentales de la philosophie.

Théorie générale de la connaissance, d'après Aristote. — Deux modes de connaissances ; deux sortes de principes. — Notions universelles et particulières ; — Vérités nécessaires et contingentes ; — Essences et accidens ; — Sciences et opinions. — Méthode à *priori* et à *posteriori*. — Problèmes posés sur la certitude des connaisssances ; comment il tente de les résoudre. — De la nécessité ; ses différentes espèces.

Des causes ; Aristote rapporte à leur investigation tous les fondemens de la science; — diverses espèces de causes.; — Rapports de la cause à l'effet.

Réflexions sur la théorie de la connaissance. — Aristote a tenté de réconcilier la spéculation avec l'expérience; mais il n'y a qu'imparfaitement réussi.

Second ordre de considérations : Aristote auteur de la division des sciences. — Principes sur lesquels il a fondé leur classification. — Comment il a traité chacune de ces branches.

Première division : sciences théorétiques; première sous-division : sciences expérimentales. — Histoire naturelle; conquêtes qu'elle doit à Aristote.

Psychologie; son importance et sa dignité. — Nature de l'âme. — Ses facultés; — Théorie des sensations; — Sens commun, ou réaction de l'âme sur les sensations. — Distinction entre la faculté de sentir et celle de penser. — Imagination; — Mémoire; — Entendement passif et actif; — Raison. — Rapports de la psychologie à la métaphysique.

Seconde sous-division : sciences purement rationnelles. — [Métaphysique. — Trois branches de la métaphysique d'Aristote : — 1° Recherche des premiers principes. — Aristote compare et discute les systèmes de ses prédécesseurs. — Diverses espèces de principes et de causes; leur valeur, leur emploi; — Du vrai et du faux; — Réalité.

2° Ontologie. — Nature de cette science. — Distinctions générales sur lesquelles elle se fonde; — *Matière* et *forme*. — Rapports des *formes* d'Aristote aux *idées* de Platon. — De l'*être*; équivoques sur cette notion.

3° Théologie. — Démonstration de l'existence de Dieu; — Et de ses attributs.

Troisième sous-division : sciences mixtes ou subordonnées. — Physique générale. Sous quel point de vue Aristote a considéré cette science. — Méprises qu'il lui a fait connaître. — En quoi il a perfectionné cette étude. — Notions principales dont il l'a fait dériver; leur imperfection.

Seconde division : sciences pratiques. — Leurs sous-divisions. — Rapports de la morale, de la politique et de l'éconnomique. — Principes communs de l'éthique et de la politique. — L'homme considéré comme un agent libre et raisonnable. — Nécessité d'un but unique et suprême; — Du souverain bien; — Du droit.

Ethique. — Fondement de la morale. — Tendance à la perfection. — La vertu consiste dans la modération. — Politique d'Aristote.

Troisième et dernier ordre de considérations : Aristote considéré comme le créateur des méthodes. — L'esprit humain considéré comme instrument; les paroles, comme instrument de l'esprit. — Classification des arts qui s'y rapportent.

Organon. — Logique et grammaire générale; — Leur connexion. — Classification des idées; — *Catégories.* — Association logique des idées; — Liens qui la constituent. — Jugement; — Raisonnement.

Plan et système de la logique d'Aristote. — Règles du syllogisme. — Première observation; en quoi cette logique est-elle applicable aux vérités positives? — Seconde observation : quelle certitude prête-t-elle aux connaissances? — Troisième observation : quels secours fournit-elle à l'invention? — Quatrième observation : en quoi concourt-elle à la direction des facultés intellectuelles?

Influence exercée par Aristote. — En quoi elle diffère de celle qu'a obtenue Platon. — En quoi elle a été funeste et utile. — Longue rivalité des deux écoles; — En quoi les deux doctrines ont pu se prêter à une conciliation.

Premiers péripatéticiens. — Obscurité et stérilité du premier âge du Lycée. — Théophraste, Eudème, Dicéarque, Aristoxène, Straton.

Lorsque l'esprit humain, s'abandonnant aux inspirations de l'enthousiasme, s'est ouvert, dans des régions jusqu'alors inconnues, une carrière nouvelle; lorsque des penseurs, entraînés par des spéculations hardies, ont remué jusque dans ses fondemens le système des connaissances, pour élever de hardies et brillantes théories, il arrive naturellement qu'une réflexion plus calme succède à ce premier élan; qu'on profite des lumières elles-mêmes que cette révolution a produites, pour en examiner, en régulariser, ou en critiquer les résultats; que des travaux plus méthodiques promettent un autre genre de succès et de gloire à ceux qui, désormais en possession de ce riche héritage, peuvent y joindre un génie d'observation, une disposition de réserve et de prudence, un besoin de coordination, dont les premiers créateurs n'avaient pu recevoir ou écouter les conseils; et, plus il y aura eu de grandeur dans cet essor tenté sur les sommités de l'invention, plus aussi il y aura de profondeur et de solidité dans la réformation qui doit le suivre, surtout si ce-

celle-ci est exécutée par un homme capable de profiter de tous les avantages de sa position, et qui ait reçu, à son tour, de la nature, une égale persévérance, une part égale, quoique diverse, de talens et de forces.

Chacun de nous, après avoir lu Platon, éprouve le besoin de le relire encore, et après l'avoir relu, se trouve involontairement engagé dans une sphère presque indéfinie de méditations; il aspire à se créer aussi une philosophie qui ne sera point précisément celle de ce grand maître, mais dont celle de Platon lui aura cependant suggéré les élémens, et se flatte presque de pouvoir y réussir. Que ne devait donc pas éprouver celui qui, pendant vingt années consécutives, avait suivi les leçons du fondateur de l'Académie, qui en avait recueilli tous les commentaires, qui avait entendu de sa propre bouche tant d'admirables discours, qui avait été initié à la confidence entière de cet enseignement secret que nous sommes aujourd'hui réduits à soupçonner par de simples conjectures? Que ne pouvait-on pas attendre d'un tel successeur, d'un tel disciple, lorsque ce disciple était un Aristote, lorsque, rempli d'une ardeur insatiable pour la science, il était doué lui-même d'assez rares facultés intellectuelles pour être en mesure, non-seulement de comprendre et de suivre un tel guide, mais de le juger, et, à quelques égards, de le surpasser encore!

On comprend assez quel défaut de sympathie mutuelle empêcha Aristote d'obtenir la faveur de Platon et d'être désigné par lui pour son successeur dans l'Académie; on aperçoit assez pourquoi Aristote a été peu empressé de déclarer à la postérité, de s'avouer peut-être à lui-même toute l'étendue des obligations qu'il avait contractées envers celui dont il s'institua le rival et même le juge. Il cite souvent son prédécesseur, mais pour en relever les erreurs, plutôt que pour reconnaître les vues qu'il lui a empruntées; s'il n'en parle pas avec amertume, du moins son langage n'est pas celui de la reconnaissance; toutefois les travaux d'Aristote, lors même qu'il combat Platon et cherche à le rectifier, suffisent pour attester quel avantage immense il recueillit d'une telle éducation, et tout ce qu'il puisa à une telle école d'instructions et d'exemples.

Dans l'histoire de l'esprit humain, comme dans celle des événemens politiques, comme dans le sytême des lois de l'univers, l'enchaînement des effets et des causes ne se produit pas seulement par les analogies, mais aussi par les contrastes.

Diverses circonstances procurèrent d'ailleurs à Aristote d'autres avantages qui avaient manqué à son prédécesseur, indépendamment de celui qu'on trouve toujours à succéder. Il avait reçu les leçons d'un père médecin de profession, qui, dès son enfance, avait dirigé ses regards sur les phénomènes de la nature. Les livres alors étaient fort rares, le prix en était exorbitant; l'acquisition d'une bibliothèque était au-dessus des facultés d'un simple particulier; Aristote eut à sa disposition les trésors d'un roi pour former le recueil de manuscrits le plus complet qui eût jamais existé; l'expédition d'Alexandre vint ouvrir une source toute nouvelle de lumières sur la géographie, l'histoire et les diverses branches des sciences positives, et Aristote fut placé de manière à y puiser abondamment; il reçut de ce conquérant, son ancien disciple, d'immenses collections qui furent pour lui-même autant de magnifiques conquêtes dans les trois règnes de la nature, et le soin qu'il dut apporter à les reconnaître, à les mettre en ordre, suffisait pour lui composer une étude jusqu'alors presque inconnue.

Aristote fut certainement le plus savant de

tous les philosophes de l'antiquité; mais, loin que son génie fût accablé sous le poids de la plus vaste érudition, il sembla y puiser une nouvelle originalité et une nouvelle énergie. Après avoir rassemblé avec tant de fatigues tout ce qui a été pensé avant lui, il ne s'asservit point aux exemples, il s'éclaire par eux, il compare, il doute, il choisit, il prononce, il crée à son tour, bien plus qu'on n'avait créé avant lui. Il traîne en triomphateur cette longue suite de philosophes autour du char éclatant où il fait siéger et dominer avec lui une science toute nouvelle. Pendant que son illustre élève parcourt et soumet l'Asie, Aristote, conquérant de la science, fonde un empire plus juste et plus durable; il ajoute pour jamais d'immenses domaines à l'héritage de l'esprit humain.

Remarquons aussi, en passant, quelques circonstances qui, si elles n'ont pas été utiles à Aristote, ont du moins certainement exercé, sur la direction qu'il a suivie, une influence qui ne nous paraît point avoir été remarquée. La nature avait refusé au Stagyrite une partie des conditions nécessaires pour prétendre aux succès brillans des orateurs. Il dut chercher un autre genre de succès en donnant à la science des formes plus rigides et plus austères : Aristote passa une grande partie de sa vie à la cour des princes, dans des pays où la volonté d'un seul était la loi suprême, où l'ordre n'était fondé que sur l'obéissance. Athènes elle-même, à l'époque où Aristote érigea le lycée, subissait le joug des lois de Macédoine; les beaux jours de la liberté s'étaient évanouis comme un songe, et les cœurs découragés ne s'enflammaient plus au saint nom de la patrie. Aristote avait donné huit ans ses soins au fils de Philippe; or, l'éducation d'un élève demande une autre manière de procéder que des leçons faites en public; la première exige un exercice de l'autorité; l'instituteur ne se borne point à exposer les principes des sciences; il doit faire agir son élève, le réprimer quelquefois; il ne se borne point à lui transmettre des idées, il lui impose des préceptes. Aussi, dans tous les écrits d'Aristote, on croit reconnaître le pédagogue. D'ailleurs, rien en lui, comme hors de lui, n'a exalté son âme; la grande expérience qu'il a acquise des choses humaines le porte à rechercher de préférence les résultats positifs, les applications utiles; il s'attachera donc à créer un vaste arsenal d'instrumens de tout genre pour le service de l'esprit humain; il sera l'Archimède de la philosophie.

Il existe à quelques égards, entre Platon et Aristote, un rapport semblable à celui que l'on remarque entre les créateurs des modèles dans les arts, et les écrivains ou les critiques qui ont établi ensuite la théorie raisonnée de ces mêmes arts, qui les ont soumis à des règles. L'étendue qui appartient aux spéculations de Platon provient de l'élévation du point de vue dans lequel il s'était placé : aussi, laisse-t-il souvent un vague indéfini répandu sur les objets qu'il embrasse ; les confins du territoire qu'il parcourt d'un regard, se confondent dans l'horizon. L'étendue qui est propre aux recherches d'Aristote, provient de la patience et de la variété de ses investigations ; il parcourt successivement les diverses parties de la région qu'il s'est appropriée ; il visite chaque lieu, remarque chaque objet, détermine avec soin les contours et les limites. Platon conçoit, médite et contemple ; Aristote agit, observe et dispose. Platon, en créant, semble tout tirer de lui-même et de son propre fonds, jusqu'à la matière qu'il emploie ; Aristote, en créant aussi, s'approprie et coordonne les élémens qu'il a rassemblés, et leur imprime la forme. En présence de Platon, on croit s'approcher de la source même de la vie intellectuelle ; il donne l'être aux objets de la pensée : à la présence d'Aristote, on voit apparaître le flambeau qui éclaire les objets disséminés autour de nous. Platon fait descendre la science d'une région supérieure, mystérieuse; Aristote la fait naître et jaillir du sein de la nature elle-même. L'empire du premier est l'idéal; celui du second, la réalité. Le premier est le roi de la spéculation; le second exerce le magistère des arts. Le premier dédaigne, comme incertaines, toutes les instructions que fournit l'expérience des choses extérieures; le second bannit, comme téméraires, toutes les hypothèses rationnelles qui ne se rattachent pas à une expérience positive. Platon, loin de nous imposer les idées qui lui appartiennent, nous les laisse à peine entrevoir; il prépare, il conduit notre raison à les obtenir sur ses traces, nous livre à nous-mêmes pour achever son ouvrage, et même en nous instruisant, ajoute encore à notre indépendance. Aristote ne se contente pas de nous exposer les idées qu'il s'est faites; il nous les prescrit, il nous y enchaîne par ses formules, comme par autant de liens; il trace autour de nous le cadre dans lequel nous devons être renfermés; il marque en quelque sorte les pas que nous devons faire. Platon n'a qu'une seule méthode, et cette méthode est cachée; il la met en action, et ne la décrit jamais; il place ses interlocuteurs sur la scène, mais se dérobe lui-même à nos regards. La méthode d'Aristote est toute en évidence, elle est écrite en préceptes exprès; ou plutôt Aristote a mille procédés; sa philosophie est un code complet, qui prévoit tout, qui régularise tout, qui descend aux moindres détails; il se montre à découvert, se montre seul, parle toujours en son propre nom et avec le ton de l'autorité. Auprès de Platon, on croit jouir du commerce d'un ami, d'un ami sublime, qui nous encourage, nous anime, nous inspire, nous rend plus grands à nos propres yeux; on aimerait même à s'égarer avec lui. Auprès d'Aristote, on se sent sous la direction d'un instituteur fait pour être l'instituteur du genre humain, mais d'un instituteur rigide, qui mesure nos mouvemens, dicte la vérité, prescrit même le langage dans lequel elle doit être exprimée; pour prix de cette docilité, il donne l'espèce de sécurité et de repos qui naît de l'observation de l'ordre établi. Platon n'a qu'un but, celui de remonter à la contemplation de la nature des choses, pour en déduire les vues qui doivent diriger dans l'application; Aristote propose un but spécial dans chaque étude, l'objet de cette étude même; il fonde les classifications et les nomenclatures. Platon est constamment exalté; il pense avec son âme tout entière; il émeut alors même qu'il paraît plus calme. Aristote est constamment didactique; la raison la plus austère préside seule à ses leçons; il ne s'adresse qu'à l'esprit; il nous met en garde contre toute espèce d'enthousiasme; aucune chaleur n'émane des rayons dont il nous éclaire. Platon semble être le pontife de la philosophie, Aristote en être le magistrat; Platon est le père des théories, Aristote est le fondateur des disciplines (A).

Quel siècle, quel pays, que ceux qui ont vu se succéder immédiatement trois hommes tels que Socrate, Platon, Aristote!

Aristote expie durement aujourd'hui l'espèce de tyrannie qu'il a long-temps exercée sur nos écoles. Long-temps il n'était pas permis de penser autrement que d'après lui; aujourd'hui à peine a-t-il quelques lecteurs; les écrits qui renferment l'essence de sa philosophie n'ont pas même été traduits dans notre langue, et comme il fut très-mal compris de ces scolastiques eux-mêmes qui s'étaient asservis à ce qu'ils croyaient être sa doctrine, il se pourrait fort bien que cette doctrine fidèlement exposée parût, de nos jours, une chose toute nouvelle. Car, en général, la philosophie d'Aristote s'éloigne beaucoup moins, dans quelques-unes de ses branches, de celle qui a cours dans ce siècle et en France, qu'on ne serait disposé à le croire. Mais, il faut avouer qu'un semblable travail n'est pas facile; le texte de ses ouvrages a subi beaucoup d'altérations; l'ordre des idées y a surtout éprouvé d'évidens et nombreux dérangemens; son langage est souvent obscur; il a enrichi la langue philosophique d'une foule d'expressions nouvelles; il y avait été contraint par la nouveauté des recherches qu'il avait entreprises, des notions qu'il avait produites, des formules qu'il avait instituées; *imponenda*, dit Cicéron (1), *nova novis rebus nomina*; il faut donc beaucoup de soins pour parvenir à déterminer le véritable sens qu'il convient d'attacher à ces expressions, et souvent l'on est forcé de reconnaître qu'Aristote lui-même leur a donné, en diverses occasions, des acceptions différentes (B).

Il est constant, par le témoignage d'Aulugelle, de Cicéron, de Strabon, et des plus anciens

---

(1) *De Finib.* B. et M. III, I.

commentateurs d'Aristote, que ce philosophe ayait aussi un double enseignement : « Le » matin, dit Aulugelle, il s'entourait, au Lycée, » d'un petit nombre d'élèves choisis, et leur » communiquait une doctrine qui leur était » spécialement réservée; le soir, il enseignait » publiquement; les jeunes gens, le vulgaire, » étaient admis à l'entendre (1). » La même distinction s'introduisit dans ses écrits, qui doivent, en conséquence, être répartis en deux classes, l'une *exotérique*, l'autre à laquelle les anciens donnent le nom d'*Acroamatique*. Cette distinction a beaucoup exercé les commentateurs et les érudits; différens systèmes ont été présentés sur la manière de l'appliquer aux ouvrages qui nous restent du Stagyrite. Les uns ont cherché le principe de cette distinction dans la matière même que les ouvrages embrassent, rangeant dans le genre *acroamatique* ceux qui traitent des sujets les plus relevés, ou bien y comprenant les dissertations doctrinales, et renvoyant à la classe *exotérique* les traités didactiques et pratiques; les autres ont cherché ce principe dans la méthode adoptée pour l'ex-

---

(1) Aulu-gelle, *Noctiatti*, XX, 5.

position des sujets ; d'autres, enfin, ont cru l'apercevoir seulement dans le style même de l'auteur, plus clair et plus développé lorsqu'il veut se mettre à la portée de tous, plus concis et plus obscur, lorsqu'il s'adresse seulement à des esprits exercés. Mais, cette question nous paraît avoir, relativement à l'histoire philosophique, un intérêt beaucoup moins important qu'on ne serait tenté de le supposer au premier abord. Car, puisqu'il est reconnu que nous possédons à la fois des ouvrages qui appartiennent à l'un et à l'autre genre, nous n'avons pas du moins à craindre qu'il y ait, indépendamment de l'Aristote qui nous est connu, un autre Aristote énigmatique et voilé qui nous échappe; prenant ses écrits dans leur ensemble, nous n'avons plus de mystères. De plus, si nous comparons en effet les ouvrages qui nous restent, nous pouvons nous assurer que nonseulement Aristote était fort éloigné d'admettre aucune de ces doctrines mystiques que plusieurs sectes anciennes, et les Platoniciens en particulier, crurent devoir couvrir d'un secret en quelque sorte religieux; mais, qu'il ne s'agissait même pas, dans cette distinction, d'introduire et d'observer un secret, qu'il ne s'agissait pas de mettre en réserve un enseignement

auquel le commun des hommes ne *dût* pas être admis, qu'il était question seulement de classer les connaissances suivant la capacité et le degré d'instruction des auditeurs, en sorte que le maître enseignait seulement au vulgaire ce que celui-ci *pouvait* saisir. C'est la même distinction que nous observons nous-mêmes tous les jours, entre l'enseignement élémentaire, et la partie la plus relevée des sciences humaines, distinction naturelle, accommodée aux besoins et aux facultés des élèves. Nous trouverions, au besoin, la confirmation de cette remarque, dans le passage déjà cité d'Aulugelle, et dans Aristote lui-même qui distingue fréquemment les deux points de vue sous lesquels les objets peuvent être considérés, et exposés, « l'un, suivant le
» mode vulgaire, d'après l'opinion commune,
» en dérivant et peignant les choses; l'autre,
» suivant le mode qui appartient aux philoso-
» phes, d'après les principes tirés de la nature
» même des choses, en remontant aux causes,
» en suivant une marche scientifique (1). »

Du reste on ne devrait pas s'étonner que des motifs de prudence eussent concouru à faire adopter cette séparation par Aristote;

---

(1) *Métaph.*, II, 1; V, 1. — *Topic.*, I, 14, § 7; etc.

lorsqu'on considère qu'il fut obligé de quitter Athènes pour échapper à une accusation du même genre que celle qui avait été dirigée contre Socrate.

Il est plus difficile, au milieu de l'immense variété des sujets qu'Aristote a traités, de démêler et de suivre la marche qu'il s'était imposée à lui-même, l'ordre et l'enchaînement auquel il voulut les soumettre, et la manière dont il s'est trouvé conduit à former un ensemble de tant de travaux divers. On n'est pas entièrement d'accord sur la distribution de ses ouvrages d'après la date à laquelle ils furent composés, et cette donnée, d'ailleurs, ne suffirait pas pour nous éclairer. Il est même douteux qu'il ait en effet conçu pour tout cet ensemble un plan systématique, et que les circonstances n'aient pas contribué à appeler tour à tour son attention sur différentes matières, indépendamment de la connexion qu'elles avaient entre elles. Les livres des *Cathégories*, de *l'Interprétation*, des *deux Analytiques*, des *Topiques*, des *Argumens sophistiques*, sont les seuls qui forment manifestement un corps; aussi les interprètes les ont-ils ordinairement rangés sous le titre commun d'*Organon*, pour indiquer qu'ils se rapportent au grand instrument, à l'esprit humain. Différentes méthodes ont été adoptées, dans l'exposition et l'analyse de sa doctrine, par ceux qui lui ont prêté un tel plan, ou qui ont voulu du moins s'en former un d'après lui; on pense généralement que ses premières vues se dirigèrent sur les lois du raisonnement, et sur les méthodes qui doivent le régir, et que ses travaux se terminèrent par la psychologie, ou du moins par son livre sur *l'âme*; il aurait ainsi procédé d'une manière tout opposée à celle que conseillait Platon, lorsqu'il faisait consister dans l'étude des facultés humaines l'introduction naturelle à toute vraie philosophie.

Voici l'ordre que nous avons cru devoir adopter dans cette esquisse, beaucoup trop rapide sans doute, mais à laquelle le but que nous nous sommes prescrit ne nous permettait pas d'accorder plus d'étendue : nous rapporterons tous les travaux d'Aristote à trois points de vue principaux : nous examinerons d'abord comment Aristote s'est séparé de Platon, en quoi il l'a combattu ou rectifié, et c'est dans ce premier ordre de considérations que nous chercherons le point de départ pour toutes ses autres recherches; nous exposerons ensuite ses théories doctrinales sur les diverses branches des sciences humaines; nous terminerons en faisant connaître sommairement les préceptes qu'il a institués dans les arts qui servent d'instrumens à ces mêmes sciences.

Cet ordre nous paraît naturel, parce qu'il n'est pas douteux que les leçons de Platon n'aient été l'occasion principale qui a déterminé les travaux de son successeur, et parce que la matière à laquelle s'appliquent les procédés des arts précède l'emploi de ces procédés; cet ordre a l'avantage de mieux rattacher cette exposition sommaire au but que nous nous proposons, parce qu'il fait mieux ressortir l'action et l'influence des causes qui ont concouru à déterminer ce grand phénomène dans l'histoire de l'esprit humain; enfin, cet ordre a l'avantage de mettre en évidence les trois grands caractères qui, suivant nous, appartiennent à l'enseignement du fondateur du Lycée ; il montre en lui le fondateur de la philosophie de l'expérience, l'auteur de la division des sciences, et le créateur des méthodes.

Nous avons vu que toute la doctrine de Platon se réfère à la théorie des IDÉES, comme à son foyer et à son centre, et c'est aussi à attaquer de front, à renverser de fond en comble la théorie des IDÉES qu'Aristote dirige ses principales attaques, dans les critiques qu'il a faites de son prédécesseur; lorsqu'on a bien saisi ce point de vue, on en voit dériver, si nous ne nous trompons, l'origine de la philosophie nouvelle qu'Aristote institua; car, dès lors, celle du fondateur de l'Académie avait perdu tout cet ensemble systématique qui en formait l'harmonie; il fallait donc, non pas seulement corriger ou restaurer une portion quelconque de l'édifice, mais concevoir, si l'on peut dire ainsi, un autre ordre d'architecture pour le reconstruire. Plusieurs chapitres des livres *analytiques* (1), *physiques et métaphyques* sont consacrés à cette réfutation (2).

« Comment, si ces *idées* sont nées avec nous,
» n'en avons-nous point la conscience intime,
» demeurons-nous si long-temps privés de la
» lumière qu'elles doivent répandre sur la con-

---

(1) *Analytiques postérieurs*, liv. Ier, chap. 2, 19, édition de Duval. Ces chapitres sont le 8e et le 22e de l'édition de Deux-Ponts.

(2) *Métaphysic.*, liv. Ier, chap. 7. — Liv. VII, ch. 14 et 15. — Liv. X, chap. 10. — Liv. XI, chap. 4, 5, 11 et 12. — Liv. XIII, chap. 2. — Liv. XIV, chap. 3, édition de Duval.

» naissance des choses ? Comment posséde-
» rions-nous déjà l'idée d'un objet, avant
» même d'avoir aperçu ce même objet ? Ap-
» peler ces *idées* des *exemplaires*, faire dériver
» d'elles tout ce qui existe, c'est ne présenter
» que des métaphores poétiques. Quel est
» celui qui agit les yeux fixés sur ces prétendus
» modèles ? Une chose peut exister, peut être
» exécutée, sans être formée d'après leur image.
» Il y aura d'ailleurs plusieurs exemplaires pour
» le même objet, puisqu'il peut être rangé
» sous plusieurs genres. Les genres seront
» d'ailleurs non-seulement les exemplaires des
» choses sensibles, mais des genres eux-mêmes;
» ainsi la même *idée* sera tout à la fois et le
» modèle et l'image qui la reproduit. Il est im-
» possible de séparer le genre de l'individu;
» ils ne sont qu'un dans la réalité. Les *idées*
» n'ont donc aucune existence hors de l'objet.
» Il est un grand nombre de choses auxquelles
» on n'assigne pas d'*idées* comme leurs causes;
» telles sont une maison, un anneau; pour-
» quoi n'en serait-il pas de même du reste ?
» Les démonstrations sur lesquelles on pré-
» tend asseoir cette théorie n'ont aucun fon-
» dement solide; on ne saurait en faire aucun
» emploi utile; car elles ne servent en rien à

» expliquer l'enchaînement réel des causes et la
» génération des êtres; elles n'expliquent aucun
» phénomène de la nature. Platon s'est donc
» évidemment mépris ; ses *idées* ne sont autre
» chose qu'un produit des opérations de l'enten-
» dement, une abstraction qu'il obtient en sépa-
» rant des objets particuliers les rapports qui
» leur sont communs (1). » Tel est à peu près
le résumé des argumentations répétées qu'Aristote oppose à la théorie de Platon. Nous omettons à dessein celle dont il fait usage pour
montrer que les *idées* ne sont pas des *substances* ; car Platon ne leur avait pas donné ce
caractère. Aussi a-t-on accusé Aristote d'avoir
mal compris Platon, ou de l'avoir volontairement dénaturé. Il nous semble cependant qu'A-
ristote présente moins cette proposition comme
expressément avancée par son prédécesseur,
que comme une conséquence nécessaire de son
système. On ne peut s'empêcher de reconnaître que le Stagyrite n'a pas usé de tous ses avantages, qu'il eût pu combattre avec une logique
bien plus rigoureuse une hypothèse dont le
moindre défaut est de n'être fondée que sur

---

(1) *Ibid.* Voyez aussi le liv. *de l'âme*, chap. 1er.

une méprise manifeste dans la manière de concevoir les opérations de l'esprit humain (C).

Aristote devait donc chercher une autre source de la lumière, en rejetant celle que Platon avait fait en quelque sorte descendre des cieux.

« C'est à *l'expérience* qu'il appartient de
» fournir les principes propres à chaque science.
» C'est ainsi que l'astronomie repose sur l'ob-
» servation ; car, si on observe convenable-
» ment les phénomènes célestes, on pourra
» établir la démonstration des lois qui les ré-
» gissent. Il en sera de même des autres bran-
» ches des connaissances, si nous nous empa-
» rons des faits sur lesquels elles reposent. Si
» nous n'omettons rien de ce que l'observation
» peut nous offrir sur les faits réels, nous pour-
» rons trouver la démonstration de tout ce
» qui est susceptible d'être démontré, et mettre
» en évidence ce qui n'est pas sujet à démon-
» stration (1). Car les premiers principes ne sont
» pas démontrables. Toute doctrine accessible
» à la raison se constitue par la déduction qui
» en est tirée (2).

___

(1) *Analyt. Prior.*, liv. I, chap. 30.
(2) *Analyt. Post.*, liv. I, chap. 1, 2, 8.

« Il est manifeste que si la lumière des per-
» ceptions sensibles nous manque, la science
» nous manque avec elle. Car, nous obtenons
» toutes les connaissances par l'induction ou la
» démonstration. La démonstration dérive des
» notions universelles; l'induction, des percep-
» tions particulières; or, on ne peut s'élever à
» la contemplation des notions universelles que
» par l'induction. C'est l'induction qui nous con-
» duit à abstraire par l'entendement ce qui ne
» peut être séparé de la réalité; à séparer la
» *qualité* du *sujet*; le *sujet* quel qu'il soit est
» toujours *tel* ou *tel*. Il n'y a pas d'induction
» possible pour ceux qui sont privés des sens;
» les sens sont la perception des choses par-
» ticulières (1). »

Ces maximes reproduites et développées par Aristote dans plusieurs de ses écrits l'ont fait considérer comme l'auteur de la philosophie qui fonde sur l'expérience le système entier des connaissances humaines. Les nouvelles écoles de l'Allemagne l'ont en conséquence proclamé le chef de la famille de ces philosophes auxquels

---

(1) *Ibid.* chap. 18. En citant les écrits d'Aristote qui composent l'*Organon*, comme les *Analytiques*, nous nous référons toujours à l'édition de Deux-Ponts.

il.leur a convenu de donner le nom d'*Empiriques*.

Sans doute, le titre de fondateur de la philosophie de l'expérience est dû à Aristote, en ce qu'il a le premier mis en lumière l'un des principes sur lesquels elle repose, et cette circonstance donne la plus haute importance au rôle qu'il remplit dans l'histoire de l'esprit humain. Il y apparaît en présence de Platon, manifestant dans tout son éclat et toute son étendue le grand contraste qui, dès l'origine, se faisait sentir d'une manière plus ou moins confuse, qui, dans la suite des siècles, s'est perpétué avec plus ou moins d'énergie; le contraste qui a partagé, jusqu'à nos jours, en deux grandes classes, toutes les écoles philosophiques: c'est-à-dire, la lutte de l'expérience et de la spéculation, la rivalité des prétentions élevées par l'une et par l'autre pour dominer sur l'empire de la science. Cependant il ne faut point se borner à considérer la doctrine d'Aristote sous un seul aspect, il faut l'embrasser toute entière; on va voir qu'Aristote a été fort éloigné de donner à ces maximes fondamentales un caractère absolu; que, s'il s'est mis, sous plusieurs rapports, en opposition avec Platon, sous d'autres, il s'est rapproché de lui plus qu'on ne le suppose communément.

Continuons à employer uniquement et textuellement les propres expressions de ce philosophe, dans une exposition qui exige la fidélité la plus scrupuleuse.

Distinguons avant tout avec lui deux modes de connaissances, « l'un qui a pour objet les cho-
» ses mêmes, l'autre, seulement la significa-
» tion des termes; l'un appartient aux opéra-
» tions de l'entendement, l'autre au langage
» extérieur; ils se trouvent quelquefois réunis,
» quelquefois séparés (1). » Bornons-nous pour le moment au premier mode.

« Il y a une connaissance médiate et une
» connaissance immédiate. La première est
» celle que nous dérivons d'une connaissance
» antérieure, à l'aide de quelque moyen; la
» seconde est celle qui s'obtient par elle-même.
» Or, il n'y a point de série infinie dans les
» déductions et les moyens qu'elles em-
» ploient; il faut donc remonter aux premiers
» principes, à des principes qui se suffisent à
» eux-mêmes, qui portent en eux-mêmes
» leur propre lumière (2). »

« Les premiers principes sont indémontrables

---

(1) *Analyt. Post.* liv. I, ch. 1.
(2) *Ibid.*, *ibid.* ch. 1 et 2.

» par leur nature, et voilà pourquoi ceux qui
» ont voulu exiger, indéfiniment, une démon-
» stration pour chaque chose, ont été conduits à
» considérer toute science comme impossible,
» ne pouvant, en effet, lui donner de base (1).
» Il ne faut donc pas disputer sur les prin-
» cipes (2). »

« Or, il y a deux sortes de principes : les
» uns *absolus*, les autres *relatifs* ; les premiers
» sont dans la nature des choses, les seconds
» seulement dans l'ordre de nos connaissances.

« Les principes *relatifs*, ceux qui sont les
» premiers dans l'ordre de nos connaissances,
» sont ceux qui sont les plus voisins des sens.
» Les principes *absolus* sont ceux qui sont les
» plus éloignés des sens, les principes *univer-*
» *sels* ; c'est ce qu'on appelle des *axiomes*. Ils
» sont mutuellement opposés les uns aux autres.
» Mais, ne confondons point la *thèse* avec
» l'*axiome* ; la *thèse* n'est qu'une définition (3). »

A ce contraste fondamental correspondent trois
autres contrastes : celui de l'*universel* et du

---

(1) *Ibid.*, *ibid.* ch. 3.
(2) *Ibid.*, *ibid.* ch. 12.
(3) *Ibid.*, *ibid.* ch. 2.

particulier, celui du *nécessaire* et du *contingent*; celui de l'*essence* et des *accidens*.

« La connaissance absolue embrasse ce qui
» est *universel*, ce qui est *nécessaire*, l'*essence*
» propre des choses. La connaissance relative,
» ce qui est *particulier*, *contingent*, les *accidens* des choses. La première seule mérite le
» nom de *science*; la seconde ne peut recevoir
» que celui d'*opinion* ou de croyance. La première résulte de la démonstration; la seconde
» ne dérive que de l'induction. La première
» appartient au raisonnement, la seconde aux
» sens. La première est plus excellente, plus
» noble, d'une utilité plus étendue, d'une
» certitude plus entière ; elle règne, domine
» sur la seconde (1). »

« Les accidens ne se démontrent pas; car
» on ne peut savoir s'ils seront tels partout et
» toujours; ils se perçoivent dans un *sujet*,
» dans un lieu, dans un temps. On contemple
» le particulier dans l'universel, et c'est dans
» ce sens que s'explique ce que Platon dit

---

(1) *Analyt. Prior.* liv. I, ch. 2, 3, 12, 17.—
Liv. II, ch. 24.— *Analyt. Post.* liv. I, ch. 1, 4,
6, 8, 13, 29, 30, 33. —Liv. II, ch. 3, 4, 7, 12.

» dans le Ménon, que la science n'est qu'une
» réminiscence (1). »

« L'universel est nécessaire, et réciproque-
» ment le nécessaire est universel; ni l'un ni
» l'autre ne s'appliquent à tel ou tel sujet;
» ils expriment ce qui doit être, ce dont le
» contraire est impossible (2). »

« Qu'est-ce que l'essence d'une chose? ce
» qui lui appartient nécessairement, ce qui
» n'appartient qu'à elle seule, ce qui réside
» toujours en elle, sans quoi elle ne serait pas
» possible, sans quoi elle ne pourrait être
» conçue (3). »

On voit quelle est l'importance des définitions. « Il y en a deux espèces : la définition
» de la chose, la définition du nom (4). Pour
» obtenir la définition de la chose, il faut re-
» monter au genre le plus prochain, et des-
» cendre à la plus prochaine différence. Ainsi,
» on compare la chose définie à celles qui ont
» le plus d'analogie avec elle, pour voir ce

---

(1) *Analyt. Prior.* liv. II, ch. 13.—*Post.* liv. I, ch. 30.
(2) *Analyt. Post.* liv. I, ch. 4, 6.
(3) *Ibid.*, liv. II, ch. 12.
(4) *Ibid.*, ch. 1, 13.

» qu'elles ont de commun et en quoi elles se
» séparent. Par la première opération on s'é-
» lève à un ordre supérieur et plus étendu ; par
» la seconde, on reconnaît les individus (1).
» Définir ce n'est pas démontrer; car nous
» n'obtenons aucune connaissance par la dé-
» finition. Mais, la définition sert de base à la
» science. C'est par elle que la science com-
» mence (2). »

« Il résulte de ce qui précède qu'on ne peut
» obtenir par les sens une *science démonstra-*
» *tive*. Car, nous apercevons toujours par les
» sens un objet tel ou tel, dans un certain lieu,
» dans un certain temps. Mais, la démonstra-
» tion embrasse l'universel, et nous appelons
» universel, ce qui est partout et toujours, ce
» qui, par conséquent, ne peut être perçu par
» les sens; les sens n'aperçoivent que le parti-
» culier. Nous pourrions apercevoir par les
» sens que les trois angles d'un triangle sont
» égaux à deux angles droits, et cependant cette
» proposition resterait encore à démontrer (3). »

« On voit encore quelle est la différence de

---

(1) *Ibid.*, ch. 12.
(2) *Ibid.*, ch. 3, 4, 12, 14.
(3) *Ibid.*, liv. I, ch. 31.

» la *science* et de *l'opinion*. Il y a des choses
» vraies, mais qui peuvent être autrement
» qu'elles ne sont; la science ne s'occupe point
» de choses semblables; elles ne sont que l'objet
» de l'opinion; cet objet peut donc être vrai
» ou faux. L'opinion est changeante de sa
» nature; elle reconnaît ce qui est, elle ne peut
» prononcer sur ce qui ne peut ne pas être. Ce
» n'est pas que l'objet de l'opinion puisse être
» vrai et faux tout ensemble, comme quelques-
» uns le supposent; il est, suivant les cas, l'un
» ou l'autre. La même chose peut, du reste,
» être à la fois l'objet de l'opinion et de la
» science; on la connaît alors par deux moyens
» différens (1). »

Ces maximes se rapprochent, à bien des égards, de la doctrine de Platon. Comment les concilier avec le principe fondamental d'Aristote sur l'autorité de l'expérience? Il ne s'est pas dissimulé cette difficulté, il l'exprime à diverses reprises (2). Voici comment il essaie de la faire disparaître.

« Nous avons dit que la science commence
» par la définition. Or, pour bien définir, il

---

(1) *Ibid.*, ch. 33.
(2) *Ibid.* liv. I, ch. 24.

» convient de s'attacher d'abord aux individus,
» de les comparer entre eux, de remarquer ce
» qu'ils ont de commun, pour en constituer
» l'espèce; en comparant les espèces, on con-
» stitue de même le genre. C'est ainsi qu'on
» obtiendra la définition qui a toujours un ca-
» ractère général. *C'est pourquoi il faut tou-*
» *jours remonter du particulier à l'univer-*
» *sel* (1). Voilà en quoi consiste la prééminence
» de la méthode *à posteriori*. Commençons
» donc par classer et diviser les objets. Nous
» construirons ainsi graduellement l'échelle des
» espèces et des genres. Si, dans l'ordre
» des démonstrations, il est plus utile et plus
» certain de partir de l'universel; dans l'opé-
» ration préliminaire des distributions, il est
» plus utile de partir des individus (2). »

« Mais quelle sera la certitude des connais-
» sances fondées sur de semblables principes ?
» Par quelle faculté saisissons-nous ces prin-
» cipes qui ne sont et ne peuvent être déduits
» d'aucune démonstration, puisqu'ils servent
» eux-mêmes de base à toute démonstration ?
» Car, on se demande s'il y a une connais-

---

(1) *Ibid.*, liv. II, ch. 12.
(2) *Ibid.*, *ibid.*, ch. 13.

» sance immédiate, si elle est toujours la
» même, et des doutes sérieux peuvent s'élever
» à cet égard. Cette connaissance ne peut-elle
» pas varier suivant les personnes? Comment
» se fait-il que nous l'acquérons après en avoir
» été privés, que nous la perdons après l'avoir
» acquise? Comment alors peut-elle précéder
» toute autre connaissance? Il est donc néces-
» saire que nous soyons doués de quelque fa-
» culté naturelle qui nous en rende capables.
» Cette faculté paraît être commune à tous les
» animaux. Car tous possèdent une capacité
» innée de juger, qu'on appelle le sens. Chez
» quelques animaux ce sentiment de l'objet
» perçu subsiste, survit à la présence de l'objet;
» chez d'autres, il disparaît avec lui. Ces der-
» niers n'ont qu'une connaissance sensible et
» particulière; les autres eux-mêmes n'ont en-
» core qu'une connaissance particulière et sen-
» sible, aussi long-temps que le jugement de la
» perception n'obtient pas cette permanence.
» Mais, lorsque ce jugement survit et persévère,
» l'entendement parvient à l'unité de l'espèce
» ou du genre. La raison résulte de cette mé-
» moire qui conserve les perceptions sensibles,
» comme la mémoire résulte de ces perceptions
» elles-mêmes. De la mémoire résulte à son

» tour l'expérience, et l'expérience devient *une*
» ou générale, par la comparaison des diverses
» séries conservées par la mémoire. Enfin, de
» l'expérience, de ce tout universel qui reposait
» dans l'entendement, de cet *un* qui jaillit des
» objets *singuliers*, dérive le principe de l'art
» et de la science : le principe de l'art, lors-
» qu'il s'applique à la production des choses ; le
» principe de la science lorsqu'il concerne leur
» substance. Cette faculté est primitive, l'âme la
» tient de sa propre nature. Répétons-le donc ;
» le général se composant du particulier, la
» notion générale se forme dans l'âme ; c'est à
» l'entendement qu'il appartient de la tirer de
» la perception sensible. Mais, cette faculté
» qui est attribuée à la raison, de saisir le vrai,
» se divise en deux branches ; l'une qui saisit
» ce qui est vrai seulement en certains cas, et
» qui ne l'est pas dans d'autres ; nous l'avons
» appelée l'*opinion* : l'autre qui saisit ce qui
» est toujours vrai ; c'est l'entendement et la
» science (1). »

Nous avons laissé à Aristote le soin de poser lui-même la difficulté et celui d'en chercher la solution, afin que le lecteur puisse juger si

---

(1) *Ibid.* ; *ibid.*, ch. 15.

cette solution est satisfaisante. Il reste toujours à expliquer comment cet universel qui est absolu et nécessaire, peut dériver des sens et de l'expérience dont le caractère est toujours contingent. Peut-être y parviendrons-nous en déterminant en quoi consiste cette nécessité inhérente à certaines connaissances. Dans les *Analytiques*, où cette identité de l'universel et du nécessaire est constamment posée en principe, nous trouvons la définition de la *nécessité* et nous n'en trouvons qu'une seule. « Il y » a deux sortes de nécessités : l'une qui est » selon la nature, qui résulte de l'énergie de » son action; l'autre qui est violente et qui a » lieu contre l'ordre même de la nature (1). » Nous reconnaissons la première dans la chute » d'une pierre; la seconde dans le mouvement » d'une pierre lancée d'un côté ou de l'autre. » La même distinction se reproduit encore dans le chapitre 6ᵉ du Vᵉ des livres *Méthaphysiques*. Mais ce n'est ici qu'une nécessité physique. Est-ce bien celle qui forme le caractère de l'universel? Si nous consultons les exemples qu'Aristote nous donne dans les *Analytiques*, nous remarquons qu'ils sont presque tous em-

---

(1) *Ibid.*, *ibid.*, ch. 10.

pruntés aux vérités mathématiques. Il entend donc aussi parler d'un autre ordre de nécessité qui n'a rien d'objectif par lui-même. Il faut le chercher dans les axiomes, puisque « l'axiome
» forme, avec le sujet et l'accident, les élémens
» primitifs de la science; or, tous les axiomes
» sont régis par un axiome suprême dont ils
» découlent, dont ils ne sont que la consé-
» quence. Cet axiome, c'est celui de la con-
» tradiction; il s'exprime en ces termes : *On ne*
» *peut affirmer et nier à la fois la même*
» *chose; la même chose ne peut être et n'être*
» *pas à la fois* (1). » Cet axiome semble, il est vrai, n'avoir qu'une valeur purement logique, il ne peut établir aucune réalité (2). » Dans ses livres *Physiques*, Aristote distingue deux sortes de nécessités; l'une qu'il appelle *absolue* et qui dérive de la *matière*, c'est-à-dire de la nature même des choses; l'autre qui est *hypothétique* et qui dérive de la *forme*, c'est-à-dire de la fin à laquelle les choses sont destinées (3).

La difficulté paraît donc se prolonger, au lieu

---

(1) *Métaphys.* liv. IV, ch. 5.
(2) *Analyt. Post.*, liv. I, ch. 11.
(3) *Physiq.*, liv. IV, ch. 9.

de disparaître. Quelque soin que nous prenions pour rattacher toutes les connaissances humaines à une même et commune origine, elles paraissent se diviser toujours en deux branches, et sortir de deux sources différentes ; car, « il y a
» deux sortes de principes, des principes *contingens* et des principes *nécessaires* (1). Les
» perceptions sensibles donnent les premiers ;
» ils fournissent seulement la matière dont l'entendement extrait ensuite les seconds (2). »

Mais, il nous reste à suivre Aristote dans un autre ordre de considérations, dans un ordre qui lui appartient en propre et qui se lie au précédent, dans la théorie de la causalité.

« Savoir *qu'une chose est*, et savoir *pourquoi elle est*, sont deux connaissances essentiellement différentes. La première s'obtient
» par la perception immédiate et sensible, la
» seconde par le raisonnement et par la notion
» de la *cause*. Ces deux ordres de connaissances sont subordonnés l'un à l'autre : tel
» est le rapport de l'astronomie aux mathématiques : par exemple, le propre du mathématicien est de savoir pourquoi la chose est telle ;

---

(1) *Ibid.*, liv. I, ch. 32, § 7.
(2) Liv. III, *de l'âme*, ch. 3.

» il ignore souvent si elle est telle en effet (1). »

« La définition de la chose n'en exprime que
» l'essence; elle la suppose déjà connue; elle
» ne forme qu'une proposition immédiate. La
» connaissance de la cause exprime et révèle
» son origine; elle la fait prévoir; elle est le
» lien du système entier des connaissances hu-
» maines, le nerf de toute démonstration (2). »

« La connaissance qui dérive de la cause
» mérite donc seule le nom de science. On ne
» sait véritablement qu'à l'aide des causes. »
Cette maxime qu'Aristote répète sans cesse est
le fondement de l'abrégé de sa doctrine. Elle
en constitue l'un des mérites principaux. Elle
répand une lumière nouvelle sur la philosophie entière.

C'est par la théorie de la causalité qu'Aristote
se distingue de Platon non moins essentiellement
que par ses vues sur l'emploi de l'expérience.
Il l'oppose à la théorie des *idées*; non que
Platon n'eût également rattaché toute la philosophie à la notion de la *cause*; mais, Aristote a
mis cette notion en valeur, s'est attaché à la dé-

---

(1) *Analyt. Post.* liv. Ier. ch. 9. — Liv. II, ch. 12, 13.

(2) *Ibid*, liv. II, ch. 9.

velopper. La théorie *des idées* se terminait nécessairement dans la contemplation ; la théorie des causes tend à rendre la philosophie éminemment active et investigatrice.

Essayons d'exposer rapidement les bases de cette théorie.

« Les causes ne se découvrent que dans la
» région de l'universel, de l'absolu, du néces-
» saire. C'est l'universel qui ouvre la cause, et
» cette propriété en constitue l'utilité et la
» prééminence (1). »

Ainsi, la théorie de la causalité se rattache aux fondemens sur lesquels nous venons d'établir l'édifice de la science. Elle donnera aux principes toute leur fécondité. « Ce qui n'arrive
» que par l'effet du hasard ne peut être l'objet
» de la science ; car celle-ci ne s'appuie que
» sur les propositions nécessaires; il ne peut pas
» même être l'objet d'une connaissance con-
» tingente; car, celle-ci exige du moins une
» répétition fréquente du même fait (2). »

« Il y a quatre ordres de causes : le premier
» explique l'essence, la forme des choses; le
» second exprime la conséquence nécessaire

---

(1) *Ibid*, liv. Ier, ch. 2, 31.
(2) *Ibid*, ch. 30.

» qui résulte d'une supposition admise; le
» troisième fait connaître l'auteur d'une action
» quelconque; le quatrième indique le but
» pour lequel cette action est exécutée. »

« Un angle droit dont les deux côtés s'ap-
» puient aux deux extrémités du diamètre,
» aura son sommet dans le cercle; voilà un
» exemple du premier. Si on inscrit dans le
» cercle un angle dont les côtés s'appuient sur
» les deux extrémités du diamètre, on aura un
» angle droit; voilà un exemple du second.
» D'où provint la guerre des Athéniens contre
» les Mèdes? De l'alliance avec les citoyens
» d'Erétrée; voilà un exemple du troisième.
» Pourquoi vous promenez-vous? pour con-
» server votre santé; voilà l'exemple du qua-
» trième. »

« Quelquefois plusieurs ordres de causes se
» combinent pour produire le même effet (1). »

« C'est au troisième de ces genres de causes
» que se rapportent les deux ordres de néces-
» sité, naturelle et violente (2). »

Aristote donne donc au nom de *causes* une valeur plus générique et plus étendue que celle

_____

(1) *Ibid*, liv. II, ch. 10.
(2) Voyez ci-dessus, page 315.

qu'il a conservée dans le langage philosophique. Il y comprend *la raison* même des choses. Son premier genre de causes est entièrement métaphysique; le second est uniquement logique; le troisième seul appartient réellement à l'ordre des causes physiques; le quatrième, enfin, est celui auquel son école a donné le nom de *causes finales*.

Ailleurs, dans les livres *Physiques*, il distingue les quatre causes d'une manière un peu différente. « La première se rapporte à la *matière*, (*ex quo*) ; la seconde, à la *forme* (*per quid*) ; la troisième est *efficiente* (*à quo*) ; la quatrième enfin est *finale* (*cujus gratia*) (1). »

Le grand problème relatif au principe de la causalité invoquait les méditations du Stagyrite; mais il semble l'avoir à peine soupçonné ; il se borne à quelques vues sur les relations de la cause à l'effet. « La cause est antérieure à son effet, sinon
» dans l'ordre du temps, du moins dans l'ordre
» des conséquences. La cause existant, son
» effet ne peut manquer de se réaliser. L'effet
» existant, il est nécessaire qu'une cause y pré-

---

(1) *Physic.* liv. II, ch. 7.

» side, mais non précisément telle ou telle
» cause. La principale cause est celle qui est la
» plus voisine de l'effet; la vraie cause est celle
» qui est la plus voisine de l'universel (1). »

« Lorsque la cause est coexistante avec son
» effet, elle est toujours la même; passée dans
» le passé, présente dans le présent, future
» dans l'avenir. Il n'en est pas de même lors-
» qu'elle n'est pas coexistante; les causes qui
» président à la génération et à la production
» sont *antécédentes*. Les diverses parties du
» temps ne se lient point entre elles; le passé,
» le présent, l'avenir, ne sont point enchaînés
» par la connexion des causes; ils sont comme
» les points de la ligne, contigus et non pas
» unis. Nous voyons cependant dans la nature
» un certain cercle régulier de révolutions pé-
» riodiques. La terre étant humide, il faut que
» la vapeur s'en exhale; de ces vapeurs, il
» faut qu'il se forme des nuées; de ces nuées
» doit naître la pluie; la pluie humectera de
» nouveau le sol. C'est ainsi que le cercle
» recommence. Quelquefois, ce retour a lieu
» constamment de la même manière; quelque-

---

(1) *Analyt. Post.*, liv. II, ch. 14.

» fois il n'a lieu que par une répétition plus ou
» moins fréquente (1). »

« Il y a quatre choses qui servent d'objet à la
» science. Nous nous demandons *si une chose*
» *est telle, pourquoi elle est telle, si elle est,*
» *ce qu'elle est.* Un objet étant donné par la
» nature, nous désirons connaître ses qualités ;
» ses qualités étant connues, nous désirons
» *savoir* d'où elles dérivent. D'autres fois ce-
» pendant l'objet ne nous étant pas donné,
» nous désirons savoir s'il existe ou non ; et
» enfin, ayant reconnu qu'il existe, nous vou-
» lons nous définir en quoi il consiste. Or, toutes
» ces questions exigent l'investigation d'un
» moyen propre à les résoudre. Ce moyen est
» la cause. Car, le fond de toute question se
» rapporte toujours à celle de savoir s'il y a
» une cause ou non. Dans les choses univer-
» selles et absolues, la même cause résout les
» deux premières questions. Or, il est mani-
» feste que c'est l'insuffisance de nos perceptions
» sensibles qui rend la recherche de ce moyen
» nécessaire pour y suppléer. Par exemple, si
» nous étions placés au-dessus de la lune, nous

---

(1) *Ibid, ibid*, ch. 11.

» ne rechercherions pas pourquoi son disque
» s'obscurcit, nous verrions immédiatement
» que la terre interposée entre le soleil et cette
» planète, projetant son ombre sur elle, pro-
» duit le phénomène (1). »

La théorie des causes d'Aristote, loin de combler les lacunes qui se font remarquer dans les fondemens de sa doctrine, loin d'en faire disparaître les contradictions, rend donc les unes et les autres encore plus sensibles. Elle n'en est pas moins très-curieuse, comme la première tentative systématique qui ait été exécutée dans cet ordre de considérations. On y voit, comme dans les autres maximes que nous avons exposées, les efforts d'un esprit méthodique et pénétrant pour parvenir à classer, à coordonner les connaissances humaines, pour parvenir à établir entre elles une génération légitime; efforts encore imparfaits sans doute, mais admirables pour l'époque à laquelle ils furent exécutés. C'est en vain qu'Aristote cherche tour à tour à distinguer les deux ordres de connaissances, l'un positif, l'autre abstrait, l'un réel, l'autre logique; à leur assigner ensuite une tige

---

(1) *Ibid*, liv. II, ch. 1 et 2.

commune; il les confond alors même qu'il s'applique à les séparer; il les sépare de nouveau alors même qu'il croit les faire converger au même centre. Dans la théorie des causes, comme dans les autres matières, il accumule indifféremment les exemples empruntés à la physique et ceux qu'offrent les sciences mathématiques.

Aristote s'était proposé de réconcilier l'expérience et la spéculation; mais il a cherché à satisfaire tour à tour aux prétentions de l'une et de l'autre, plutôt qu'il n'a prononcé sur ces prétentions mêmes et réussi à les mettre d'accord; semblable à un arbitre qui accorderait gain de cause à chaque partie, même sur les points contradictoires. Il est résulté de là qu'il a véritablement une double philosophie dont les élémens viennent perpétuellement se confondre, et c'est ce qui va se manifester en parcourant maintenant la suite entière de ses travaux.

Nous avons tiré à dessein les passages que nous avons cités jusqu'ici de *l'organon*, parce qu'on suppose communément qu'ils ont été composés les premiers; mais, on retrouve les mêmes maximes dans les *livres métaphysiques*, et dans celui *de l'âme*, comme nous aurons bientôt occasion de le remarquer. Si l'on considère que ces maximes sont donc contenues dans ses premiers écrits, qu'elles marquent la différence essentielle qui sépare sa doctrine de celle de Platon, qu'enfin, par leur nature même, elles se placent dans la région fondamentale du système des sciences, on sera fondé à penser qu'elles ont été le véritable point de départ du fondateur du lycée dans ses immenses travaux. Elles vont nous servir de guide pour en exposer rapidement la suite dans ce qui se lie à notre plan.

Le domaine des sciences s'était successivement étendu jusqu'à l'apparition d'Aristote; il était réservé à ce philosophe de l'accroître à lui seul plus qu'aucun de ceux qui l'ont précédé ou suivi dans l'antiquité, et de l'accroître à la fois dans toutes les parties de son territoire. Ceux de ses écrits qui ont été transmis jusqu'à nous, présentent une véritable encyclopédie des connaissances humaines, et nous n'avons cependant qu'une portion de ceux qu'il avait composés. Il a embrassé l'empire de la nature tout entière, celui des arts qui sont l'ouvrage de l'homme, les régions spéculatives, les études morales, et sans avoir traité spécialement les sciences mathématiques, il en fait un usage continuel. Cette circonstance contribua sans doute à lui suggérer l'idée de diviser et de classer les connaissances humaines; la richesse donne le besoin de l'ordre ; les sciences naturelles en particulier lui en avaient fait connaître les avantages, lui en avaient indiqué les moyens. Mais, cette circonstance aussi était la condition indispensable pour que ce grand œuvre de la division des sciences fût convenablement opéré. Il faut avoir visité toute une contrée pour en dresser la carte géographique. Il fallait même avoir approfondi plus qu'on n'avait fait jusqu'alors la nature de chaque science en particulier, pour découvrir le fondement d'une bonne et légitime classification.

Elle va donc s'exécuter enfin cette opération qui eût dû être l'introduction préliminaire aux véritables études, et qui cependant a été si tardive. Les vrais rapports qui unissent les sciences entre elles et qui en constituent l'harmonie, ne pouvaient ressortir et se mettre en évidence qu'après que cette distinction aurait été accomplie ; les analogies ne pouvaient être éclairées que par les différences.

Aristote, le premier, a compris le danger de cette confusion qui avait régné jusqu'alors dans l'héritage de la science humaine. En même temps qu'il a conçu le dessein d'y porter un ordre systématique, il a saisi avec justesse et profondeur les

vues qui doivent présider à cette vaste coordination. « Il y a sans doute des principes supérieurs
» et communs qui président à tout l'ensemble
» des connaissances humaines, et par lesquels
» celles-ci communiquent entre elles. Mais,
» chaque branche des connaissances a aussi ses
» principes propres et spéciaux, et lorsque, par
» une erreur fatale, on a négligé de les lui assi-
» gner, il arrive qu'on l'a dénaturé en lui ap-
» pliquant des lois qui lui sont étrangères. Il
» faut donc s'attacher, avant tout, à bien re-
» connaître, à déterminer ses principes spé-
» ciaux, à marquer la sphère précise que chacun
» d'eux est appelé à régir (1). En classant les
» sciences d'après leurs principes, on aura
» l'avantage de marquer la subordination qui
» existe entre elles et les secours qu'elles doi-
» vent se prêter. C'est ainsi qu'une portion des
» sciences physiques viendra se ranger sous la
» dépendance de la géométrie, et en recevoir
» les applications. »

Aristote n'a tracé nulle part, d'une manière expresse et précise, le plan de cette classification méthodique; mais, il en a donné les prin-

---

(1) *Analytic. Post.*, liv. I, ch. 1, 2, 10 et 11.

cipaux linéamens ; il l'a exécutée dans ses détails, en consacrant des traités particuliers à chaque science, et même aux diverses sous-divisions de plusieurs sciences.

« On peut séparer d'abord le territoire des
» connoissances humaines en deux grandes régions : celle des sciences qui peuvent être
» appelées *théorétiques*, qui se servent de but
» à elles-mêmes, qui se proposent la recherche,
» l'étude de ce qui est ; et celle des sciences *pratiques*, qui se proposent un but pris hors de
» leur sein, qui se dirigent aux applications,
» qui se résolvent en action. » (1)

Maintenant, « la première région se sous-divise en trois autres : celle des sciences purement expérimentales, qui se composent essentiellement de faits donnés par l'observation ; celle des sciences abstraites ou spéculatives, qui roulent sur les notions nécessaires et universelles ; enfin celle des sciences mixtes, qui empruntent à la fois leurs principes à la spéculation et à l'expérience. »

Arrêtons-nous un instant à ces premiers degrés de la classification ; en suivant rapidement

---

(1) *Métaphys.*, liv. VI, ch. 1. — Liv. VII, ch. 21.

Aristote dans l'immense carrière qu'il a parcourue, pour apprécier les services qu'il a rendus à chaque ordre des connoissances humaines, nous verrons les distributions inférieures se produire d'elles-mêmes.

Et d'abord, lorsqu'on visite la première des trois sousdivisions que nous venons d'établir, deux grands théâtres s'offrent à l'observateur, deux grandes séries de phénomènes se dévoilent pour lui : l'un de ces deux théâtres est placé hors de lui, l'autre dans son propre intérieur ; sur le premier se développent les phénomènes inépuisables de l'histoire naturelle ; sur le second, les phénomènes mystérieux et féconds de la *psychologie*. En combien de genres et d'espèces l'étude de la nature ne se partage-t-elle pas encore !

La grande *Histoire des animaux*, les livres de *leur mouvement*, de *leur marche*, des *parties qui les composent*, de *leur génération*, de *la respiration*, de *la durée de la vie*, les livres *des plantes*, de la *physiognomique*, des *récits merveilleux*, les *problèmes*, sont principalement destinés à explorer les divers filons de ces mines si riches et jusqu'alors presque négligées, à en extraire des trésors variés. C'est là qu'Aristote peut justifier tout ce qu'il avait professé sur l'utilité de l'expérience ; il y déploie un esprit d'observation infatigable ; il exploite les matériaux les plus abondans ; il décrit les phénomènes, les distribue, les compare. Son *Histoire des Animaux* fait encore aujourd'hui l'admiration de nos plus savans naturalistes ; il se place, comme historien de la nature, entre Hyppocrate et Pline.

Les secours de l'art d'expérimenter ont manqué à Aristote comme à tous les anciens ; il n'a donc pu observer la nature que telle qu'elle s'offre d'elle-même ; il a manqué de moyens pour l'interroger ; les phénomènes ne se sont dévoilés à lui que sous un aspect et d'une manière incomplète. De plus, les lumières que les sciences naturelles empruntent à la physique générale, n'ont pu l'assister que faiblement, dans l'état d'imperfection où était encore cette dernière science, et il a été plus d'une fois égaré précisément en croyant en faire usage. Aristote a trop négligé de s'élever aux lois générales par une série graduée d'observations comparées. Il n'a pu, dans ses classifications, instituer les méthodes naturelles dont l'état de la science ne permettait pas encore de découvrir les vrais fondemens ; il n'a point institué non plus ces nomenclatures méthodiques qui reproduisent, comme en relief, dans le langage, le tableau des analogies signalées dans les phénomènes. Mais, si tous ces avantages lui ont manqué, il a eu du moins le mérite d'avoir recueilli une prodigieuse collection de faits, de les avoir exposés avec précision, de les avoir soumis à un système régulier de distribution, qui donnait à leur ensemble la forme et le caractère de la science.

La psychologie d'Aristote comprend ses livres *de l'Ame, de la Mémoire, des Sens et des Choses sensibles, des Sons, des Couleurs, des Songes, de la Veille, de la Jeunesse et de la Vieillesse*, etc. Elle comprend aussi un assez grand nombre d'observations disséminées dans ses divers traités sur le règne animal ; et réciproquement, on retrouve dans les traités que nous indiquons ici un grand nombre de vues qui se réfèrent à la physiologie. Car, Aristote n'a point toujours observé d'une manière rigoureuse dans l'application les limites qui séparent les diverses sciences ; et d'ailleurs, la psychologie entretient avec la physiologie animale des rapports étroits qui tendent à les rapprocher souvent l'une de l'autre.

Aristote distingue deux ordres de facultés qui se rapportent, l'un à l'entendement, l'autre à la volonté (1); mais, dans ses traités psychologiques, il n'embrasse que le premier. C'est dans ses traités de morale qu'il faut chercher l'étude des phénomènes qui se rapportent au second.

« La science qui a l'âme pour objet doit être placée au premier rang; il n'en est pas qui ait un caractère plus noble, un but plus relevé, une utilité plus étendue, qui présente un sujet plus admirable. Son étude offre de grandes difficultés. Empruntons, pour nous y diriger, le flambeau de l'expérience. Nous obtiendrons ainsi, il est vrai, plutôt une histoire qu'une science proprement dite; mais nous recueillerons du moins le genre d'instruction qui est le plus à notre portée (2). »

Le premier livre du beau traité *de l'Ame* est destiné à exposer et à réfuter les principaux systèmes des anciens philosophes qui l'ont précédé sur la nature du principe pensant. Il s'attache surtout à détruire ceux des philosophes les plus récens qui avaient matérialisé ce principe, en le supposant formé d'élémens, et ceux qui l'avaient considéré comme n'étant qu'une harmonie. « L'étendue, le mouvement dans

---

(1) *De l'âme*, liv. Ier, ch. 9.
(2) *Idem, ibid*, ch. 1.

» l'espace, ne peuvent s'appliquer à l'âme. Ses
» diverses facultés, ses divers modes d'opé-
» rer ne supposent point en elle de division et
» de parties; elle est une. *L'âme ne vieillit
» jamais;* la vieillesse n'appartient qu'au
» corps (1). »

« L'âme est cependant le principe de la vie;
» il faut donc la considérer aussi dans ses rela-
» tions avec ce corps organisé qui lui sert d'in-
» strument, et c'est un tort aux anciens philo-
» sophes d'avoir séparé deux ordres de re-
» cherches si étroitement liés entre eux (2). »

» Qu'est-ce que la vie, dans son acception la
» plus étendue? C'est la pensée, la sensation, le
» mouvement volontaire, l'emsemble des révolu-
» tions qui naissent de la rénovation journalière
» par la nourriture, de la croissance, de la dé-
» crépitude. Les plantes ont aussi une vie, mais
» une vie imparfaite; elles ne sont point ani-
» mées (3). »

Aristote emprunte sa notion de l'âme à la théorie métaphysique qu'il s'est faite. Il distinguait dans la *substance*, la *matière* et la

---

(1) *De l'âme*, liv. Ier, ch. 2, 5, 7, 8.
(2) *Ibid, ibid,* ch. 3.
(3) *Ibid,* liv. II, ch. 2.

forme. « La matière est comme la cire ; la forme
» comme l'empreinte qu'elle reçoit. La ma-
» tière est à la forme ce que la possibilité est
» à la puissance. La seconde, en s'appliquant
» à la première, produit la réalité. La matière
» n'est rien par elle-même ; la forme lui donne
» son caractère : c'est *l'acte qui l'accomplit;*
» c'est l'ENTELECHIE. Or, l'âme est distincte du
» corps, mais lui est unie comme la *forme* à la
» *matière.* L'âme est l'*entelechie* du corps orga-
» nisé; c'est-à-dire, encore inactive, elle est la
» première puissance réelle, quoique assoupie ;
» en déployant son action, elle devient la force
» dans toute sa plénitude ; ce sont la première
» et la seconde *entelechies.*

» L'âme est le principe de la vie, du senti-
» ment et de la pensée (1). »

« Mais c'est surtout par ses actes que nous
» devons essayer de la connaître; nous exami-
» nerons ses facultés, et ses facultés nous révé-
» leront sa nature. Or, il y a dans l'âme cinq
» facultés principales : la faculté nutritive,
» celle de sentir, celle des appétits, celle du
» mouvement spontané, celle de l'entendement;

---

(1) *De l'âme*, liv. II, ch. 1.

» La première est commune à tous les êtres
» organisés ; on peut l'appeler une sorte
» d'âme *végétative :* les trois autres compo-
» sent l'âme *sensitive;* c'est le caractère pro-
» pre aux animaux. La dernière est propre-
» ment l'âme *intelligente* ; elle est réservée à
» l'homme (1).

La théorie de la sensation a reçu d'Aristote les développemens les plus étendus ; c'est assurément l'une de celles qu'il a portées au plus haut degré de perfection ; il y consacre non-seulement plusieurs chapitres du traité de l'âme, mais plusieurs traités séparés ; il distingue avec sagacité les perceptions qui ne nous parviennent que par un seul sens, et celles qui nous sont transmises par plusieurs sens à la fois; celles qui nous parviennent immédiatement, ou d'une manière médiate.

« La sensation est la modification reçue par
» la présence des objets extérieurs, et par leur
» action sur nos organes ; elle est donc passive,
» du moins dans son premier élément ; et telle
» est la différence qui distingue les percep-

---

(1) *Ibid*, *ibid*, ch. 2.
(2) *Ibid*, *ibid*, ch. 3. — Liv. III, ch. 12. — Liv. II, ch. 4, 12.

» tions sensibles, des notions universelles que
» nous pouvons concevoir à volonté, lorsqu'une
» fois acquises, elles résident dans l'âme. Tou-
» tefois, il y a une sorte de réaction de l'âme
» sur la sensation qu'elle a reçue; celle-ci devient
» ainsi active et passive tout ensemble. Il
» n'est point exact de dire, comme quelques-
» uns l'ont prétendu, que chaque sens ne puisse
» percevoir qu'un objet semblable à lui-même;
» il suffit que cet objet soit en rapport avec
» lui; mais, lorsqu'il a été perçu, la sensation
» devient semblable à son objet (1). Les sens
» ne reçoivent pas la matière des objets exté-
» rieurs; ils n'en reçoivent que la forme, comme
» la cire reçoit l'empreinte d'un cachet (2). Il
» faut donc deux choses pour la perception
» sensible; l'objet extérieur à la présence du-
» quel le sujet sentant est modifié, et le sujet
» qui reçoit cette modification. Ils sont donc
» tombés dans l'erreur les anciens qui ne
» voyaient dans la sensation que le sujet mo-
» difié (3). La forme et l'apparence de la cou-
» leur, que transmet à notre esprit la percep-

---

(1) *Ibid*, liv. II, ch. 5.
(2) *Ibid*, *ibid*, ch. 12.
(3) *Ibid*, liv. III, ch. 1.

» tion de l'œil, ne résident qu'en nous-mêmes;
» elle disparaît avec la vision; mais la cause
» qui imprime en nous cette image, réside
» dans les objets extérieurs; elle est en eux
» durable et permanente (1). »

Mais, voici un mérite entièrement propre à Aristote, une vue aussi nouvelle qu'importante; c'est celle qu'il présente sous l'expression du *sens commun* : « En recevant des sensations,
» nous apercevons les différences qui existent
» entre elles. Il faut donc un centre commun,
» unique, dans lequel ces perceptions puissent
» être réunies et comparées. Il est évident que
» des agens séparés ne peuvent juger ce qui
» distingue des objets séparés; ainsi deux hom-
» mes qui percevraient chacun de leur côté
» des choses différentes, ne pourraient en faire la
» comparaison. Il faut encore que les deux per-
» ceptions soient réunies dans le même temps;
» car, elles ne pourraient être comparées, si
» elles n'étaient que successives. Ce centre
» commun ne peut être dans les organes (2).
» C'est ainsi que nous obtenons la perception

---

(1) *Des Couleurs.*
(2) *De l'Ame*, liv. II, ch. 1, 2.—*De la Mémoire*, ch. 1.—*De la Jeunesse*, ch. 1.—*Des Songes*, ch. 2.

» de ce qui est commun à la fois à plusieurs
» objets ; car, cette perception, comme celle de
» la grandeur, du mouvement, par exemple,
» ne pouvant nous parvenir par un sens isolé,
» elle ne se produit que dans l'unité du foyer
» où sont reçues ces sensations diverses (1). »

Aristote ne donne point à ce foyer intellectuel le nom de *conscience*, adopté plus tard par les philosophes ; mais, il désigne, sous un autre terme, le même phénomène fondamental qu'il a le premier mis en lumière.

» Plusieurs des anciens philosophes ont éga-
» lement confondu la faculté de sentir et celle
» de penser : c'est une erreur manifeste ; de cette
» erreur sont nées les opinions contraires qui
» considèrent toutes nos perceptions comme
» vraies, ou toutes nos pensées comme des il-
» lusions : ces deux facultés sont essentielle-
» ment distinctes ; la première est commune à
» tous les animaux, la seconde est le privilége
» de la raison. La première ne trompe point ;
» la seconde est sujette à l'erreur. Lorsque
» nous disons que la première ne trompe
» point, il faut bien entendre que c'est en tant
» qu'elle perçoit une sensation et non en tant

---

(1) *De l'Ame*, liv. II, ch. 3 et 4.

» qu'elle la rapporte à tel objet déterminé (1).

» L'imagination diffère à la fois de la sen-
» sation et de la raison. L'imagination s'exerce
» même en l'absence des objets; elle s'exerce
» volontairement; toutefois, elle a une ana-
» logie marquée avec la sensation; car, elle re-
» produit et elle imite les modifications dont
» celle-ci se composait. L'imagination est
» arbitraire pendant que la raison est soumise
» à des lois; mais l'imagination est néces-
» saire à l'exercice de la raison; lorsque nous
» concevons une notion, il est nécessaire que
» nous nous retracions l'image de quelque
» objet particulier auquel elle s'applique.
» Quoique cette notion soit indéterminée, il
» faut que nous ayons l'image d'un objet déter-
» miné; quoique cette notion soit exempte des
» conditions de lieu et de temps, il faut que
» cette image se rapporte à un temps et à un
» lieu (1).

» L'imagination diffère aussi de la mémoire;
» celle-ci s'exerce lorsque l'image est rapportée
» à un objet antérieurement perçu; elle réveille
» ainsi nos perceptions passées, en les faisant

---

(1) *Ibid, ibid*, ch. 5. — *De la Mémoire*, ch. 1.

» reconnaître comme passées. Or, ce réveil
» a lieu, ou en vertu de la simultanéité, ou en
» vertu du contraste, ou en vertu de l'analogie
» qui lie la sensation passée à celle qui la renou-
» velle (1). » Voilà les trois lois fondamentales
de l'association des idées.

» Enfin, la réminiscence diffère encore de
» la simple mémoire, en ce que la première
» exige une coopération active de l'esprit, un
» exercice du jugement; c'est l'investigation du
» passé; elle en tire les inductions de l'expé-
» rience (2).

» Pendant le songe, les sens extérieurs sont
» inactifs; le sens intérieur ou commun agit
» seul; il s'exerce sur les images (3).

» Il y a un entendement passif et un en-
» tendement actif. Le premier reçoit les formes
» des représentations que les objets nous ont
» transmises; les sensations et les images en
» sont la matière. Le second combine, élabore
» ces élémens; il forme les notions intelligi-
» bles et générales, en les détachant, par l'ab-
» straction, des perceptions individuelles. C'est

---

(1) *De la Mémoire*, ch. 2.
(2) *Ibid*, ch. 2.
(3) *Des Songes*, ch. 1, 2, 3.

» par le jugement qu'il s'exerce. L'objet offert
» à l'entendement peut être ou composé ou
» simple. Dans le premier cas, il ne constitue en-
» core que l'opinion ; dans le second seulement
» il constitue la science. Dans le premier cas,
» le jugement peut être vrai ou erroné ; dans
» le second, il est nécessairement vrai. L'objet
» peut aussi appartenir à la nature, à l'ordre
» des choses immuables, ou à l'esprit de la
» volonté humaine, à l'ordre des choses ar-
» bitraires ou mobiles ; c'est le fondement de
» la distinction des connaissances théoriques et
» pratiques (1).

» L'entendement passif est d'abord *comme
» une table rase*, ainsi qu'on l'observe dans la
» première enfance. Il est simple ; il ne réside
» point dans les organes du corps. L'entende-
» ment est intelligible à lui-même ; il se conçoit.
» Ici, comme dans tout ce qui n'est point
» objectif, l'intelligible est identique à l'intel-
» ligence (2). »

« Il y a une double opération de l'entende-
» ment : l'une s'exerce sur les idées simples ;
» elle n'est point sujette à l'erreur : l'autre

---

(1) *De l'Ame*, liv. III, ch. 3, 5, 6.
(2) *Ibid, ibid*, ch. 5.

» s'exerce sur les objets composés, en forme
» un tout unique; celle-ci peut errer (1). »

« Il y a une raison *théorique* et une raison
» *pratique*; la connaissance est l'objet de la
» première; l'action, l'objet de la seconde. La
» raison théorique a trois fonctions : ou de re-
» connaître les principes, ou de les appliquer
» par la science, ou de les coordonner entre
» eux par la plus haute sagesse (2). »

« Résumons : les êtres sont sensibles ou in-
» telligibles. L'âme est comme la main, c'est-
» à-dire l'instrument suprême. L'entendement
» est la perception des perceptions, le sens la
» perception des choses sensibles. Or, comme
» il n'y a rien hors des objets sensibles, dans
» leurs perceptions résident aussi les notions
» intelligibles. Celui qui serait privé des sens
» ne pourrait ni apprendre, ni concevoir.....
» Mais en quoi les premières conceptions de
» l'âme diffèrent-elles des vains fantômes ?
» Sont-elles exemptes d'illusion ?... » Cette
question termine la théorie de l'entendement.
Aristote la pose et ne la résout pas (3). Nous avons

---

(1) *Ibid, ibid,* ch. 7.
(2) *Ethic. ad. Nicomach,* liv. VI, ch. 2, 3, 6, 7.
(3) *De l'Ame,* liv. III, ch. 9.

vu comment ailleurs il a essayé d'y répondre.

Dans le traité *De l'Ame*, Aristote se réfère plus d'une fois à ses systèmes métaphysiques, et les définitions qu'il leur emprunte répandent plus d'un nuage sur l'exposition des phénomènes de l'intelligence. Il est temps de le suivre dans cette sphère nouvelle.

Les sciences purement spéculatives se partagent en deux grandes branches : la Métaphysique et les Mathématiques (1); mais la première de ces sciences est encore supérieure à la seconde, parce qu'elle a un objet universel. Aristote emprunte constamment de nombreux exemples à la seconde ; mais, il ne nous reste de lui que deux petits traités qui s'y rapportent directement. Arrêtons-nous un instant à sa métaphysique ; nous y verrons se développer et s'appliquer les maximes que nous avons reconnues être le fondement de sa doctrine.

Sous le nom de cette science, Aristote comprend « la connaissance des premiers principes
» et des premières causes; c'est en cela que
» consiste éminemment la sagesse. Elle com-
» prend donc les connaissances les plus rele-

---

(1) *Métaphys.*, liv. XIII, ch. 4.

» vées, les plus universelles, les plus certaines.
» C'est la science suprême, la science-mère ;
» elle est entièrement spéculative ; elle est née
» de l'admiration jointe au doute. Elle est sou-
» verainement indépendante ; elle est son propre
» but à elle-même ; elle a quelque chose de
» divin (1). »

Or, il y a deux sortes de principes ; ceux qui appartiennent à l'entendement, ceux qui appartiennent aux êtres. On peut aussi considérer les êtres ou dans leur essence commune et d'une manière générale, ou dans leur cause première, dans l'être par excellence. Ainsi, la métaphysique pourra se diviser en trois branches ; la première comprendra les principes rationnels, la seconde l'ontologie, la troisième la théologie. Mais, on comprend qu'aux yeux d'Aristote les deux premières rentreront souvent l'une dans l'autre.

La métaphysique d'Aristote comprend la théorie générale de laquelle découlent toutes ses autres théories ; elle domine tout son enseignement, elle en forme le lien systématique. Les bornes qui nous sont prescrites ne nous permettent d'en donner ici qu'un aperçu rapide, en la considérant sous les trois points de

---

(1) *Ibid, ibid*, ch. 7.

vue principaux que nous venons d'indiquer.

1°. Recherche des premiers principes.

« Le désir de savoir est naturel à l'homme (1);
» mais, pour atteindre à la vérité, il faut com-
» mencer par le doute (2). » C'est par là
qu'Aristote a commencé lui-même. Il a étudié,
examiné, comparé les opinions des anciens
sur les premiers principes ; il rapporte, il
discute leurs différens systèmes. « La plupart
» de ces systèmes se rapportent à deux points
» de vue opposés et également erronés : l'un,
» celui des anciens matérialistes, qui soumet-
» tait tout à la nécessité et à un hasard
» aveugle; l'autre, celui des Pythagoriciens et
» de Platon, qui tendait à tout spiritualiser,
» et à faire, des simples notions de l'esprit,
» les principes constitutifs des choses. » Il réfute
successivement l'une et l'autre erreur (3). Il
combat l'opinion de Pythagore, en montrant que souvent les apparences sont trompeuses (4). Il combat celle d'Héraclite, en
montrant que l'objet perçu est distinct du

―――

(1) *Ibib*, liv. Ier, ch. 1.
(2) *Ibid*, liv. III, ch. 1.
(3) *Ibid*, liv. Ier, ch. 3 à 7.
(4) *Ibid*, liv. IV, ch. 5, 6.

sujet qui perçoit, et que le premier a une existence indépendante du second (1). (E).
« Cependant nous devons leur rendre grâces ;
» car leurs erreurs mêmes nous ont préparé la
» voie (2). C'est une spéculation très-difficile
» que celle qui se dirige à la vérité ; mais la
» raison des difficultés qui l'entourent n'est pas
» tant dans les choses qu'en nous-mêmes. Nous
» ne devons point chercher en toutes choses la
» certitude mathématique; elle ne convient qu'à
» ce qui n'a point une réalité extérieure (3). »

« Il y a plusieurs espèces de principes : la
» première exprime *le commencement* d'un
» mouvement, son point de départ; la seconde,
» les vues qui nous dirigent, comme les
» maximes de la science; la troisième, la partie
» dont un tout se compose; la quatrième, la
» cause efficiente; la dernière, ce qui nous fait
» connaître les choses, comme les axiomes ou
» les définitions. Quelques-uns de ces principes
» sont donc *intérieurs*, d'autres *extérieurs*;
» ceux-là déterminent ce qui fait que les choses
» sont ; ceux-ci, ce qui fait qu'elles sont con-

---

(1) *Ibid*, *ibid*, ch. 3 et 4.
(2) *Ibid*, liv. II, ch. 1.
(3) *Ibid*, *ibid*, ch. 3.

» nues (1). Aristote paraît ici désigner, sous le
» nom plus exact de *principes*, ce qu'ailleurs
» il a désigné sous celui de *causes*, pris dans
» son extension la plus générale. Les anciens
» ont erré quand ils ont confondu les élémens
» avec les principes. Si l'on peut considérer les
» notions générales comme des principes, ce
» n'est que sous un rapport seulement, et non
» d'une manière absolue (2). Répétons-le : tous
» les matériaux sont fournis par les sens ; les
» sens les livrent à la mémoire, celle-ci à l'ex-
» périence, celle-ci à la raison qui en tire les
» notions universelles (3). »

« Néanmoins il n'y a point de science fon-
» dée sur les accidens ; la cause d'un ac-
» cident ne peut être qu'un accident elle-
» même (4). » On touche ici au doigt le
vide qui existe dans la doctrine entière d'A-
ristote ; faute d'avoir compris la vraie théorie des lois générales de la nature, il n'a pu
admettre que les faits accidentels dérivent
d'une coordination générale et permanente.

---

(1) *Ibid*, liv. V, ch. 2.
(2) *Ibid*, liv. III, ch. 3, 4. — Liv. V, 3.
(3) *Ibid*, liv. Ier, ch. 1.
(4) *Ibid*, liv. VI, ch. 2.

« Il y a encore une vérité dans les choses, suivant qu'elles sont ou ne sont pas ; une vérité pour l'entendement, si son jugement est conforme aux choses. Car, il y a dans les choses, comme dans l'entendement, combinaison, association du sujet et de l'attribut. La simple appréhension est sujette à l'ignorance et non à l'erreur (1) ; les conceptions de l'esprit peuvent être considérées sous deux rapports : ou comme *concrètes*, dans leur application à un objet, ou comme *abstraites*, si elles en sont isolées. Elles ne peuvent être erronées que sous le premier. »

« Trois genres d'erreurs peuvent être commis relativement aux choses : si on associe ce qui est incompatible, comme, par exemple, si l'on dit que la diagonale est commensurable ; si l'on associe actuellement ce qui n'est point en effet uni, comme si l'on dit que Socrate est assis quand il est debout ; si enfin on prête à une apparence l'existence réelle qu'elle n'a pas, comme dans certaines illusions qui accompagnent les phénomènes de la vision (2). »

---

(1) *Ibid*, liv. IX, ch. 10.
(2) *Ibid*, liv. V, ch. 29.

En réunissant ici les maximes les plus claires et les plus expresses d'Aristote sur les caractères du *vrai* et du *faux*, nous devons faire observer néanmoins qu'il n'y demeure pas toujours fidèle, et qu'ici, comme dans un grand nombre de sujets, il change assez souvent de langage.

« L'existence des objets réels ne se démontre
» point; elle est aperçue immédiatement par
» les sens, ou immédiatement conçue par l'en-
» tendement (1). »

« Un principe domine tous les autres prin-
» cipes, c'est celui de la contradiction : le
» même ne peut être à la fois et n'être pas (2). »
Aristote se donne la peine de l'appuyer sur de longues argumentations. A ce principe vient s'en joindre un second qui lui est connexe : *Il faut qu'une chose soit ou ne soit pas.*

2°. Le même principe va encore régner sur l'Ontologie.

« Il y a une science qui spécule sur *l'Être*
» en tant qu'*être* ; recherchons ses causes pre-
» mières. Comme il y a une unité dans toutes

---

(1) *Ibid*, liv. XI, ch. 7.
(2) *Ibid*, liv. IV, ch. 4, 5, 6, 7 et 8.

» les perceptions qui nous parviennent par un
» même sens, il est une unité commune à
» tous les genres de perceptions diverses. Cette
» unité n'est pas absolue, elle est tirée de
» l'analogie (1). »

« Distinguons l'*être par soi*, et l'*être par*
» *accident* (2); distinguons encore *la matière*
» et *la forme*, *la réalité* et *la privation*,
» la *puissance* et l'*acte*, la *substance* et
» la *qualité*. »

Sur ces distinctions repose toute l'ontologie d'Aristote. Cette ontologie n'est elle-même qu'une suite de distinctions multipliées presque à l'infini, accompagnées de quelques propositions qui expriment les rapports les plus généraux des abstractions ainsi obtenues. C'est une nomenclature des notions les plus abstraites de l'esprit, une suite de définitions des termes destinés à les exprimer. Nous ne le suivrons pas dans le développement qu'il leur a donné; nous nous bornerons à remarquer que l'abus qu'il en a fait a répandu une triste influence non-seulement sur l'ensemble de ses spécula-

---

(1) *Ibid*, *ibid*, ch. 1, 2.
(2) *Ibid*, liv. V, ch. 7.

tions, mais sur un grand nombre d'applications qui promettaient une issue plus heureuse, et que dans la suite des siècles elles sont devenues la source principale des subtilités de l'école.

« Si, par la pensée, nous détachons d'un objet tout ce qui lui donne un caractère déterminé, ce qui subsiste après ce retranchement est *la matière* suivant Aristote; ce qui lui a été enlevé, ce qui détermine ce même objet, est sa *forme*. Ni la *matière*, ni la *forme*, séparées l'une de l'autre, n'ont d'existence positive; leur réunion est ce qui constitue la *réalité*. La *puissance* n'exprime encore que l'ordre du possible ; l'*acte* le transporte dans la région de ce qui existe. La *substance* naît de l'hyménée de la *matière* et de la *forme* ; de telle manière qu'elle est le fondement et le pivot de tous les attributs, sans pouvoir être elle-même attribuée à aucune autre chose (1). »

Plutarque et Simplicius ont déjà remarqué l'analogie qui existe entre les *formes* d'Aristote et les *idées* de Platon. « Aristote, dit le premier (2), conserve les notions universelles où

---

(1) *Ibid*, liv. VII, ch. 3, 4, 13, 17, etc.
(2) *De Placit phil.*, liv. Ier, ch. 10.

» les idées, sur lesquelles ont été mode-
» lés les ouvrages de la Divinité, avec cette
» différence seulement, que, dans la réalité,
» il ne les a pas séparées de la matière. La *ma-*
» *tière*, dit Aristote, est ce dont on compose quel-
» que ouvrage, comme de l'airain on tire une sta-
» tue; la *forme* est un moule; elle est la raison
» d'après laquelle cet ouvrage est exécuté; elle
» en détermine le genre (1). » La *forme* et
l'*idée* ont au fond le même caractère, avec la différence que Platon la sépare de l'objet, qu'A-
ristote l'imprime sur l'objet et ne l'en détache
que par une opération de la pensée.

L'*être* exprimant à la fois et *ce qui existe réellement*, et la notion que l'esprit humain se forme de cette existence, il n'est pas de sujet qui offre une plus abondante matière aux illusions qui naissent de la confusion introduite entre l'ordre des vérités purement logiques et celui des vérités réelles et positives. Déjà nous avons remarqué combien Aristote était fréquemment subjugué par ces illusions, alors même qu'il cherche à s'en défendre; dans son Ontologie il y est entraîné plus que jamais; il raisonne comme s'il était véritablement trans-

---

(1) *Physic.*, liv. II, ch. 1, 3.

porté à l'origine de toute existence, comme s'il résidait dans le sanctuaire mystérieux où le *possible* se prépare, pour être enfanté à la réalité. On aurait pu s'attendre qu'en traitant de cette science il aurait donné à sa théorie des causes le développement qu'appeloit la matière; mais il se borne à reproduire à peu près la classification des diverses espèces de causes. Il suppose trois principes de ce qui arrive : la nature, l'art, le hasard ; ce dernier signal d'une manière évidente l'imperfection des idées qu'il s'était faites des lois de l'univers. Enfin, il établit deux propositions assez faiblement démontrées, mais dont l'une du moins a une haute importance : « *Il n'y a point de progrès de causes à l'infini; les êtres par accident n'ont point de causes par eux-mêmes* (1). »

Ces deux propositions peuvent servir d'introduction à sa théologie.

3°. Théologie.

Des spéculations sur les êtres en général, Aristote s'élève aux considérations qui ont pour objet l'Etre suprême; il est le premier qui leur ait donné la forme d'une science;

---

(1) *Ibid*, liv. II, ch. 2. — Liv. VI, ch. 2.

il a institué le nom que cette science a reçu. Ses premiers commentateurs ont pensé que sa métaphysique entière n'était qu'une introduction à la théologie qui la termine ; et, en effet, dans le dernier livre qui est spécialement réservé à celle-ci, il résume sa métaphysique en l'appliquant à cette haute investigation.

« La cause efficiente occupe le premier rang;
» car, la cause finale n'est un principe que dans
» l'intention de la précédente, l'idéal, l'exem-
» plaire n'est point séparé de la cause réelle-
» ment active. La cause efficiente est le principe
» de toutes les transformations. » Aristote désigne ces révolutions sous l'expression générale de *mouvement*. « Il faut au mouvement un
» premier moteur, immuable lui-même; car
» tout ce qui est mû est nécessairement mû par
» un autre. » Tel est le fondement principal sur lequel Aristote établit la démonstration de l'existence de la divinité (1). Il admet cependant aussi les inductions téléologiques : « L'uni-
» vers a été constitué et coordonné de telle
» manière que chacune de ses parties se rap-
» porte aux autres, que toutes se réfèrent à un

---

(1) *Métaphys.*, liv. XIV, ch. 1 à 6. — *Physic.*, liv. VIII, ch. 4 à 9. — *Du Monde*, ch. 6.

» but commun, quoique d'une manière diffé-
» rente. Les unes, comme les cieux, sont sou-
» mises à un ordre plus constant et plus parfait;
» les autres, comme les phénomènes sublu-
» naires, à une disposition moins régulière;
» mais, les unes et les autres conspirent au bien
» général, et ne dépendent que d'un seul prin-
» cipe. » Aristote compare l'univers à une
famille sagement dirigée par l'autorité du père
de famille, à un empire gouverné par un mo-
narque, à un concert que dirige un artiste habile. Ici encore, il s'élève contre les *idées* de
Platon; il les accuse de ne composer de l'essence universelle qu'une fable mal conçue, un
drame sans unité, de placer le système des êtres
sous le gouvernement de principes multiples et
qui ne s'accordent point entre eux (1). Aristote,
ordinairement si froid, si sec, s'anime subitement et s'élève lorsque la pensée de la divinité
se présente à lui; son langage devient éloquent;
il en appelle au témoignage de tous les siècles.
« C'est la tradition de l'antiquité; c'est la vérité
» annoncée à tous les hommes par nos premiers
» maîtres, que tout a été institué, coordonné

---

(1) *Métaphys.*, liv. XIV, ch. 10.

» de Dieu, et par Dieu; que la nature n'a par
» elle-même aucune force propre qui lui per-
» mît de subsister sans cette protection et cette
» tutelle suprême. Aussi, quelques-uns des an-
» ciens allèrent-ils jusqu'à prétendre que l'uni-
» vers est plein de Dieux; mais, une telle pro-
» position est peu conforme à la nature divine.
» Dieu, sans doute, est l'auteur de tous les
» ouvrages qui composent le monde; il en est
» le conservateur; mais, il n'a point opéré à la
» manière des ouvriers vulgaires; il n'est sujet
» à aucune lassitude; il a en lui-même une
» force supérieure à tous les obstacles; toutes
» choses sont contenues dans sa puissance su-
» prême; son regard embrasse tout, et il n'est
» point pour lui d'objet lointain (1). » Aristote
fonde sur une suite de démonstrations tous les
attributs de la divinité, son unité, sa perfection, son immatérialité. « Dieu est l'être absolu,
» l'être nécessaire; il est à lui-même l'objet
» unique de sa propre pensée (2). » C'est un
grand et beau spectacle pour les amis de la vraie
philosophie, que de voir les deux plus beaux
génies de l'antiquité, Platon et Aristote, si op-

---

(1) *Du Monde*, ch. 6, 7.
(2) *Métaphys.*, liv. XIV, ch. 7.

posés d'ailleurs, se retrouver dans un si parfait accord à l'égard de la doctrine sur laquelle reposent les plus grands intérêts de la morale et de l'humanité, se réunissant sur les pas d'Anaxagoras et de Socrate, pour offrir l'hommage de la raison humaine au suprême auteur de toutes choses !

Les livres *physiques*, ceux *de la génération et de la corruption, du monde, du ciel*, appartiennent à cette science mixte ou subordonnée qu'Aristote fait dériver des applications de la métaphysique à l'étude de la nature; car, il s'est peu occupé, même dans les deux dernières, des applications de la géométrie, et il n'a guère destiné à celles-ci que ses *questions mécaniques*. Il semblait cependant, dans le chapitre IIe du deuxième de ses *livres physiques*, avoir saisi les rapports de la physique et des mathématiques, de manière à faire espérer qu'il en aurait lui-même tiré plus de fruits. Mais, dans l'étude de la physique générale, il a été préoccupé d'une idée dominante qui devait, surtout à l'époque et dans les circonstances où il était placé, en partie égarer ses recherches, en partie les frapper de stérilité. C'est ici l'écueil que n'a pas su éviter le génie d'Aristote; ici se forme le nuage qui a obscurci en partie ses mérites et sa gloire.

En faisant dériver la physique générale de l'ontologie, Aristote a donné aux notions abstraites qui composent celle-ci une valeur réelle qu'elles ne sauraient avoir ; il a fait retomber sur la première toutes les conséquences de l'imperfection qu'il avait laissée dans la seconde ; il s'est détourné des investigations qui, sur une voie plus légitime, promettaient des résultats plus abondans et plus utiles ; il a mis obstacle à la vraie solution des questions qu'il avait d'avance préjugées *à priori*.

Aristote avait très-bien aperçu comment, dans la formation de ses idées, l'esprit s'élève graduellement des individus aux espèces, des espèces aux genres ; mais, il n'avait point découvert en quoi consiste le juste emploi des notions générales aux connaissances positives. Aristote avait compris l'utilité des classifications qui distribuent les phénomènes considérés comme des faits isolés, et le principe qui doit présider à ces classifications ; mais, il n'avait point démêlé le lien qui unit ces phénomènes entre eux, et le moyen par lequel l'esprit humain parvient à le saisir. Tout en admettant l'expérience pour base du système des connaissances, il n'avait pas soupçonné comment l'expérience se décompose par une suite de comparaisons méthodiques, comment elle se transforme par l'induction. Dès lors, il s'était fait une idée fausse des lois générales de la nature. Il avait partagé l'empire de la nature en deux régions bien distinctes, presque isolées et indépendantes : l'une, régie par des arrêts absolus, nécessaires ; l'autre, livrée à la mobilité des accidens. Il n'avait pas connu ce rapport fécond par lequel la généralité des lois résulte de la varieté même des phénomènes particuliers, et par lequel la mobilité des phénomènes particuliers n'est qu'une suite de la constance même des lois qui y président. De là, la part qu'il attribue à la fortune et au hasard dans les événemens ; de là, la puissance exagérée qu'il prête aux axiomes dans le domaine des réalités.

Il faut lui savoir gré sans doute d'avoir exercé une censure sévère à l'égard des hypothèses de ses prédécesseurs, d'avoir exprimé une extrême défiance contre l'emploi de ce genre de spéculations, d'avoir en particulier combattu le système de Parménide, qui confondait tout dans l'identité absolue (1) ; mais il est à regretter que cet

---

(1) *Physic*, liv. I, ch. 2 et 3.

esprit investigateur n'ait pas indiqué à son siècle comment les faits connus et séparément observés peuvent s'expliquer les uns par les autres ; il est à regretter que cette défiance ne l'ait pas garanti lui-même d'ériger certains principes absolus qui, dans leur application, ont tout l'effet d'une hypothèse gratuite, comme celui qui établit que *la nature agit toujours pour une fin* (1). On doit lui savoir gré aussi de s'être attaché à déterminer certaines notions fondamentales, comme celles du mouvement, du lieu, de l'espace ; mais les définitions en physique ont aussi leur danger, lorsqu'elles sont déduites, non de l'examen des faits, mais des simples spéculations rationnelles ; lorsqu'elles sont introduites avant qu'une masse suffisante d'expériences ait été recueillie.

« Comme la connaissance et la science », dit Aristote au commencement de ses livres *physiques*, « dans toutes les recherches qui ont
» pour objet les principes, les causes et les élé-
» mens, partent de l'étude de ces notions
» fondamentales, comme nous ne connaissons
» réellement une chose, quelle qu'elle soit, que
» lorsque nous en avons atteint les causes pre-

---

(1) *Physic*, liv. II, ch. 8.

» mières, les premiers principes et les élemens
» constitutifs, il est évident que nous devons
» tendre avant tout à définir ce qui appartient
» aux principes des sciences naturelles. Il faut
» donc descendre de l'universel au particu-
» lier ; l'universel est un tout qui comprend les
» singuliers comme ses parties ; les enfans
» commencent par donner le nom de *père* à
» tous les hommes ; ils arrivent ensuite à dis-
» tinguer les hommes entre eux (1). » En con-
séquence, Aristote établit d'abord que *les principes sont contraires* ; puis il pose trois principes de toutes choses : *la matière, la privation et la forme* (2). Sa physique générale n'est encore qu'une nomenclature des notions abstraites qui appartiennent à cette science. Aristote tombe manifestement en contradiction avec ses propres maximes, lui qui avait si souvent répété qu'on ne peut s'élever au général que par la comparaison graduée des objets particuliers. Une telle manière de procéder avait d'autant plus d'inconvéniens que le système des faits particuliers était encore plus incomplet, et laissait par conséquent subsister une plus

---

(1) *Physic*, liv. Ier, ch. 1. — Liv. VII, ch. 1.
(2) *Ibid*, liv. Ier, ch. 6, 7, 8.

grande imperfection dans les notions générales que l'esprit humain avait pu en déduire.

Venons enfin à cet ordre de sciences qu'Aristote à appelées *pratiques*, et qui ont cela de propre, qu'elles se rapportent à un but, à une fin que choisit et se propose, dans ses actions, l'être libre et raisonnable.

Il se divise en trois branches principales : l'*Ethique*, la *Politique*, l'*Économique* ; mais ces trois branches sortent du même tronc, et sont intimement liées entre elles. « Car, la société n'est instituée que pour procurer à chacun de ses membres le plus grand degré de félicité et de perfection morale (1) ; la morale, à son tour, tend à rendre chaque individu aussi utile qu'il est possible à la société dont il fait partie ; l'économie privée ou publique est l'un des moyens de contribuer au bien-être individuel ou commun. »

« La priorité appartient à l'Ethique ou morale, parce que c'est elle qui détermine le but et la fin que l'homme doit se proposer ; mais la prééminence appartient à la politique, en ce

---

(1) *Ethic. ad Nicom.*, liv. Ier, ch. 13. — *Politic.* liv. Ier, ch. 8, 9. — Liv. III, ch. 6.

sens que l'éthique s'adresse seulement à l'homme privé, et que la politique s'adresse à la société entière ; ainsi les influences de celle-ci embrassent dans leur généralité tous les bienfaits qu'on peut attendre de la morale particulière (1). »

Ici encore, Aristote, dès le début, s'élève contre la théorie des idées de Platon, « quoi-
» qu'elle ait été produite, dit-il, par des
» hommes qui étaient mes amis ; mais la vé-
» rité doit nous être plus chère que l'amitié
» même. Le vrai bien est tout entier dans la
» réalité ; il se compose d'élémens très-variés ;
» il ne peut donc consister dans cette abstrac-
» tion universelle que Platon a instituée (2). »

« L'homme est un agent libre et raisonnable ;
» comme agent libre, il n'est point contraint,
» mais il exerce une activité spontanée ; comme
» agent raisonnable, il réfléchit et délibère pour
» choisir (3). »

« Dès lors, il doit se proposer un but en
» agissant ; chaque action, chaque art a sa fin
» particulière; mais il y a, entre ces fins, comme
» entre les arts, une certaine progression, une

---

(1) *Ibid.*, liv. Ier, ch. 1 et 2.
(2) *Ethic. ad Nicom.*, liv. Ier, ch. 4.
(3) *Ibid.*, liv. IV, ch. 3, 4, 5.

» certaine subordination ; il y a donc un but
» supérieur auquel tous les autres doivent con-
» spirer ; ce but doit être recherché pour lui-
» même ; tous les autres ne sont recher-
» chés qu'à raison de lui ; c'est le souverain
» bien (1). »

» Le souverain bien consiste dans la perfec-
» tion ; le bonheur et la vertu ne sont qu'un
» avec lui (2). »

« Le *droit* se fonde sur l'égalité ; la *justice*,
» dans le sens rigoureux, est le respect pour
» le droit ; le droit est antérieur aux lois posi-
» tives, et leur sert de base (3). »

De ces principes découlent à la fois la morale et la politique d'Aristote ; ils fondent l'alliance de ces deux sciences ; car, « l'utilité
» commune, le bien de tous, est le but de la
» politique, et, pour y atteindre, elle doit
» avant tout garantir les droits de chacun, et
» s'appuyer sur la justice. Le règne des lois
» doit être supérieur à celui des hommes (4). »

C'est dans cette double carrière que se déploie

___

(1) *Ibid.*, liv. Ier, ch. 1, 2,
(2) *Ibid.*, *ibid.*, ch. 7, 8 et 13. — Liv. II, ch. 6.
(3) *Ibid.*, liv. V, ch. 5, 6.
(4) *Politic.*, liv. Ier, ch. 1. — Liv. III, ch. 6 et 12.

toute la supériorité du génie d'Aristote; ici, redevenu fidèle à ses maximes premières, c'est sur l'expérience qu'il a fondé la théorie; la connaissance des hommes, le commerce du monde, l'étude de l'histoire, lui ont fourni en abondance les faits et les observations; leur variété en a rendu la comparaison plus complète et plus féconde; il a pu obtenir des nomenclatures exactes, que leur richesse même rend plus exactes encore; les résultats qui se sont offerts sous ses yeux lui ont servi à vérifier les notions spéculatives; il a pu reconnaître le vrai par l'utile. Il est admirable lorsque, dans son Ethique, il énumère, définit, distingue, classe, subordonne les unes aux autres toutes les vertus humaines; lorsque, dans sa Politique, il détermine les trois grandes formes essentielles des gouvernemens, les trois altérations qui les dénaturent, recherche l'esprit de chacune d'elles, les combinaisons par lesquelles elles peuvent se modifier en s'unissant, applique ces considérations aux constitutions des divers états, aux révolutions qu'ils ont subies.

Aristote, comme on voit, n'a point fondé la morale sur le principe de l'obligation ou du devoir; il fait consister essentiellement la vertu dans la modération; non pas précisément dans l'observation d'un juste milieu, comme l'ont cru les commentateurs, mais dans cet empire sur soi-même, qui triomphe tout ensemble et de l'impétuosité des passions et de la faiblesse de la volonté, qui préserve ainsi de tous les excès, en même temps qu'il donne la force nécessaire pour accomplir ce qui est bon et juste (1).

Aristote n'a point considéré le code de la morale comme une loi qui émane de la divinité; mais, il a considéré le but de la morale comme quelque chose de divin, sa pratique comme un exercice qui rapproche l'homme de l'être souverainement parfait; « car, la vertu consiste à ressembler à celui qui est la perfection suprême (2). » Ainsi il s'éloigne de la doctrine de Socrate; mais, il paraît de nouveau se réunir à celle de Platon (F).

Aristote fait dériver l'état de la famille et la société civile, de la société domestique. Il montre comment il y a des rapports primitifs et individuels entre les hommes, des biens privés pour chacun d'eux; comment ensuite ces rapports s'étendent, se multiplient; comment

---

(1) *Ethic. ad Nicom.*, liv. II, ch. 2 et 3.
(2) *Ibid.*, liv. Ier, ch. 10.

des biens communs et indivisibles demandent une gestion générale. Il distingue l'administration de la législation. Considérant, à l'exemple de tous les législateurs de l'antiquité, l'éducation comme la base des institutions politiques, il lui consacre une part essentielle dans ses études, et la dirige éminemment vers un but social. Dans cette erreur célèbre et cruelle sur l'esclavage, qui dépare sa politique, nous retrouvons la même cause qui l'a plus d'une fois égaré; il a converti un fait présent en principe absolu; il a généralisé trop aveuglement un axiome; car, son raisonnement se fonde sur la maxime déjà citée : *Le droit suppose l'égalité* (1); et c'est pourquoi il n'admet aucun droit dans les enfans, aucune limite dans l'autorité paternelle.

Il nous reste à considérer le troisième et dernier ordre des travaux d'Aristote, ceux dont la matière est *instrumentale*, c'est-à-dire ceux qui ont pour objet l'institution des méthodes, l'emploi du grand instrument de l'homme, son intelligence, et des instrumens secondaires qui l'assistent dans ses opérations.

---

(1) *Politic.*, liv. Ier, ch. 5, 6.

On peut dire à quelques égards, que, même dans l'étude d'une partie des sciences théorétiques, Aristote a souvent traité plus encore les règles de l'exposition que les principes générateurs, qu'il a créé aussi des instrumens plutôt que des connaissances réelles; car, sa métaphysique et sa physique se composent essentiellement, comme nous l'avons vu, de définitions et de nomenclatures. Aussi, dans ses traités didactiques, reproduit-il souvent, et jusque dans les mêmes termes, des séries entières d'idées qui appartiennent à ses doctrines spéculatives.

L'esprit de l'homme est son propre instrument à lui-même; le langage vient ensuite lui prêter son secours; l'art de démontrer, l'art de l'orateur, celui du poëte se partagent l'emploi de cette puissance qu'a instituée l'alliance du langage et de la pensée. La connexion qui unit naturellement la grammaire générale à la logique devient bien plus étroite encore dans les vues d'Aristote qui a fait consister exclusivement la logique dans l'art de former les propositions et de les enchaîner par le lien de l'identité; car, cette identité repose sur la valeur attachée aux termes, et la logique, telle qu'il l'a conçue, consiste essentiellement à retrouver dans les expressions ce qu'on y a mis en créant la langue.

Les traités d'Aristote que les interprètes grecs, et les modernes d'après eux, ont réuni sous le titre commun d'*Organon*, ne forment évidemment qu'un corps ; il a voulu y réunir le système complet de tout ce qui concerne la vérité, la certitude de la connaissance humaine, telles qu'elles dépendent de la nature de l'entendement, des limites qui lui sont posées, des lois qui les régissent.

Une vue grande et neuve a présidé à ce vaste plan qu'Aristote a imaginé pour instituer le code de la raison humaine. Les conceptions de l'esprit, ou les idées, en prenant ce mot dans l'acception ordinaire, sont les matériaux de l'édifice que la logique est appelée à construire ; il faut donc d'abord faire la revue et l'inventaire de cet immense approvisionnement dont l'esprit est pourvu, le mettre en ordre, déterminer la nature des richesses qui les composent, les classer, les distribuer en genres à la manière des naturalistes : de là les *Catégories*. On peut supposer que la décade pythagoricienne aura suggéré cette invention au Stagyrite ; cependant, combien il y a loin de l'une à l'autre ! La première, formée presque au hasard, n'a qu'une symétrie apparente, confond les espèces dans les genres, et laisse beaucoup de lacunes. La seconde est un véritable trait de génie. Elle appartient à la psycologie autant qu'à la logique; elle forme leur consanguinité.

« Comme les notions de l'entendement sont les images des objets (1); comme toute connaissance commence aux objets particuliers et individuels, classons d'abord les idées que nous nous en formons d'après cet aspect sous lequel ils nous sont offerts par la nature. Or, les objets nous sont offerts d'abord distincts les uns des autres, comme ayant chacun une existence propre et individuelle; et c'est la *substance*. Après les avoir distingués entre eux, nous les réunissons ou les séparons, et de là la *quantité*. Nous les rapprochons entre eux, nous observons comment ils se comportent réciproquement, et de là la *relation*. En les comparant, nous remarquons ce qui fait que chacun est tel ou tel, et non pas un autre; c'est la *qualité*. Les objets agissent les uns sur les autres; l'un produit, l'autre reçoit l'effet qui en résulte; ils sont dans un espace, dans un temps; les parties qui composent un objet observent une certaine disposition entre elles; un objet peut

―――――――

(1) *De interpretat.*, ch. 1.

appartenir à l'autre comme sa partie ou sa dépendance ; de là les six dernières catégories, qui ne sont guère que les sous-divisions de la troisième (1). »

Aristote donne le nom de *premières notions* à ces catégories. Les secondes notions, ou les *catégorèmes* sont : *le genre*, *l'espèce*, la *différence*, le *propre*, l'*accident* ; elles constituent tous les attributs possibles (2). (G). »

« Jusqu'ici, il n'est rien encore qui soit sujet à la vérité ou à l'erreur ; car, il n'y a rien encore qui constitue l'affirmation ou la négation. L'opération du jugement viendra combiner ces élémens épars. Le *possible* et l'*impossible*, le *nécessaire* et le *contingent*, seront les liens divers employés à les unir en un faisceau (3). »

« La proposition qui exprime le jugement est donc composée de trois termes : les noms en sont la matière ; le verbe en est le nerf (4) ; l'affirmation ou la négation en est le caractère et le signe. Plusieurs propositions liées

---

(1) *De Categor.*, ch. 3 à 9.
(2) *Topic.*, liv. Ier, ch. 4.
(3) *De interpretat.*, ch. 2, 3, 11, 12.
(4) *Ibid.*, ch. 2, 3.

entre elles constituent le raisonnement. Le raisonnement le plus simple, le raisonnement élémentaire, est celui qui unit deux idées au moyen d'une troisième, qui se compose ainsi de trois propositions : les deux prémisses et la conséquence. Voilà le *syllogisme*, dont le nom indique cette association qu'il opère. Aristote l'a reconnu, défini ; il en a tiré un art nouveau, dont il a suivi tous les développemens, institué toutes les règles. Le livre de *l'interprétation* a pour objet l'exactitude de la proposition ; les *analytiques*, la légitimité du *raisonnement* ; les *topiques* enseignent à trouver des démonstrations ; les livres des *Argumentations sophistiques*, à prévenir les erreurs où les vices du raisonnement peuvent conduire.

Aristote, le premier, a analysé la nature de la proposition et du raisonnement abstrait ; il a porté dans cette analyse une exactitude si rigoureuse que ses résultats sont demeurés tels qu'il les avait fixés, et que jusqu'à ce jour on n'en a rien retranché, on n'y a rien ajouté ; elle a pris dans ses mains le caractère d'un théorême géométrique. En faisant cette remarque, nous ne prétendons point, au reste, adhérer à l'opinion générale qui considère cette analyse comme parfaite ; mais, ce n'est point ici le lieu d'examiner si, comme nous le pensons, elle est incomplète en ce qui concerne le jugement des faits.

Ayant une fois déterminé toutes les sortes d'élémens qui entrent dans le double ordre de combinaisons, le jugement et le raisonnement, ayant déterminé également les divers modes suivant lesquels ils peuvent s'unir entre eux pour former ces combinaisons, on conçoit que les combinaisons elles-mêmes qui en résulteront seront susceptibles d'être prévues et rangées, à leur tour, en un certain nombre de classes qui auront leurs conditions propres, leurs caractères distinctifs. Dès lors, on pourra construire à l'avance une suite de formules qui représenteront tous les résultats possibles, leurs propriétés constitutives et leurs signes extérieurs. Dès lors aussi on pourra composer un code de règles qui fixeront d'une manière invariable la légitimité des conséquences auxquelles ces déductions viendront se terminer. Telle a été la conception ingénieuse qu'Aristote, sous le nom de *figures du syllogisme*, a exécuté avec une rare sagacité et une singulière patience.

Cette conception, au reste, par sa nature même, n'embrassera que la forme du raisonnement, et non son essence; elle régira le langage plus qu'elle n'éclairera les opérations de l'esprit; elle sera à quelques égards pour exercices de la raison ce que l'algèbre a été pour la géométrie.

Nous n'aurions garde de suivre Aristote dans l'immense travail qu'il a entrepris ; il est consigné dans toutes les logiques des écoles. On ne peut contester à ces formules le mérite de l'exactitude, à leur créateur, le mérite d'une invention très-ingénieuse; mais, il reste à considérer ensuite cet instrument sous le rapport de son utilité ; et ici quatre points de vue se présentent, quatre questions peuvent naître.

1°. Quel peut être l'emploi des formes aristotéliques dans l'ordre des vérités réelles et positives ? peuvent-elles même y recevoir une application quelconque ? leur auteur a-t-il prétendu les faire servir à cet usage, ou concentrer uniquement leur application aux vérités hypothétiques ?

Il est évident que ces formules sont dépourvues de toute valeur en ce qui concerne les rapports de l'esprit humain avec les objets réels; qu'elles peuvent seulement saisir et gouverner les rapports qu'ont entre elles les idées qu'il s'en est formées. Les objets étant donnés, elles serviront à faire retrouver les conditions qui y sont at-

tachées; mais, elles supposent toujours cette matière extérieure déjà existante, et sont inhabiles à la créer. En effet, leur principe général est celui-ci : « si on affirme un attribut d'un sujet, de telle
» manière que, sous l'idée de ce sujet, on ne
» puisse concevoir aucun objet auquel cet at-
» tribut ne convienne, l'idée de l'attribut sera
» entièrement contenu dans l'idée du sujet, et
» cet attribut conviendra au sujet d'une ma-
» nière générale (1). »

Mais, c'est en vain que nous interrogeons la pensée d'Aristote sur ce point; elle nous échappe au travers d'assertions vagues ou contradictoires; non qu'il n'ait bien distingué les deux ordres de vérités qui résident l'une dans l'esprit, l'autre dans les choses, mais, parce qu'il n'a pas déterminé le rapport qui existe entre eux, ainsi que nous l'avons déjà remarqué plusieurs fois. Tantôt il reconnaît lui-même que le syllogisme n'a qu'une force conditionnelle, se bornant à déduire ce qui a été supposé dans les prémisses (2). Tantôt

---

(1) *Analyt. Prior.*, liv. I, ch. 1.
(2) *Ibid. ibid. Métaphys.*, liv. V, ch. 7, 29. — Liv. VI, ch. 3.

il suppose au contraire que la science obtenue par les déductions jouit nécessairement d'une vérité objective et matérielle, et il se fonde sur ce que les idées manifestent la présence des objets, sur ce que nos perceptions correspondent aux objets eux-mêmes, comme des effets à leur cause, supposition qu'il admet en fait, sans chercher à la justifier (1); il distingue les principes nécessaires, ou *axiomes*, et les principes *conditionnels*, ou *thèses;* les principes *formels* et les principes *matériels* (2): tantôt il rattache tous les principes à un principe unique, celui de *la contradiction;* tantôt il leur associe ceux de la *convenance,* ou de *l'exclusion;* tantôt il admet encore un fondement réel, ou la cause (3). Enfin, si on le suit dans la pratique, on voit qu'il conseille l'emploi du syllogisme dans l'ordre des connaissances réelles, et qu'il en prévoit, qu'il en règle l'application, comme si elle était possible (H).

---

(1) *De interpretat.*, I, *De l'âme*, liv. III, ch. 6. — *Métaphis.*, liv. IX. ch. 10.

(2) *Analytic. Post.*, liv. Ier ch. 2, 32. — *Analyt. Prior.*, liv. II, ch. 2. — *Post.*, liv. Ier, ch. 2, 32. — II, ch. 17. — *Topic.*, liv. II, ch. 3.

(3) *Categor.*, ch. 10.

2°. Quelle sera la certitude des connaissances fondées sur une semblable législation ? Au delà de la certitude absolue, n'y a-t-il pas une sphère des probabilités ? quelle en est la nature ? quels sont les degrés dont elle se compose ?

Ici encore, mêmes hésitations, mêmes doutes. Il n'y a de certitude que pour les choses *nécessaires*. La nécessité est tour à tour expliquée ou par une loi rationnelle qui n'est au fond que l'identité, telle que celle qui préside aux vérités mathématiques, ou par je ne sais quelle condition naturelle et matérielle des choses, qui échappe à toute définition. Le *contingent* est abandonné à une destinée vague et indéfinie qui semble ne reconnaître aucune règle ; c'est l'opinion, la croyance ; c'est ce qui paraît vraisemblable au commun des hommes. Aristote n'y distingue, n'y détermine point les divers degrés de vraisemblance, ne donne aucun moyen de les évaluer. Il ne paraît pas même soupçonner qu'il y ait une logique des probabilités, que cette logique ait ses principes aussi certains, ses règles aussi absolues, que celles des propositions nécessaires ; que, par exemple, quoiqu'on ne puisse savoir avec certitude quelle face nous présentera un dé jeté au hasard, on sait avec certitude qu'il y a une chance égale pour chaque face, et qu'on peut en déduire combien il y a de chances pour obtenir tel ou tel nombre dans les combinaisons que le jet du dé peut donner. Il donne cependant le nom de *dialectique* à l'art de raisonner sur les éventualités des choses contingentes ; et, d'autres fois, il donne encore le nom de dialectique à l'art de la controverse ; comme s'il pouvait y avoir, logiquement parlant, un autre art pour démontrer la vérité ou réfuter l'erreur dans les discussions avec les autres hommes, que pour reconnaître la vérité ou démêler l'erreur, dans la méditation solitaire (1) (I).

3°. En quoi les formules aristotéliques peuvent-elles servir à l'investigation et à la découverte de la vérité ? peuvent-elles même prêter à cet égard quelque secours utile ?

Si nous considérons ces formules en elles-mêmes, la réponse sera facile ; et, comme Aristote n'a pas compris en quoi les propositions abstraites et générales servent à transformer les propositions concrètes et déterminées, ses formules sont, pour l'invention, d'une stérilité

---

(1) *Analyt. Post.*, liv. I, ch. 6, 8, 30. — *Topic.*, liv. I, ch. 1, 2, 8.

manifeste. Elles sont pour l'esprit humain ce qu'est pour le propriétaire d'une bibliothèque le catalogue qu'il en a dressé, et qui lui sert à y retrouver les livres qu'il y a fait entrer, sans pouvoir lui procurer aucune acquisition réelle. Cependant Aristote était sur la voie de cette grande et féconde discipline; il y avait préludé en instituant sa théorie des causes. On ne peut assez s'étonner de la lui voir abandonner, pour se jeter dans les artifices, ingénieux sans doute, mais si peu énergiques, qui sont l'objet de ses *Topiques;* réduire l'investigation de la raison à trouver les termes moyens des syllogismes, et à fouiller dans ces cases, si l'on nous permet cette expression, qu'il a disposées à l'avance pour fournir les élémens d'une argumentation quelconque, de le voir retombant encore ici dans ses fluctuations accoutumées, nous représenter tour à tour ces *lieux* ou *moyens* comme instrumens de controverse, comme servant à éprouver, à contrôler, à réfuter les opinions, et comme de vrais ressorts de la philosophie, contribuant à procurer l'avancement de toutes les sciences (1).

---

(1) *Topic.*, liv. I, ch. 2.

4°. Enfin, en quoi la logique d'Aristote peut-elle contribuer à l'éducation de la raison, à la bonne direction de l'esprit humain, à un exercice salutaire de ses facultés ?

Cette question, Aristote ne paraît pas se l'être adressée à lui-même. Nous sommes surpris de voir le philosophe qui avait si bien étudié la nature de l'esprit humain, qui mettait en général tant de prix aux résultats pratiques, négliger cependant de tracer pour la raison le régime propre à développer et entretenir ses forces, se contenter de lui prêter des secours extérieurs, artificiels; lui donner des observances au lieu de conseils, disons plus, favoriser même sa paresse et son inertie. Car, tel est le caractère des formules syllogistiques, qu'elles semblent imaginées pour fournir un moyen de juger sans voir, de raisonner sans réfléchir, qu'elles réduisent le plus noble exercice de l'intelligence à un travail presque mécanique. Elles composent l'art d'argumenter, non l'art de penser. Elles font descendre celui qui en fait usage, de la dignité de philosophe, à une sorte de métier dans lequel il ne reste qu'un soin d'exécution; il saura qu'il affirme la vérité, parce qu'il en a la garantie dans les règles suivies; mais, il ne la possédera pas en tant que vérité, parce qu'il aura été dispensé de concevoir l'enchaînement des idées qui la fondent ; il prononcera sur la foi des formules, et non d'après sa conviction propre ; ainsi, cette vérité même ne fructifiera point entre ses mains, parce qu'il aura été inhabile à s'en rendre compte. On dirait qu'Aristote, par des méditations hardies, par de vastes combinaisons, s'est chargé à l'avance de penser pour tous ses disciples, de prévoir tous les jugemens qu'ils pouvaient porter, et leur a légué ensuite les signes sensibles et certains auxquels ils pourraient reconnaître si ces jugemens sont ou non légitimes.

La législation qu'Aristote a imposée à toutes les sciences et à tous les arts, plus forte mille fois que celle que Lycurgue donna à Sparte, est encore en vigueur après vingt-trois siècles ; elle a dominé tout ensemble l'enseignement de la théologie et la chaire de l'évangile ; elle gouverne encore notre barreau, règne encore sur notre scène tragique ; elle a subsisté au milieu du mélange des peuples, des révolutions survenues dans les institutions, les mœurs et les langues. Quelle est donc cette puissance de la philosophie à laquelle il a été donné de marquer d'avance au génie les orbites qu'il lui est permis de parcourir dans toutes les carrières et pendant la suite des âges ? Et à quelle hauteur devait s'être élevé celui qui fût capable de s'emparer d'une telle puissance ! L'exemple ne s'en produit qu'une seule fois dans l'histoire ; car, Confutzée, Zoroastre ont dû aux institutions politiques et religieuses la durée de l'empire qu'ils ont exercé sur des peuples à demi civilisés ; Aristote n'a dû qu'à lui-même celui qu'il a obtenu sur des nations éclairées.

Ces considérations nous expliquent en quoi l'influence exercée par Aristote diffère de celle obtenue par Platon ; car, nous retrouvons encore ici entre ces deux philosophes un contraste semblable à celui que nous avons remarqué entre les dispositions qui étaient propres à chacun. L'influence de Platon a été plus prompte, mais plus mobile ; celle d'Aristote beaucoup plus tardive, mais plus fixe. L'influence de Platon a été plus vague et plus générale ; celle d'Aristote a été plus exclusive ; elle s'est presque concentrée dans ses propres disciples. Platon a régné par la puissance de l'inspiration ; Aristote par l'empire de l'autorité ; Platon a légué ses exemples, Aristote ses préceptes. Platon a excité l'enthousiasme des penseurs, il a favorisé les contemplations des mystiques ; Aristote a eu le suffrage des érudits ; il a gouverné les écoles. Platon s'est associé au christianisme dans les beaux siècles de son adolescence ; Aristote s'est assis dans les chaires du moyen âge. Il y a dans la doctrine de Platon une sorte de force excentrique et fécondante qui sert à produire dans ceux qui s'en pénètrent des vues toujours nouvelles, quoique peut-être téméraires, et qui les jettent même quelquefois dans des spéculations fantastiques ; les règles d'Aristote ont une force en quelque sorte coërcitive qui tend à prévenir les écarts, mais en interdisant toute hardiesse dans les tentatives.

Hâtons-nous de le dire au reste, ce contraste ne s'est montré dans toute son étendue, en ce qui concerne Aristote, que relativement aux siècles et aux écoles qui se sont bornés à étudier sa philosophie instrumentale ; et telle a été la condition des écoles du moyen âge. Cet appareil de règles absolues convenait merveilleusement aux temps, aux pays qui proscrivaient toute liberté de penser.

Il y a dans les formules mécaniques, dans les nomenclatures rigides, une puissance secrète qui subjugue les esprits médiocres, qui impose à la science une loi de fixité et d'immobilité. Un philosophe gouverne les esprits quand il a pu faire adopter une langue, comme les fondateurs des empires gouvernent une nation quand ils ont pu lui donner des mœurs. Rien n'était plus commode pour les esprits serviles que d'apprendre ainsi d'Aristote ce qu'ils devaient penser; rien n'était plus favorable pour ceux qui avaient intérêt à maintenir la frivolité des esprits, que de recevoir d'Aristote des instrumens propres à les retenir sous le joug.

Aristote, auprès des esprits supérieurs, auprès des esprits indépendans, a pu obtenir, a mérité d'obtenir un autre genre d'influence. Il avait soulevé une multitude de questions de l'ordre le plus relevé, posé des problèmes, exprimé des doutes, souvent sans oser les résoudre. Le parallèle qu'il avait établi entre les opinions de ses prédécesseurs, les nombreux exemples dont il avait déroulé le tableau, fournissaient le sujet des méditations les plus fructueuses. Il suffisait de prendre sa doctrine comme un point de départ, au lieu de la considérer comme formant les colonnes d'Hercule des explorations scientifiques.

Platon et Aristote, considérés dans tout l'ensemble de leur doctrine, ont été comme les deux représentans des deux grands besoins de la raison humaine, qui tendent l'un à la contemplation, l'autre à l'action; ils les ont en quelque sorte personnifiés en eux-mêmes; et de là vient qu'ils se sont en quelque sorte partagé l'empire des générations qui les ont suivis. Par un dernier contraste dont on ne peut assez s'étonner, Platon, qui faisait dériver toutes les connaissances des notions exemplaires et archétypes empruntées au plus haut degré de l'abstraction, a cependant ordinairement procédé dans ses récits d'après cette méthode analytique qui part des exemples particuliers et qui opère par la voie de l'induction. Aristote, qui faisait reposer le système des connaissances sur l'expérience, a souvent, dans ses écrits, procédé par cette méthode synthétique qui descend des axiomes aux vérités particulières, et c'est sur cette méthode qu'il a fondé sa logique.

Quelque opposés que soient ces deux grands philosophes dans leur esprit, dans leurs formes, nous avons eu occasion de remarquer, cependant, qu'il y a entre leurs opinions sur certains points essentiels bien plus d'analogie qu'on ne serait porté à le supposer. Aussi, à plusieurs époques, et spécialement dans les siècles où a régné une plus grande liberté de penser, on a essayé de les mettre en accord, et ils se sont prêtés à cette conciliation avec une assez grande facilité (K).

L'enseignement d'Aristote fut loin d'obtenir dans les premiers temps l'éclat et le succès qu'il méritait. Il n'avait rien qui s'adressât à l'imagination, ni qui flattât le goût des Grecs; ses écrits furent long-temps ignorés. Le Lycée, à sa naissance, demeura donc dans une sorte d'obscurité. Les premiers péripatéticiens semblent d'ailleurs avoir été peu capables de l'en faire sortir; nous ne voyons pas qu'aucun d'eux se soit distingué par des vues originales, ait rien ajouté d'important à l'héritage du fondateur. Ils sont restés comme accablés sous le poids d'un si vaste système; le soin de le commenter leur offrait un suffisant exercice. Théophraste et Eudème se livrèrent les premiers à ce travail que l'obscurité du texte d'Aristote et son extrême concision rendaient d'ailleurs assez nécessaire; leurs écrits ne sont guère à regretter que sous ce seul rapport; mais, il suffit pour les faire regretter. Nous voyons, par exemple, que Théophraste avait développé la notion du *mouvement*, qui dans le texte d'Aristote paraît ordinairement trop restreinte, considérée comme exprimant le grand ressort des opérations de la nature, et qu'il l'explique, ainsi qu'Aristote sans doute l'avait entendue lui-même, en y comprenant toutes les transformations qui résultent d'une force active, celles-là même qui résultent des opérations de l'esprit. « Théo- » phraste, dit *Sextus l'empirique*, admettait » avec Aristote deux *critérium*, les sens pour » les objets extérieurs, l'entendement pour » les conceptions de l'esprit, accordait à l'un et » à l'autre une égale évidence. Il ajoutait que » le premier de ces deux *critérium*, étranger » à la raison et ne s'appuyant sur aucune dé- » monstration, a la priorité dans l'ordre du » temps; mais, qu'au second appartient la véri- » table prééminence de la puissance et de la » dignité. Le premier remplit la fonction de » l'instrument; le second celui de l'ouvrier. » Car, de même que nous ne pouvons sans » une balance peser les corps graves ou légers; » sans une règle, comparer les lignes droites » ou obliques, l'esprit ne peut rien vérifier » sans les sens (1). »

Théophraste et Eudème remplirent, au rapport de Boèce (2), la lacune qu'Aristote avait

---

(1) *Adv. Logic.*, liv. VII, § 218, 226.
(2) *De Syllogismis hypotheticis.*

laissé subsister dans sa logique en traitant des syllogismes hypothétiques ; « Théophraste » ne les exposa que d'une manière som- » maire ; Eudême leur donna plus de déve- » loppement ; mais, ce ne sont que des semen- » ces dont il paraît avoir recueilli peu de » fruits. »

Dicœarque et Aristoxène voulurent déter- miner la notion de l'*entéléchie*, et la dé- naturèrent ; ils revinrent à cette opinion qui fait consister l'âme dans une triple har- monie, opinion qu'Aristote avait combattue avec tant de soin. Ils firent dépendre cette harmonie de l'organisation du corps, et c'est pourquoi quelques anciens, Cicéron entre autres, les ont rangés parmi les matéria- listes (1).

Straton de Lampsaque succéda à Théo- phraste dans la direction du Lycée. Il reçut le nom de physicien, parce qu'il s'occupa essen- tiellement des systèmes de cosmologie. Il se

---

(1) Stobée, *Ecl. Phys.*, § 795. — Sextus l'Empi- rique, *Hyp. Pyrron.*, liv. 2, § 31. — *Adv. Logic.*, liv. VII, § 349. — Cicéron, *Acad. quæst.*, liv. IV, ch. 39. — *Tuscul.* I, 10, 22.

proposa évidemment de rivaliser avec Epicure ; établissant en principe la divisibilité de la matière à l'infini, il ne construisit point, comme Epicure, la nature avec des atomes, mais avec des forces. Abandonnant la doctrine d'Aristote sur la cause première, il bannit l'intelligence et la sagesse des phénomènes de l'univers, comme il se refusa à reconnaître dans ces phénomènes le caractère d'un plan et d'un dessein. « La nature, suivant Straton, possède
» en elle-même une certaine force de vie et
» d'action ; elle n'a ni sentiment, ni forme ;
» tout se produit de soi-même, sans l'interven-
» tion d'un ouvrier et d'un auteur. » Ce système que lui attribuent Cicéron (1), Sextus l'Empirique (2), et Lactance (3), flotte entre l'athéisme et le panthéisme. Straton fit consister exclusivement l'exercice de la pensée dans la sensation ; le premier, il donna un caractère absolu à cette hypothèse. Il imagina, dit Sextus l'Empirique, « que l'entendement aperçoit les
» sens, comme par autant d'ouvertures qui

---

(1) *De natur. Deor.*, I, 11.
(2) *Hyp. pyrrh.*, liv. III, § 31.
(3) *De nat. Dei*, ch. 10.

» se dirigent sur les objets. Il ne distingua » que deux sortes de vérités, l'une qui ré- » side dans les choses, dans l'autre le lan- » gage (1). » On cite sa définition du temps qu'il appelait la *mesure du mouvement et du repos* (2) (L).

Parmi les disciples de Théophraste, se distingue encore Démétrius de Phalère qui obtint une grande réputation comme orateur, qui gouverna dix années Athènes avec sagesse et modération, et qui, s'étant ensuite retiré en Egypte, sous Ptolémée Soter, y créa la bibliothèque d'Alexandrie, et présida à la traduction des Septante. Les écrits qu'il traça dans sa retraite se rapportaient principalement à la philosophie morale.

Après Aristote, et par l'effet de la division qu'il avait introduite dans les sciences, l'étude des sciences positives, rendue désormais à l'indépendance, suivit dans ses progrès un cours paisible et régulier. Les connaissances

---

(1) *Adv. logic.*, liv. VII, § 350. — VII, § 350. — VIII, § 13.

(2) *Ibid. Adversus physic.*, liv. XI, § 155, 177, 228, 229.

mathématiques, astronomiques, l'histoire naturelle, eurent leur histoire propre ; et, transférées à Alexandrie, s'enrichirent chaque jour sous la protection des Ptolémées.

NOTES

DU DOUZIÈME CHAPITRE.

(A) Les motifs qui nous faisaient un devoir de donner une plus grande étendue à l'exposition des doctrines d'Aristote et de Platon, se justifient par eux-mêmes. Non-seulement nous reconnaissons en eux les deux plus grands philosophes de l'antiquité, non-seulement ce sont ceux dont les écrits nous sont parvenus dans une plus grande intégrité; mais, Platon et Aristote sont aussi les deux philosophes qui ont donné l'attention la plus sérieuse aux problèmes fondamentaux de la connaissance humaine, et qui ont consacré à leur solution les recherches les plus profondes; d'ailleurs, nous ne considérons pas seulement dans ces doctrines les opinions propres à leurs auteurs, nous y apercevons surtout, ce qui importe essentiellement sous le point de vue historique, nous y apercevons surtout deux grandes et puissantes causes qui ont agi pendant une longue suite de siècles sur la marche de l'esprit humain. Une portion considérable de l'histoire des siècles suivans et même des siècles modernes s'explique entièrement par le caractère propre à ces deux philosophies, par l'influence qu'elle a exercée. Ainsi, nous traçons ici en quelque sorte le tableau anticipé de plusieurs périodes subséquentes. La rivalité même qui subsiste encore aujourd'hui entre diverses écoles se réflechit et se répète d'avance dans la rivalité de l'Académie et du Lycée comme dans un miroir fidèle.

(B) Si l'obscurité d'Aristote, l'extrême aridité de son style, rendent la lecture de ses écrits très-fatigante, on y éprouve des difficultés plus grandes encore, lorsqu'on essaie de résumer sa doctrine. Aristote est, de tous les écrivains, celui qui a été le plus avare de paroles ; sa concision est telle que la langue latine, si concise elle-même, est contrainte, pour le traduire, d'ajouter constamment au texte par des intercalations qui le complètent. Aristote est tout en sentences, en définitions, en distinctions : ces distinctions sont extrêmement subtiles ; chacune de ces sentences appellerait un commentaire. Quelques efforts que nous ayons faits pour tenter cette esquisse sommaire qui manquait peut-être à notre littérature, nous sentons combien elle sera imparfaite. Nous ne pouvons, même en essayant de la rendre aussi rapide que possible, y éviter les répétitions ; car, Aristote se répète beaucoup, et, en se répétant, il n'est pas toujours fidèle à lui-même : on est donc forcé de le suivre dans ces variations pour mettre le lecteur à portée de juger le véritable sens dans lequel il doit être entendu.

(C) Les platoniciens sentirent le coup qu'Aristote portait à l'ensemble de leur doctrine, et ne lui pardonnèrent point d'avoir attaqué ouvertement leur dogme favori. « Aristote, dit Attilius, a tourné en

» ridicule, autant qu'il a dépendu de lui, la doctrine
» des essences conçues par l'intelligence seule ; s'in-
« stituant le juge de cette doctrine bien supérieure à
» la portée de son entendement, il a banni les matières
» exemplaires reconnues par Platon ; il a osé comparer
» ces conceptions sublimes à de vains jeux, à des
» fables absurdes. » (Dans Eusèbe, *præpar. évang.*
liv. XV, ch. 13). Cicéron a déjà remarqué que c'est
sur la théorie des *idées* que se fonde essentiellement
la rivalité de ces deux philosophes. (*Acad. quæst.*,
liv. Ier, § 24.)

(D) Les deux chapitres du 3e livre des métaphysiques sont fort curieux, et eussent été plus utiles
peut-être à méditer que les formules syllogistiques ne l'ont été dans leur emploi. Voici comment
Aristote s'exprime : « Pour établir cette science (la
philosophie première, ou la métaphysique), nous
devons avant tout examiner les doutes qui peuvent
naître, ou des opinions diverses des autres philosophes,
ou des omissions qui leur sont échappées. C'est une
condition nécessaire aux succès de la raison, que de
douter à propos. Car, ces succès consistent précisément à résoudre les doutes qui se sont élevés. On ne
peut résoudre la difficulté lorsque le nœud en est
ignoré ; c'est l'hésitation de l'esprit qui le fait connaître. Ceux qui entreprennent des recherches sans
avoir commencé par douter, ressemblent au voyageur
qui se met en route sans savoir où il faut arriver ; ils
ne peuvent connaître s'ils ont ou non trouvé ce qu'ils
cherchaient. Celui qui a recueilli toutes les opinions

contraires, qui les a mises en présence comme autant d'adversaires, est bien mieux placé pour prononcer, etc. »

(E) En réfutant Protagoras, Aristote emprunte souvent les armes de Platon. « Si toutes les opinions fondées sur les apparences sont également vraies, il faudra que les mêmes choses soient vraies et fausses tout ensemble : car les hommes ont souvent des opinions contraires, et les uns estiment que les autres sont dans l'erreur. Mais, cette disposition à admettre également toutes les apparences peut provenir de deux causes différentes : chez quelques hommes, elle provient de l'incertitude de l'esprit qui manque de motifs pour fixer son choix; l'ignorance de ceux-ci peut être guérie par l'instruction; chez les autres ce paradoxe naît de l'abus du langage, et le remède convenable à y apporter est la réfutation. Or, les doutes qui assiégent les premiers naissent des impressions sensibles... Il faut leur montrer qu'au milieu de la révolution continuelle des objets sensibles, il y a une nature immuable et permanente. Ce ne sont point au reste proprement les sens qui nous trompent, mais l'imagination. L'impression sensible n'est point sujette à erreur, lorsqu'elle n'est attribuée qu'au sujet qui la reçoit et se trouve modifié par elle. Que si l'on demande quel est l'homme dont l'esprit et les organes sont sains, et qui juge avec rectitude des impressions individuelles, cette question ressemble à celle qu'on élèverait en demandant si nous dormons ou si nous veillons en ce moment; c'est supposer que nous pouvous rendre raison de tout. Mais, il n'en est pas ainsi ; les principes des démonstrations ne sont pas démontrables eux-mêmes. Au reste, ceux qui expriment un tel doute montrent assez par leurs actions qu'il n'est pas sérieux. » (*Métaphys.*, liv. IX, ch. 5 et 6.)

(F) On a quelquefois mis en doute si Aristote reconnaissait l'immortalité de l'âme. On n'a pu élever cette question que parce qu'on a cherché ses opinions sur ce sujet dans ses écrits sur la morale, où il n'en fait aucune mention ; car, il ne fondait point cette perspective sur un système de rémunération ou de peines. Mais, on trouvera dans ses livres métaphysiques plusieurs passages où il déclare formellement que l'âme en tant qu'intelligence active survit et ne périt point ; c'est de la nature même de l'âme et de ses facultés qu'il faisait dériver cette conséquence.

(G) Diogène Laërce nous fait connaître qu'Aristote avait écrit un traité des *genres et des espèces*, qui devait compléter son *Organon* (liv. V, § 72), et Aristote lui-même s'y réfère dans les Topiques (liv. Ier, ch. 7). Porphyre a suppléé pour nous à la perte de ce Traité, par son *Isagoge* qu'on place avec raison en tête des éditions d'Aristote. Il est facile de voir au reste que la théorie des *Catégorèmes* ou des *prédicables*, telle que la donne Porphyre, est tirée des Topiques. Aussi Rapin a-t-il avec raison justifié Aristote du reproche que lui fait Gassendi d'avoir laissé subsister ici une lacune dans sa Logique.

(H) On a pu remarquer le vague qui règne dans les

maximes d'Aristote sur le témoignage des sens ; sans doute, il a eu le mérite de distinguer, dans la perception sensible, l'impression reçue et l'opération de l'esprit qui réagit sur elle; de distinguer, dans la sensation, la modification que l'âme éprouve et l'objet qui l'occasionne ; mais, en rapportant aux objets extérieurs comme à leurs causes, ou plutôt à leurs occasions, ces impressions sensibles, il a négligé tout ensemble et de justifier cette corrélation, et de montrer en quoi elle peut fournir à l'esprit quelque fondement pour juger de la réalité objective. Un passage curieux de Sextus l'Empirique peut suppléer sous quelque rapport à cette lacune essentielle dans la doctrine du Stagyrite. Après avoir remarqué qu'Aristote et les péripatéticiens admettaient un double *critérium*, les sens et la raison attribuaient à chacun une égale évidence, Sextus ajoute : « Car, le sens est modifié
» par l'action de l'objet sensible, comme l'âme, à
» son tour, est modifiée par la perception sensible,
» ce qui donne lieu à l'imagination et à la mémoire. Ils
» (les péripatéticiens) comparent cette action exercée et
» l'impression qui en résulte à *une trace imprimée* ; et
» comme cette trace est laissée par un objet à son passa-
» ge, et à l'aide d'un moyen quelconque (par exem-
» ple, par le passage de Dion et par l'impression
» de son pied), de même la modification de l'âme
» provient d'un objet extérieur et sensible, par le
» moyen de la perception que le sens éprouve ; elle
» conserve donc quelque ressemblance de cet objet
» sensible. A cette modification de l'âme qui forme
» la mémoire et l'imagination, vient se joindre une

» troisième opération plus relevée qui est produite par
» le jugement et par l'activité spontanée de l'esprit;
» c'est alors la pensée, etc. » *Adv. logic.*, liv. VII,
§ 219, 220 et 221.

(I) « La proposition dialectique, dit Aristote, est
» une question qui paraît probable ou à tous, ou au
» plus grand nombre, ou aux plus sages; ou qui paraît
» aux mêmes personnes ne pas être contraire au sen-
» timent commun. Les propositions dialectiques ont
» ensuite pour objet ce qui ressemble aux choses
» probables, qui n'est point incompatible avec elles,
» et toutes les opinions qui se rapportent aux arts;
» car chacun s'en remet volontiers, en ce qui concerne
» ces arts, aux hommes versés dans leur étude,
» comme aux médecins pour l'exercice de l'art de
» guérir, au géomètre pour les applications de la
» géométrie (*Topiques*, liv. Ier, ch. 8). On voit
combien était vague et indéfinie l'idée qu'Aristote
s'était formée de la probabilité.

(J) « Après tout, il ne faut pas s'étonner, dit Bayle,
» que le péripatéticisme, tel qu'on l'enseigne depuis
» plusieurs siècles, trouve tant de protecteurs et qu'on
» en croie les intérêts inséparables de ceux de la
» théologie; car il accoutume l'esprit à acquiescer sans
» évidence (Art. *Aristote*). »

Gurlitt nous paraît avoir résumé d'une manière judicieuse les principaux mérites d'Aristote. Il les rapporte à cinq titres : « 1°. La division et la classification
des sciences; 2°. L'extension donnée à leur domaine

par l'histoire naturelle, l'économie, etc. 3°. La langue philosophique déterminée et enrichie ; 4°. L'union de l'histoire philosophique avec l'étude de la philosophie ; 5°. Le sage emploi du doute comme préparation à la recherche de la vérité. » Il y joint encore l'alliance de l'éloquence avec la philosophie ; mais nous cherchons en vain sur quoi cet éloge peut être fondé.

« On peut lui reprocher ensuite, dit le même auteur, quatre torts principaux : 1°. Un désir trop marqué de rabaisser les philosophes qui l'ont précédé ; 2°. L'extrême obscurité et la concision excessive de son style ; 3°. Un besoin exagéré de démonstrations et de combinaisons systématiques ; 4°. L'abus des expressions techniques des divisions et des distinctions. » (Esquisse de l'histoire de la philosophie, p. 114.)

(K) Nous voyons par le catalogue que Diogène Laërce nous a donné des écrits d'Aristote, que le plus grand nombre est perdu pour nous ; plusieurs de ceux qui nous restent sont évidemment incomplets.

Il est digne de remarquer que les Espagnols sont, des nations modernes, la seule qui ait une traduction complète d'Aristote dans sa langue. Mais elle est restée manuscrite à la bibliothèque de Madrid. Son auteur avait mis cinq ans à ce travail.

Au nombre des commentateurs qu'obtint Aristote dans l'antiquité, et dont les écrits sont parvenus jusqu'à nous, se distinguent Simplicius, Alexandre Aphrodisée, Ammonius, fils d'Hermeas, Porphyre, Thémistius, etc. Simplicius est surtout un auxiliaire extrêmement précieux pour l'intelligence de ce philosophe. La liste des commentateurs et interprètes modernes surpasse encore beaucoup celle des érudits qui se sont attachés au texte de Platon : on en compte vingt-quatre dans le 15ᵉ siècle, trente-huit dans le 10ᵉ. Il est plus utile d'indiquer ici les principaux écrivains critiques qui ont résumé l'ensemble de la philosophie du Stagyrite : tels que François Patricius (*Discussionum peripateticarum*, tome IV, Basle, 1581); Bernardi (*Seminarium philosophiæ peripatecicæ*, Lyon, 1599). Crassot (*Institutiones in universam Aristotelis philosophiam*, Paris, 1619); La Ramée, *Animadversiones aristotelicæ* (Paris, 1518); Gassendi, *Exercitiones paradoxicæ*; (Grenoble, 1624); Delaunay, *De variá philosophiæ aristotilecæ fortuná* (Paris, 1653); Charpentier, *Descriptio universæ artis disserendi ex Aristotelis logico organo*, etc. (Paris, 1564); *Descriptio universæ naturæ*, etc. (Paris, 1562), etc.

Mazoni (Venise, 1547), Charpentier (Paris, 1574), Backmann (Nordhausen, 1629), et Rapin (Paris, 1671), ont successivement tracé le parallèle de Platon et d'Aristote dans des ouvrages plus ou moins volumineux, et dans les trois langues italienne, allemande et française.

(L) Consultez sur ces derniers philosophes, *Theophrasti Opera*. par Dan. Heinsius (Leyde, 1613).—Les *Harmonies d'Aristoxène*, publiées en grec, par Meursius (Leyde, 1616). — *Les Interprétations de Démétrius de Phalère*, de Fischer et de Schneider,

(Leipsick, 1773. Altenbourg, 1779). — *Mémoire sur Démétrius de Phalère*, par Bonami, dans le recueil de l'Académie des inscriptions, tome VIII, page 157. — Gronovius, *Thes. ant. grec.*, tome X, p. 608, 611. Tome XI, p. 1, etc., etc.

CHAPITRE XIII.

Épicure.

SOMMAIRE.

CORRÉLATION de l'école d'Épicure, du Pyrrhonisme, de la seconde Académie, du Portique, considérés dans leur origine; ordre à suivre dans le tableau de ces écoles.

Jugemens opposés dont Épicure a été l'objet; causes de cette opposition. — Circonstances qui ont déterminé la direction de ses idées : carrière qui s'offrait à lui après Platon et Aristote. — Disposition générale des esprits. — Dispositions particulières à Épicure; caractère dominant de sa doctrine.

La morale est le but principal d'Épicure. — Il la fonde sur la volupté ; — Ce qu'il entend par la volupté. — De la vertu; du libre arbitre. — Jouissances morales. — Contradictions d'Épicure. — Énumération des vertus; préceptes de la morale. — De la piété ; espèce de mysticisme religieux ; — nouvelles contradictions; motifs qu'il prête au reproche d'impiété. — Argumens contre l'immortalité de l'âme. — De la justice et du droit naturel. — De la bienveillance. — Vie et caractère d'Épicure.

La psycologie. — L'âme matérielle. — Les sens; hypothèse sur la manière dont ils perçoivent les objets. — L'intelligence ; ses facultés; simulacres dont elle forme ses idées. — Des appétits.

Sa logique ; but qu'il lui assigne : Deux sortes de vérités.

Vérité des choses. *Canons* ou règles qui se rapportent aux perceptions des sens : — 1er canon ; — 2e canon ; — 3e canon ; — 4e canon. — A l'exercice de l'intelligence : 1er canon ; — 2e canon ; — 3e canon ; — 4e canon. — Aux appétits : 4 canons.

Vérité du langage ; origine du langage. — Deux canons relatifs à son emploi.

Théologie et physique d'Épicure. — En qui elles se lient l'une à l'autre. — Système des atomes. — La divinité exclue du gouvernement de l'univers. — Preuves de l'existence de la divinité. — Notions grossières et vagues ; nouvelles contradictions.

Considérations générales sur la doctrine d'Épicure. — Funestes effets de son influence morale ; — Comment elle tendait à se corompre ; — imperfections de sa physique. — En quoi elle contribue cependant au progrès des connaissances.

Disciples d'Epicure ; honneurs rendus à sa mémoire.

A la suite du contraste imposant que nous offrent Aristote et Platon, s'ouvre une scène nouvelle sur le théâtre de la philosophie ; scène plus variée, mais qui, si elle a moins de grandeur, n'inspire pas un moindre intérêt, n'offre pas une moindre importance. Quatre écoles apparaissent à la fois : le Portique, les Epicuriens, les Sceptiques et la nouvelle Académie ; la première occupe le centre de cette scène, lutte seule contre les trois autres, les combat, et en est attaquée sur des points différens, mais leur résiste à-la-fois dans une grande et principale intention : celle de maintenir à-la-fois, et l'une par l'autre, l'autorité de la raison et la dignité de la morale.

Ces quatre écoles sont contemporaines, leur naissance se rapporte à-peu-près à la même école; l'enseignement de Zénon de Cittium paraît avoir précédé seulement de quelques années. Toutefois, pour conserver à ce tableau l'ensemble qui en doit faire l'instruction essentielle, il nous paraît plus convenable de faire précéder l'exposition de la doctrine du Portique par celle des systèmes d'Epicure et de Pyrrhon. On comprend mieux les Stoïciens après avoir considéré ces deux sortes d'adversaires; les opinions d'Epicure, de Pyrrhon, se réunissent pour définir cette disposition générale des esprits qui se manifestait vers le cinquième siècle de la fondation de Rome, après que la Grèce eut perdu sa gloire et sa liberté, disposition à laquelle Zénon et les Stoïciens s'efforcaient d'apporter un remède, et cette espèce de découragement de l'esprit et du cœur auquel ils opposaient leurs énergiques maximes.

D'ailleurs, l'Epicuréisme et le Scepticisme de Pyrrhon avaient leur cause principale dans le caractère des doctrines antécédentes. Le Stoïcisme, quoiqu'il eût ses racines propres, dut surtout son développement et son énergie à la résistance qu'il s'efforça d'opposer à l'action des deux écoles précédentes. Aussi ne fut-il entièrement constitué que d'une manière successive; Zénon en avait posé les fondemens; Chrysippe lui donna un nouveau développement et une forme plus complète. La seconde et la troisième Académies, à leur tour, consistèrent dans une sorte de critique de Zénon et de Chrysippe, s'attachèrent au Stoïcisme, le prirent en quelque sorte pour point de mire. Enfin, les Stoïciens et les nouveaux Académiciens finissent par occuper principalement le théâtre de l'histoire philosophique au moment où la philosophie se transporte de la Grèce à Rome. Ainsi, l'ordre que nous nous proposons de suivre en traitant de ces quatre écoles, a encore l'avantage de mieux faire ressortir l'enchaînement réel des faits, et de mieux préparer à la période qui doit suivre.

Il n'est pas un philosophe qui ait été l'objet de jugemens plus opposés qu'Epicure, qui ait éprouvé au même degré l'exagération des éloges et celle des censures. Ce n'est pas seulement parce que le caractère dominant de sa doctrine, tel qu'il a été généralement conçu, était en effet de nature à partager les esprits sur les questions qui touchent le plus essentiellement aux intérêts des passions et à ceux de la moralité; c'est aussi parce que cette doctrine, étudiée avec attention, offre réellement deux faces diverses, ou plutôt renferme réellement deux élémens contraires, et se prête ainsi à deux modes d'interprétations; c'est encore parce que l'école qu'il fonda ne demeura point fidèle et conséquente à elle-même; que les exemples et les maximes du maître furent, dans la suite, en partie abandonnés par les disciples, et qu'ainsi elle s'est présentée sous des couleurs fort différentes à ceux qui n'ont point su distinguer les époques. Epicure a du moins joui, dans les temps modernes, d'un avantage que n'ont point obtenu les autres philosophes de l'antiquité, et qui permet à notre siècle de le juger avec impartialité; il a trouvé dans Gassendi un critique aussi infatigable que judicieux, qui, s'il l'a considéré lui-même avec les préventions les plus favorables, a réuni les élémens épars de sa doctrine en un seul corps si fidèlement recomposé, que le témoignage des faits est désormais hors de toute controverse, et que chacun de nous est admis à prononcer sans être contraint de remonter aux sources, et de balancer les témoignages (A).

Trois circonstances principales nous paraissent expliquer comment Epicure fut conduit à instituer un nouveau système, et la direction qu'il suivit dans cette création.

Nous trouvons la première dans le caractère des écoles qui se partageaient alors l'empire de la philosophie. Il était, en effet, des esprits aux dispositions ou aux besoins desquels l'Académie et le Lycée ne pouvaient satisfaire, et, si ce n'étaient pas les esprits les plus distingués, c'était du moins le plus grand nombre. La doctrine de Platon avait quelque chose de trop exalté, celle d'Aristote était trop savante, pour convenir à la foule, dans une contrée, à une époque où l'étude de la philosophie était devenue générale, où la curiosité attirait autour de ceux qui l'enseignaient un concours d'hommes de toutes les conditions et de tous les âges. Il fallait, pour suivre Platon dans les plus hautes régions de la contemplation spéculative, un degré d'enthousiasme moral qui n'est pas commun chez les hommes, et qui d'ailleurs est sujet par sa nature même à n'être pas toujours durable; les théories de Platon ne pouvaient d'ailleurs subir sans danger l'épreuve d'une raison froide et sévère. Il fallait, pour suivre Aristote dans le cercle immense de ses nomenclatures, une ardeur infatigable de savoir, une grande étendue de connaissances positives, une rare sagacité, une longue habitude des distinctions et des définitions les plus abstraites. L'Académie n'ouvrait point son sanctuaire aux âmes vulgaires; le Lycée ne pouvait admettre que les érudits. Ceux qui se voyaient repoussés de l'une et de l'autre, ou plutôt ceux qui n'avoient pas le courage de s'y introduire, invoquaient donc un philosophe qui leur donnât le moyen de s'instruire à moins de frais, qui exigeât un noviciat moins long et des conditions moins rigoureuses. Epicure le sentit, s'offrit à eux avec une doctrine plus facile, plus commode, n'exigeant que le bon sens ordinaire, ne poursuivant que le bonheur.

Nous trouvons la seconde circonstance dans les mœurs qui prédominaient alors; car, Epicure fut comme les Sophistes, mais sous d'autres rapports, l'expression et le résultat de son siècle. La Grèce, depuis que ses destins étaient réglés dans les conseils des rois de Macédoine, jouissait de cette espèce de calme qui accompagne la perte de l'indépendance, mais ne connaissait plus ces grands intérêts qui alimentent les sentimens publics, le goût des plaisirs avait remplacé les illusions de la gloire. Non seulement elles étaient désormais sans but, ces passions généreuses qui long-temps avaient enflammé les cœurs; mais, il ne restait même aucun théâtre ouvert à ces luttes de l'ambition qui, du temps des Sophistes, agitaient encore les âmes. Le découragement général avait répandu dans les mœurs une mollesse jusqu'alors inconnue. Le dévouement était sans objet, les sacrifices sans récompense, l'avenir sans perspective ; chacun se repliait sur lui-même et cherchait la satisfaction dans le présent. Les lumières étaient universellement répandues, mais on voulait les posséder sans fatigue, trouver en elles un repos élégant, plus qu'une carrière de succès qui eut été achetée par les efforts du travail. Epicure le comprit et vint offrir une philosophie aimable et douce, exempte ou privée de tout genre d'illusions, propre à justifier et à orner tout ensemble le repos voluptueux qui semblait être le seul bien auquel il fut permis d'aspirer.

La troisième circonstance est propre à Epicure lui-même, et nous la trouvons dans l'éloignement prononcé qu'il montra pour tous les exercices littéraires, pour tout ce qui est du domaine de l'imagination ; elle allait jusqu'à lui faire repousser et proscrire en quelque sorte la culture de la poésie et de l'art oratoire. En nous reportant aux considérations que nous avons précédemment exposées sur la part qu'eurent la poésie et l'éloquence dans les créations philosophiques des Grecs, on comprend que, si Epicure fut garanti des écarts brillans auxquels ses prédécesseurs avaient été souvent entraînés, il fut privé aussi des inspirations fécondes que ceux-ci avaient reçues sous tant de formes diverses (B). Elle ne lui apparaissait plus, cette image antique et majestueuse d'Homère que nous avons vu présider jusqu'à ce jour dans toutes les écoles philosophiques, que Socrate lui-même évoquait si souvent dans ses entretiens, que Platon faisait revivre dans une nouvelle sphère de conceptions, qu'Aristote aussi reproduisait dans tous ses écrits comme le type allégorique et primitif de la science à son berceau. Elles ne s'offraient point à sa pensée, ces formes sublimes empruntées aux souvenirs des temps héroïques; elles ne soulevaient point son âme, ces émotions puissantes qu'avaient excitées les discours véhémens des orateurs de la liberté. Tout en lui était froid, inanimé, il semblait désabusé des jouissances de l'esprit comme de celles des affections. De là vient que, même en proclamant une doctrine qui rapporte tout au bonheur individuel, il demeure constamment aride, dépourvu de grâces; la volupté qu'il proclame est sans charmes; ce n'est point celle qui enivre, c'est celle qui naît de l'impassibilité; par cette raison aussi, ce n'est pas celle qui corrompt, c'est celle qui procure la tranquillité la plus parfaite. Il redoute toute élévation de sentimens ou d'idées, parce qu'elle suppose l'énergie de l'âme ou de la raison. Il cherche une sagesse qui éloigne le doute, parce que le doute aussi est un principe d'inquiétude; qui bannisse la superstition, parce qu'elle est une source de terreurs; qui recommande la pratique de la vertu, parce qu'on ne peut jouir du repos sans la satisfaction intérieure; une sagesse qui procure des rapports paisibles avec les autres hommes, qui prévienne les passions violentes et tous les genres de succès; une sagesse, enfin, qui en même temps convienne au commun des hommes, non en s'adressant à eux, comme celle de Socrate, pour les élever à une plus haute dignité, mais en descendant complaisamment à leur portée, et qui ne paraisse emprunter près d'eux que la voix de la nature.

Epicure avait recueilli l'héritage de l'école de Cyrène, et par elle quelques unes des traditions de Socrate; les écrits de Démocrite étaient tombés dans ses mains, et avaient fait sur son esprit une impression singulière (1). Il s'appropria ainsi la physique de la seconde école d'Elée. Mais, il développa, modifia ces divers élémens, en forma un tout qui lui devint propre. Pour bien saisir l'esprit de sa doctrine entière, il faut se placer dans le point de vue dominant qu'il avait adopté; c'est dans sa morale qu'il réside; c'est de sa morale même qu'il faut partir pour le bien juger jusques dans la théorie de la connaissance humaine qui en est pour lui non l'instrument, mais la conséquence (C).

En effet, Epicure est l'ennemi déclaré de toute spéculation; il ne conçoit pas que la science puisse être étudiée pour elle-même; il veut un but prochain, un but positif, un but individuel. « Ce but, c'est celui de la vie humaine; la philosophie consiste à le reconnaître, à le déterminer; elle choisit et indique les moyens les plus propres à y conduire : c'est la félicité; tous les hommes en conviennent par un assentiment unanime; et cependant la plupart s'en éloignent. C'est la félicité présente; car

---

(1) Diogène Laërce, liv. X, § 2. — Sextus l'Empirique. *Adv. math.*, liv. X, § 18.

seule elle est certaine. Insensé! le jour de demain n'est pas en ta puissance, et tu perds celui qui s'écoule! le lendemain te sera moins pénible, si tu n'y as pas rattaché trop d'espérances. C'est une folie que de diriger sa vie entière vers l'avenir, de le commencer sans cesse avec une inquiétude toujours nouvelle; mettons nos soins à ce qu'à cet instant elle soit complète, et comme achevée (1). »

« Or cette félicité, en quoi consiste-t-elle? Il est une félicité suprême, absolue, idéale, qui n'admet aucun relâche, qui satisfait à tous les désirs; mais, celle-là est réservée à la divinité; elle ne serait pour l'homme qu'une vaine chimère, dont la poursuite le tourmenterait inutilement. Une félicité inférieure, limitée, mélanlangée, est seule accordée à la condition humaine; la sagesse consiste à savoir y borner ses vœux. Elle réside essentiellement dans la *volupté*; la volupté est le premier des biens, celui qui est conforme à la nature. Cette vérité n'a pas besoin d'être démontrée; elle n'est pas sujette à la controverse; on la sent, comme on sent que le feu brûle, que la neige est blanche,

---

(1) Gassendi, *Philos. Epicuri syntagma*; introduction.

que le miel est doux ; la nature seule peut juger ce qui est conforme ou contraire à ses lois. La volupté doit être recherchée *pour elle-même*; elle est la seule fin pour laquelle nous recherchions tout le reste. Que resterait-il en la perdant, si ce n'est l'espérance illusoire de cette félicité divine qui est pour nous hors des limites du possible ? »

« On peut concevoir la volupté de deux manières ; ou dans le mouvement, ou dans le repos. La première naît des émotions agréables, comme la joie, le passage d'un besoin qui se fait sentir, à la jouissance qui le satisfait ; la seconde est égale, constante ; c'est une exemption d'agitation, de douleur. Or, la seconde constitue la félicité qui est la fin de l'homme ; car la nature n'emploie les besoins, les émotions qu'ils excitent, que pour arriver à ce bien-être calme et durable qui leur succède ; le mouvement n'est qu'un moyen pour atteindre au repos. La félicité sera donc l'affranchissement des douleurs du corps, et la tranquillité de l'esprit ; on pourrait l'appeler la santé physique et morale (1). »

« Maintenant, afin de parvenir à ce but,

---

(1) *Ibid.*, ch. 2 à 5.

trois conditions paraissent nécessaires : la première est la pratique des vertus, qui sont comme l'hygiène de l'âme; la seconde est une raison sûre et éclairée qui nous guide dans le choix des moyens les plus propres à nous faire jouir du bonheur; la troisième est la connaissance de la nature, nécessaire pour nous délivrer des vaines appréhensions qui seraient funestes à notre repos. Du reste, il n'est rien de plus oiseux que les recherches tentées par quelques philosophes sur l'essence des choses. Nous rejetons la dialectique, parce que telle qu'elle est ordinairement exercée, elle n'est guère qu'un arsenal de vaines subtilités. Nous rejetons les fables poétiques, les exagérations des rhéteurs. Nous n'empruntons à l'art de la parole que les règles nécessaires pour donner à la pensée une expression toujours simple et fidèle (1). »

Pour conserver, dans l'exposition des idées d'Epicure, le même ordre suivant lequel elles se sont liées dans sa doctrine, achevons de jeter un coup d'œil sur sa morale; nous indiquerons ensuite comment il a traité la psycologie et la logique, et nous terminerons par un aperçu de son système physique.

---

(1) *Ibid.*, introduction générale.—3ᵉ partie, ch. 6.

« La vertu repose sur la raison et sur le libre arbitre, deux choses inséparables et qui se correspondent ; car, sans le libre arbitre, la raison serait inactive ; et, sans la raison, le libre arbitre serait aveugle. Tout ce qu'il y a de bonté ou de méchanceté dans les actions humaines dépend de ce que l'homme, en agissant, *sait* et *veut* ; il faut donc accoutumer l'esprit à juger sainement, la volonté à choisir ce qui est bien ; cette double habitude constitue la vertu, comme l'habitude opposée constitue le vice (1). »

« Ce libre arbitre est la faculté de poursuivre ce que la raison a jugé être bon, de repousser ce qu'elle a jugé être mal. L'expérience atteste qu'une telle faculté réside en nous-mêmes ; le sens commun le prouve, en montrant que rien ne mérite la louange ou le blâme que ce qui est fait librement, volontairement et par un choix réfléchi. C'est pour ce motif que les lois ont justement institué des récompenses et des peines ; car, rien ne serait plus inique qu'une dispensation semblable, si l'homme était soumis à cette nécessité que quelques-uns

---

(1) *Ibid.*, 3⁰ partie, ch. 6.

imposent comme la souveraine de toutes choses. Rejetons donc l'idée de cette nécessité inexorable que certains physiciens font planer sur nos têtes, et dont la tyrannie nous épouvanterait nuit et jour. Non, sans doute, qu'il n'y ait, dans les choses privées de raison, une sorte de nécessité, c'est-à-dire de connexion entre les effets et les causes, à laquelle cependant on peut quelquefois résister; mais, il n'y a rien de nécessaire dans l'homme doué de raison, en tant qu'il use de sa raison (1). »

Epicure se rencontre ainsi avec Aristote sur la condition fondamentale de toute moralité dans les actions humaines ; il la présente même sous un nouveau jour. Déjà on voit que, dans le développement de son système, la morale prend un caractère différent de celui qu'elle annonçait dans les définitions fondamentales. On aperçoit aussi la contradiction cachée qui existe entre les élémens de ce système : car, Epicure, alors même qu'il assigne la volupté pour but unique aux actions de l'homme, admet, sans le définir, un instinct moral dont la satisfaction est nécessaire à son bonheur ; il admet un mérite

---

(1) *Ibid.*, *ibid.*, ch. 6.

et un démérite auxquels s'attache justement l'éloge ou le blâme. Or, cet instinct moral, à son tour, suppose une autre nature de bien, un autre but que celui auquel Epicure a tout rapporté; le mérite et le démérite supposent plus qu'un calcul de prudence; ils supposent une obligation.

« Loin de nous, continue Epicure, lorsque nous faisons consister la volupté dans l'absence de la souffrance pour le corps et du trouble pour l'esprit, loin de nous l'idée de mettre au même rang les jouissances et les peines qui appartiennent à l'un et à l'autre. Le corps ne jouit et ne souffre que de ce qui est actuel et présent; l'âme jouit ou souffre du passé, de l'avenir, de ce qui est lointain; les deux principales maladies de l'âme sont le désir et la crainte. Un sage, alors même qu'il serait en proie à des tourmens cruels, pourra encore être heureux; il sentira la douleur, mais il ne l'aggravera point par l'impatience ou le désespoir; il la tempérera par la constance; il y opposera cette innocence de la vie, cette sécurité de la conscience qui est le privilége de la sagesse. Il dira sur le bûcher de Phalarès : *je brûle, mais sans être vaincu*, jouissant, non sans doute de la souffrance, mais du triomphe qu'il remporte sur elle (1). »

L'idée dominante d'Epicure reparaît de nouveau dans sa classification des vertus, dans le caractère qu'il assigne à plusieurs d'entre elles. Ici encore, les mêmes contradictions vont se reproduire. Il rapporte, en effet, toutes les vertus à la *prudence*, comme à leur tige commune, et leur donne ainsi pour principe l'intérêt bien entendu. Il conseille à chacun un genre de vie conforme à ses propres dispositions; il conseille, par exemple, le célibat à ceux qui ne peuvent se résigner d'avance à toutes les épreuves qui peuvent naître du mariage, et la vie privée à ceux qui sont exempts d'ambition et d'orgueil, à moins toutefois que la république ne réclame leurs services (2). « Toutes les autres vertus se réfèrent à l'*honnêteté* et à la *justice*. A l'honnêteté, en tant qu'elles règlent la vie de l'homme considéré isolément; à la justice, en tant qu'elles règlent ses rapports avec ses semblables. L'honnêteté a deux branches : la *tempérance* et la *force*; l'une qui nous affranchit des vaines cupidités, l'autre qui nous garantit des vaines ter-

---

(1) *Ibid.*, *ibid.*, ch. 1.
(2) *Ibid.*, *ibid.*, ch. 7 à 11.

reurs (1). Il y a une justice rigoureuse qui se fonde sur le droit; il y a un devoir semblable à la justice qui se fonde sur la bienveillance (2). »

La notion qu'Epicure s'est formée de quelques-unes de ces vertus mérite de fixer notre attention par les lumières qu'elle répand sur l'esprit général de sa philosophie, sur le mode particulier de déductions par lequel il a été conduit aux doctrines qui font l'objet principal de nos recherches.

En définissant la tempérance, Epicure proscrit tous les excès qui troublent le bonheur, poursuit toutes les illusions qui alimentent les passions humaines; il s'attache surtout à l'ambition, et dévoile la vanité de ses calculs; il n'épargne pas même la gloire. Il établit cette maxime, justifiée, dit-il, par l'expérience: *celui-là a bien vécu qui a bien su se dérober aux regards* (3).

« Il est, surtout, deux vaines terreurs contre lesquelles il importe de précautionner les hommes: celle que les fausses opinions du vulgaire tendent à faire naître de la crainte des dieux; celle

---

(1) *Ibid.*, *ibid.*, ch. 7, 12.
(2) *Ibid.*, *ibid.*, ch. 26, 29.
(3) *Ibid.*, *ibid.*, ch. 16.

qu'inspire la perspective de la mort. » Mais quels sont les remèdes qu'Epicure oppose à l'une et à l'autre ? En combattant la première, il paraît d'abord ne s'en prendre qu'à la superstition ; le vrai philosophe l'approuve, lorsqu'il reproche aux préjugés vulgaires d'avoir prêté à la divinité les passions humaines, la méchanceté, la colère, la vengeance ; mais, on s'étonne lorsqu'il conclut subitement en refusant à la divinité cette influence bienfaisante sur les destinées de l'univers et des êtres sensibles, véritable appui du faible mortel, véritable source d'une félicité sublime pour les âmes élevées. C'est ainsi qu'Epicure a été conduit à reléguer la divinité dans une sphère absolument étrangère au cours des choses humaines et aux lois de la nature. Cependant, ici encore, ne nous attendons pas à le trouver conséquent à lui-même : « les dieux existent réellement ;
» leur existence se manifeste d'une manière évi-
» dente ; mais, ils n'existent point tels que le
» vulgaire se les représente. L'impie n'est point
» celui qui les dépouille de cette forme menson-
» gère ; mais bien celui qui leur prête des pas-
» sions contraires à la sublimité de leur nature.
» L'homme pieux n'est pas celui qui, par la
» crainte des dieux, révère chaque pierre,
» chaque autel, arrose chaque temple du sang

» des victimes ; mais celui qui, contemplant
» tout avec une âme paisible, conçoit des
» notions justes de la divinité, celui qui les
» honore du fond de son cœur, à raison de
» leur perfection infinie, et non en vue d'une
» récompense. Ce culte est un devoir ; il doit
» ressembler au respect, à l'amour que nous
» portons à nos parens, et sans mélange de sen-
» timens intéressés, ou d'espérances merce-
» naires (1). »

Voilà, par une nouvelle contradiction bien surprenante et que les historiens n'ont pas remarquée, voilà une sorte de quiétisme semblable à celui que conçut l'âme pieuse et tendre de Fénélon, le culte de l'amour désintéressé, associé à un système qui par ses résultats se confond presque avec l'athéisme. Cicéron, si sévère d'ailleurs, ou plutôt si injuste envers Epicure, nous apprend qu'il avait composé des traités *sur la sainteté* et sur la piété envers les dieux, « tels, dit-il,
» qu'un prêtre même eût pu les écrire (2).

---

(1) *Ibid.*, *ibid.*, ch. 20 et 29. Voyez aussi les lettres d'Épicure à Hérodote et à Menæceus. Nous verrons dans un instant comment Épicure démontre l'existence de la divinité.

(2) *De naturâ deor.* liv. Ier, ch. 41. Voyez aussi Sénèque, *de Benef.*, liv. IV, ch. 19.

Nous rencontrons encore ici un nouvel et éclatant exemple de cette disposition de l'esprit humain à se jeter d'un extrême dans l'autre, qui s'est déjà si souvent offert à nous dans l'histoire des opinions philosophiques; nous avons rapporté les propres expressions d'Epicure pour mettre dans tout son jour et pour faire bien connaître en quoi consistait essentiellement l'impiété reprochée à cette école. Epicure a été frappé des funestes effets de la superstition, il veut en briser les chaînes; il rompt en partie les liens sacrés que la raison elle-même a formés entre la créature intelligente et son suprême auteur.

Epicure est moins heureux encore dans le choix de l'antidote qu'il veut opposer à la crainte de la mort; il le trouve dans le renversement de la croyance à l'immortalité, comme si ce qui imprime à l'image de la mort ses plus terribles effets n'était pas précisément la crainte de voir s'évanouir toute espérance, disparaître à jamais cet avenir vers lequel gravite le cœur de l'homme. « Pour te délivrer de ces ap-
» préhensions, dit-il, accoutume-toi à consi-
» dérer que la mort n'est rien pour nous; elle
» n'est en effet qu'une privation. Le mal ou le
» bien ne naissent que du sentiment, et tout

» sentiment s'éteint avec la vie. Tant que nous
» vivons, la mort n'est point encore ; quand
» elle est survenue, nous ne sommes plus rien
» nous-mêmes (1). »

Ainsi, tout est réellement négatif dans cette félicité qu'Epicure nous promet; s'il prétend nous soustraire à la douleur, c'est au prix des jouissances les plus vraies ; s'il veut nous préserver de la crainte, c'est par le sacrifice des espérances. Tout se resserre, se rétrécit autour de nous ; c'est la paix du tombeau.

« La justice est le fondement de la société. Elle a pour but le bien commun. Le droit est donc ce qui est bon à tous et à chacun de ceux qui composent la société. Et, comme il est dans la nature que l'individu recherche ce qui est bon pour lui, le droit qui n'est que la même loi conçue comme générale, est aussi fondé sur la nature. Tout ce qui ne repose point sur cette base, quoique établi par les lois positives, est injuste. Ainsi, à proprement parler, le droit n'est que le signe de l'utilité ; la justice consiste dans cet accord des volontés par lequel les hommes se respectent mutuellement. Ce droit est universel, considéré dans

---

(1) *Ibid.*, *ibid.*, ch. 21.

son principe; mais, comme l'utilité varie suivant les lieux et les temps, l'application des principes du droit se modifie chez les diverses nations et aux diverses époques, suivant les circonstances. Les hommes dans l'origine, uniquement guidés par l'impulsion de leurs besoins individuels, se disputaient les objets propres à les satisfaire. Le désir de faire cesser cet état d'hostilité, de vivre en paix, les porta à instituer un pacte par lequel ils s'engagèrent à ne point s'offenser les uns les autres. De là naquit la loi commune. La justice, d'ailleurs, doit-elle être aimée pour elle-même? Non; mais, seulement à raison de l'avantage que son observation procure. Que dire donc à celui qui pourra nuire à un autre, sans témoin, sous le voile du mystère, et se mettre à l'abri des conséquences fâcheuses de son action? Nous lui dirons qu'il n'aura jamais la certitude que son action demeure inconnue, quoiqu'elle ait été secrète; car, elle peut être révélée de mille manières inattendues; ainsi, quoiqu'enveloppé du secret, il ne jouira point de la sécurité (1). »

» Que si nous devons apprécier les avantages

---

(1) *Ibid.*, *ibid.*, ch. 24 à 27.

que procure l'observation des lois de la justice, négligerons-nous ceux qui découlent de l'exercice des actions bienveillantes, de la bienfaisance, de la reconnaissance, de la piété filiale qui est l'espèce de reconnaissance la plus sainte, du sentiment qui nous unit à nos proches, de l'amour de la patrie qui n'est qu'une extension de celui que nous portons à notre famille, du respect pour nos supérieurs, de l'amitié, enfin, de cette amitié *le plus excellent, le plus fécond, le plus doux, de tous les biens que la philosophie puisse procurer?* Quoique ces vertus doivent être cultivées en vue de l'utilité que nous en retirons, il y a cependant en elles quelques choses de plus qu'un calcul d'intérieur personnel. Il est plus beau, plus agréable, de donner que de recevoir; on se sent élevé par la générosité, enivré par la gratitude; l'homme généreux ressemble à une fontaine vivifiante. Quelle joie n'éprouve-t-il pas en voyant se développer autour de lui les fruits de ses bienfaits comme une moisson abondante! (1). »

» On nous reprochera peut-être que nous énervons la vertu lorsque nous laissons le sage

---

(1) *Ibid., ibid.*, ch. 29 et 30.

accessible aux affections du cœur, et aux peines qu'elles occasionnent, comme la douleur que fait éprouver la perte d'un ami. Mais, cette insensibilité aux peines de l'âme que célèbrent certains hommes provient d'un mal plus grand encore, de la dureté, d'une ambition effrénée de la gloire. Nous préférons laisser leur cours naturel à des sentimens tendres et bienveillans; ils sont un don de l'humanité (1) (E). »

Telle est la substance des maximes qui s'enseignaient dans les jardins d'Epicure. On est frappé d'y reconnaître le type primordial des doctrines qui ont généralement régné dans la seconde moitié du siècle dernier. Une analogie aussi curieuse nous commandait de caractériser avec quelque détail la véritable morale épicurienne, si souvent dénaturée par les écrivains des temps postérieurs. La vie d'Epicure lui-même fut entièrement conforme à la portion de cette morale qui, relativement aux conseils pratiques, rappelle celle de Socrate; quoique valétudinaire et habituellement souffrant, la douceur de son caractère, la sérénité de son esprit furent constamment inaltérables; une joie intérieure

---

(1) *Ibid.*, *ibid.*, ch. 7.

le dédommageait, disait-il, des souffrances du corps (1). » Il ne s'engagea point dans les liens du mariage, et ses mœurs furent constamment pures; on admirait sa frugalité, sa modération en toutes choses; l'aménité de ses mœurs, la facilité et l'agrément de son commerce, la bienveillance pour ceux qui recevaient ses leçons, attiraient autour de lui un nombreux concours de jeunes gens, non-seulement de la Grèce, mais de l'Egypte et de l'Asie, et lui méritaient de leur part l'affection la plus dévouée. Il les admettait non-seulement à ses leçons, mais à sa table; lorsque Athènes assiégé par Démétrius fut en proie à une cruelle famine, il partagea avec eux ses provisions et ses fruits; il cultiva surtout cette amitié qu'il avait recommandée d'une manière si touchante; « quelle nom-
» breuse réunion d'amis, dit Cicéron, quelle
» élite d'amis distingués, ne rassemblait-il pas
» dans sa maison, quoique peu étendue, et
» par quels rapports intimes d'affection ne se
» les était-il pas attachés! Et cet exemple est
» encore suivi par ses disciples (2). »

---

(1) Cicéron, *de Finib.* liv. II, ch. 30. — Diogène Laërce, liv. X, § 24.
(2) *De Finib.*, liv. Ier, ch. 20.

Reprenons, et examinons maintenant l'influence que cette morale a exercée sur l'ensemble de sa doctrine philosophique.

« Rien ne doit être plus sacré pour le philosophe que la vérité; il doit y tendre par la voie la plus directe; l'exposer dans ses formes naïves et les plus simples; la dégager de toutes les fictions; aussi ne saurions-nous approuver cette ironie de Socrate qui est une sorte de feinte continuelle (1). Ecartons surtout les brillantes hypothèses de Platon; voyons les choses telles qu'elles sont, telles que la nature les révèle à l'expérience (2). »

« L'âme est corporelle; elle est composée de la matière la plus subtile; elle est inhérente au reste du corps, elle est alimentée par lui. Nous y distinguons trois élémens : Les sens, les appétits qu'on peut considérer comme *l'âme irrationnelle* répandue dans toute l'organisation; et l'intelligence, ou la raison, placée comme une sorte d'intermédiaire entre les deux autres, éclairée par les sens, guidant les appétits à son tour, ayant un siége distinct. Le sens est en

---

(1) Gassendi, *Phil. épic. syntagm. introd.*
(2) *Ibid.*, 2ᵉ partie, ch. 3. — Cicéron, *De naturâ deor.*, liv. Iᵉʳ, ch. 6.

quelque sorte l'âme de l'âme ; c'est un organe par lequel l'âme saisit les objets qui lui sont offerts. Voici comment les objets, quelle qu'en soit la variété, agissent sur nos cinq sens, et s'en font distinguer : les formes, les couleurs, les sons, les odeurs, les saveurs, sont composés de corpuscules, disposés dans des ordres différens, doués de mouvemens divers, qui sont reçus dans les organes des sens, comme dans autant de pores ou de canaux déliés, qui leur correspondent dans des proportions semblables et qui leur sont analogues ; ils pénètrent ainsi jusqu'au *sensorium*, le frappent et l'affectent, et font naître dans le sujet sentant des images pareilles à ces objets eux-mêmes. Ces images peuvent être comparées à l'empreinte qu'un sceau laisse sur la cire (1) (F). »

» L'intelligence règne sur les sens ; son caractère propre est, lorsque les sens l'excitent, de penser, de percevoir, de concevoir, de réfléchir, de méditer, de discuter, de délibérer. Elle n'est point passive. Mais comment la pensée peut-elle être excitée ? par un phénomène analogue à celui qui s'opère dans les sens ; par des

_____

(1) *Ibid.*; 2ᵉ partie, ch. 9, 10.

simulacres qui se présentent à elle ; ces simulacres détachés du corps, ou se formant dans l'air, errent dans l'atmosphère, parviennent ensuite à l'esprit, s'y fixent, ou s'y succèdent. Mais, dans leur nombre, elle choisit ceux auxquels elle applique son attention, qu'elle s'approprie, dont elle forme sa pensée ; les autres lui demeurent comme étrangers. L'attention est donc son instrument principal ; et, de là se forment les jugemens et les raisonnemens (1). Pendant le songe, ces simulacres arrivent encore à l'esprit ; mais, les sens assoupis ne peuvent plus en controler la réalité (2). »

» Les appétits ou les passions se rapportent d'abord au plaisir et à la douleur, ensuite à l'espérance et à la crainte qui naissent des deux précédens. L'âme se dilate en quelque sorte pour accueillir le plaisir, se resserre pour résister à la douleur. C'est que le plaisir et la douleur résultent aussi de l'action de ces corpuscules subtils qui s'introduisent dans nos organes, qui, lorsqu'ils sont en harmonie avec leur disposition, et avec celle de l'âme, affectent agréablement

---

(1) *Ibid.*, *ibid.*, ch. 17, 18.
(2) *Ibid.*, *ibid.*, ch. 21.

celle-ci, l'attirent comme par de petites chaînes ; qui, au contraire, lorsqu'ils piquent et déchirent le tissu délicat des organes, comme de petites épines, occasionnent la douleur (1). »

« C'est encore par une action toute mécanique que l'âme met en mouvement les divers membres du corps, en sorte que tout le système des phénomènes psychologiques ressemble à une suite d'engrenages ou de ressorts, dont les deux extrêmes se terminent aux objets extérieurs ; il y a toutefois cela de particulier dans le mouvement volontaire, que l'âme prévoit, juge et veut l'effet qu'elle produit (2). »

Il est difficile d'imaginer une psychologie plus imparfaite. Elle va cependant servir de base à la logique d'Epicure.

« Quelques-uns de ceux qui se livrent à l'étude de la philosophie ne reconnaissent aucune certitude et tombent dans un doute universel ; d'autres supposent qu'on peut tout savoir, et affirment indistinctement. Le sage, celui qui s'attache à la légitime philosophie, prend un juste milieu, et n'affirme qu'avec réserve, mais

_____

(1) *Ibid.*, *ibid.*, ch. 19.
(2) *Ibid.*, *ibid.*, ch. 20.

admet cependant des vérités incontestables(1). »

« Or, il y a deux sortes de vérités: l'une réside dans les choses, l'autre dans le langage; la première est l'existence, la réalité; la seconde est la conformité de l'expression avec ce qui est réellement. Or, comme nous avons distingué dans l'âme les sens, l'intelligence et les appétits, il y aura aussi trois *criterium* qui leur correspondent (2). »

Epicure avait rédigé sa logique en règles, ou *canons*, qui, dans la perte de ses autres écrits, nous ont été heureusement conservés. Ils sont au nombre de quatorze; parcourons-les rapidement.

La première espèce de canons, qui concerne la vérité des choses, a pour objet les *criterium* des sens.

« Premier canon : *les sens ne trompent jamais;* toute sensation, toute perception d'image ou d'apparence est vraie. Car, la sensation est toute passive; elle ne renferme aucun raisonnement. La sensation sert à vérifier tous nos jugemens; elle en est donc la base; il n'est rien qui puisse la contrôler elle-même. En détrui-

---

(1) *Ibid.*, *introduction générale.*
(2) *Ibid.*, Ire partie, ch. 1.

sant la certitude des sens, on ferait disparaître toute connaissance légitime des choses, toute instruction réelle, et par là même tout motif raisonnable d'agir. Enfin, les fonctions des sens sont dans l'ordre de la nature ; les impressions qu'ils reçoivent ne sont que les effets produits par les causes qui agissent sur eux. » Voici la première démonstration en faveur du témoignage des sens que l'histoire de la philosophie nous ait conservée.

« Deuxième canon : *la vérité ou la fausseté ne tombent que sur l'opinion qui se joint à la sensation reçue.* » Epicure a judicieusement distingué la sensation elle-même et le jugement par lequel elle est rapportée à son objet. Il prend pour exemple celle qui nous fait croire, par exemple, à l'existence d'une tour, lorsque notre œil reçoit la figure qu'elle produit. « Nous ne nous trompons point en tant que nous avons la sensation de cette figure, mais en tant qu'à cette occasion nous prononçons qu'il y a au dehors un édifice de forme ronde. Il en est de même de tous les phénomènes de la nature. Il faut donc déterminer les moyens de reconnaître l'exactitude de ces jugemens. »

C'est l'objet des troisième et quatrième canons : « *l'opinion est vraie, si l'évidence des sens la confirme ou ne la contredit pas ; elle est fausse, si cette évidence la contredit ou ne la confirme pas.* » Epicure commet ici une inconséquence manifeste sans la remarquer. Car, l'opinion que l'évidence des sens ne contredit pas peut en même temps n'être pas confirmée par elle ; elle sera vraie, en vertu du troisième canon, fausse en vertu du quatrième. Une contradiction non moins réelle, quoique moins sensible, atteint encore le fondement lui-même de ses deux règles. Car, si les sens ne jugent pas, comme il l'a établi, en quoi peuvent-ils contrôler ? Que signifie leur évidence ? Si les sensations n'ont qu'une valeur subjective, en quoi peuvent-elles confirmer ou contredire les jugemens relatifs aux objets ?

« C'est donc à l'observation, à une investigation lente, persévérante, continue Epicure, que nous devons confier le soin de vérifier les opinions. Il est des objets aperçus par un seul sens, d'autres qui appartiennent à plusieurs sens à la fois, comme la grandeur, la situation, le mouvement. Souvent nous pouvons nous procurer par l'un l'évidence que l'autre nous refuse. »

Le *criterium* relatif à l'intelligence comprend aussi quatre canons. Ils embrassent les idées qu'Epicure appelle *anticipations*, ou *prænotions*, objet propre des opérations de l'entendement.

« Premier canon : *toute anticipation, ou prænotion de l'entendement, provient des sens.* Elle se forme de quatre manières, ou immédiatement, comme celle d'un homme présent; ou en vertu d'une proportion, si, en conservant les parties de l'image reçue, on accroît seulement ou l'on restreint les dimensions de l'ensemble ; ou par l'analogie, si l'on en fait sortir une image semblable ; ou, enfin, par composition, si on forme un tout, un ensemble nouveau de plusieurs images antérieures. »

La formation des notions générales semble devoir, dans la logique d'Epicure, être rapportée à la troisième espèce. « Car, elle s'obtient,
» dit-il, après avoir vu plusieurs objets parti-
» culiers, en écartant les différences qui les
» distinguent, pour ne retenir que ce qu'ils
» ont de commun. »

« Deuxième canon : *l'anticipation est la connaissance même de la chose, et comme sa définition.* » Epicure essaie d'une manière assez vague la justification de cette étrange maxime : « j'entends, dit-il, par *anticipation*, ou *prænotion*, une conception de l'esprit, une opinion conforme, qui subsiste dans l'entendement comme la mémoire, comme une sorte de monument de la chose même qui nous est souvent apparue. Car, nous ne pourrions prononcer sur rien, ni même rien exprimer par le discours, si nous n'avions déjà antérieurement la notion de cette chose; et c'est pourquoi je la nomme prænotion. Ceci s'applique aux idées générales, comme aux idées particulières. Car celles-là dérivent, comme celles-ci, des objets précédemment aperçus.

» Troisième canon : *L'anticipation est le principe de tout raisonnement ;* quatrième canon : *ce qui n'est point évident par soi-même doit être démontré par l'anticipation d'une chose évidente.* On peut dire à ceux qui nient la possibilité des démonstrations : *ou vous comprenez ce que c'est qu'une démonstration, alors vous en avez la notion ; elle est donc une chose réelle : ou vous ne le comprenez pas ; alors, comment en parlez-vous ?* Du reste, rien n'est plus simple que la déduction dont elle se forme. Elle repose sur le moyen, ou sur *le signe,* qui doit toujours être emprunté aux objets sensibles, comme à la source de toute lumière. La connexion de ce moyen avec le but de la démonstration peut être nécessaire

ou contingente. » Épicure ajoute au dernier canon une règle singulière, celle qu'il appelle de *l'équilibre*. « Elle consiste en ce qu'étant admis
« un contraire dans la nature, on doit admettre un autre contraire qui lui correspond,
» comme, par exemple, que le nombre des êtres
» immortels ne peut être moindre que celui
» des êtres mortels. » Il en fait usage ailleurs ; mais il n'essaie nulle part de la motiver. « Voilà ce qu'il suffit de savoir sur l'art de penser ; rien n'est plus frivole et plus inutile que cet art compliqué, que ces formules minutieuses imaginées par les dialecticiens. Car, les raisonnemens les plus abstraits ne diffèrent point par leur nature de ceux que suggère le sens commun. Ayons des notions claires et distinctes ; discernons avec perspicacité ce qui en résulte ou n'en résulte pas ; dirigeons bien notre attention ; à cela se réduit toute la logique (1). »

Épicure, dans la critique des formules artificielles imaginées pour les lois du raisonnement, a évidemment en vue la logique d'Aristote.

Les quatre canons relatifs aux appétits ne

---

(1) *Ibid.*, Ire partie, ch. 2 à 3.

sont que le résumé de l'éthique d'Epicure.

« Le langage a été institué par les hommes ; mais, il n'a point été créé d'abord par la réflexion, ou imposé par une autorité quelconque ; une sorte d'impulsion naturelle a fait naître les signes du langage articulé ; les conventions en ont complété et régularisé le système ; elles ont été nécessaires pour attacher des dénominations communes aux mêmes objets (1). Deux canons doivent présider à la logique du langage : *Lorsque vous parlez, choisissez les expressions claires et d'une acception généralement reçue; lorsque vous écoutez, efforcez-vous de retenir fidèlement le sens attaché aux termes.* Vous éviterez ainsi le danger des équivoques ; vous échapperez aux vaines argumentations. Rien n'est plus important que de bien établir avant tout l'état de la question ; le moyen le plus sûr de déjouer les Sophistes est de les contraindre à se dévoiler eux-mêmes, en sortant du nuage des ambiguités, en exprimant clairement leur pensée (2). »

Voilà le code simple, mais bien insuffisant sans doute, qu'Epicure substitue à l'*organon*

---

(1) *Ibid.*, 2e partie, ch. 20.
(2) *Ibid.*, Ire partie, ch. 6.

d'Aristote. Il reçoit cependant quelque mérite de sa simplicité elle-même. Epicure, au reste, observe le premier les règles qu'il prescrit; il est toujours clair.

On sait que la physique d'Epicure est celle de Démocrite; il a seulement perfectionné, développé la célèbre hypothèse des atomes. Deux points de vue, dans la manière dont-il a considéré l'ensemble des phénomènes de la nature, méritent spécialement notre attention; ses idées sur la théologie naturelle et sur la théorie des causes.

Cette manière de voir ordinaire aux anciens, qui confondait la théologie naturelle dans la physique, a contribué en partie aux écarts d'Epicure. Les anciens n'avaient point su distinguer avec assez de netteté les deux modes différens par lesquels l'auteur de toutes choses peut agir sur la nature; l'une en intervenant, d'une manière directe, dans chaque série de phénomènes en particulier, l'autre en présidant au système des lois générales; et l'imperfection de leurs connaissances sur ce système contribuait à leur rendre ce point de vue plus difficile à saisir. Ils s'arrêtaient ainsi à un degré intermédiaire entre l'opinion vulgaire qui rapporte chaque phénomène isolé à une influence surnaturelle, et la saine philosophie qui reporte la puissance divine au sommet de la création. Aristote avait, sous quelques rapports, renouvelé ces idées par la théorie des causes finales. De là vient que les physiciens qui essayaient d'établir un système quelconque de lois générales se trouvaient le plus souvent conduits à exclure la divinité du gouvernement de l'univers, parce qu'ils ne savaient quelle part y assigner à sa providence. C'est ce qui arriva à Epicure, lorsqu'il crut avoir expliqué l'univers par les propriétés des atomes. Epicure, cependant, se trouvait sur la voie qui devait le conduire à de plus justes notions; il retranchait également du nombre des causes réelles, et cette fortune, ce hasard, que les préjugés vulgaires investissent d'une puissance occulte, que quelques philosophes n'ont pas dédaigné d'ériger au nombre des agens primitifs, et cette nécessité, ce *destin*, qu'un grand nombre de philosophes avait imposés à l'univers comme une législation absolue; il ne reconnaissait dans les effets attribués à ces deux causes mystérieuses que la simple combinaison de l'action exercée par les causes naturelles. Mais, il avait confondu le mouvement avec la cause qui le produit; c'était à ses yeux une force, une énergie, une sorte de vie, principe efficient de tous les phénomènes; car, tous les phénomènes s'expliquaient à ses yeux par le mouvement. La théorie entière des causes était donc renfermée pour lui dans les lois de cette mécanique générale. « Or, il est certaines choses qui reçoivent l'impulsion du dehors, d'autres qui jouissent d'une énergie propre et inhérente; les premières sont les produits artificiels; les secondes sont les êtres naturels. Toutefois, les êtres naturels, en tant qu'ils sont composés, tiennent à leur tour cette énergie, cette motilité spontanée, d'un principe intérieur, des élémens qui les constituent. Il n'y a donc pas, en définitive, d'autre cause réelle que les atomes; les atomes sont doués d'une force qui leur est inhérente, qui tend au mouvement, qui les rend capables d'agir les uns sur les autres, en s'attirant, en se repoussant ; force différemment modifiée, et dont les jeux divers produisent l'innombrable variété des révolutions et des transformations que subissent les corps (1). Les atomes et le vide suffisent donc pour tout expliquer. L'existence du vide se déduit de la

---

(1) *Ibid.*, Ire partie, section 2, ch. 10 et 11.

réalité du mouvement, attestée par l'expérience; l'existence des atomes se déduit de la réalité des composés que nous manifestent les sens; car, une division à l'infini est impossible. L'énergie propre aux atomes se montre dans les qualités de leurs composés, et, d'ailleurs, il serait absurde de concevoir la matière comme inerte (1). »

» Les atomes se distinguent des *homoioméries*, en ce que celles-ci sont des espèces d'embryons, de germes, qui renferment déjà, dans des proportions très-subtiles, les qualités variées de tous les corps, en sont en quelque sorte les types; tandis que les atomes, doués seulement de figure et de mouvement, produisent par leurs combinaisons ces qualités dans les agrégats qui en résultent (2). Les atomes sont les élémens primitifs desquels tout ce qui existe se forme, dans lesquels tout vient se résoudre. »

Cette hypothèse une fois admise dans toute son étendue, l'intervention de la divinité devient inutile, pour la création, la coordination, la conservation, le gouvernement de l'univers. Qu'avaient besoin les Epicuriens d'y joindre,

---

(1) *Ibid.*, Ire partie, ch. 3. — 2e partie, sect. 2, ch. 5, 8, 10.

(2) *Ibid.*, 2e partie, section 2, ch. 9.

comme l'a fait Lucrèce, ce ridicule argument qu'une semblable intervention priverait la divinité du repos nécessaire à la parfaite béatitude (1) ? »

Comment donc reconnaître l'existence de la divinité, si elle ne peut plus nous être attestée par ses ouvrages, si nous ne pouvons plus y remonter par la chaîne des effets, comme à la cause première? Comment atteindre, par la raison, jusqu'à cette sphère où réside l'être souverainement parfait, si elle est absolument étrangère à l'ordre de la nature et sans rapport avec elle? Voici la réponse d'Epicure : « Cette vérité est en quelque sorte hors de la controverse; car, c'est la nature elle-même qui a gravé dans nos âmes la notion de la divinité. Quelle est la nation, quelle est la famille d'hommes, qui n'en ait quelque connaissance, sans l'avoir reçue d'un enseignement? Cette croyance n'étant point née des institutions humaines, des lois, des usages, et se fondant sur un assentiment universel, on ne saurait se refuser à en reconnaître la légitimité; c'est une connaissance placée en nous, en quelque sorte innée ; or, tout

---

(1) Liv. V. — Cicéron, *De natur. deor.*, I, 6.

ce qui se fonde sur l'assentiment de la nature est nécessairement vrai (1). » Epicure, applique ici le deuxième canon de son *criterium* de l'intelligence, et nous l'explique par cet exemple. Il y joint aussi un raisonnement tiré de son quatrième canon, de ce qu'il a appelé la loi de l'*équilibre*: « Les êtres passagers étant innombrables, dit-il, les êtres éternels doivent aussi être infinis. » Une dernière contradiction se manifeste encore dans cette portion du système. Epicure, qui a banni avec tant de rigueur toute spéculation rationnelle, admet un genre de démonstration qui se prêterait également à toute théorie spéculative. Il admet une *prænotion* qui ne dérive point des sens, et qui, malgré la différence des expressions, diffère peu de la notion Platonique; il ne manque guère à la première que l'élévation et la beauté idéale de la seconde. Epicure suppose, d'ailleurs, que la nature divine admet une certaine forme analogue à la forme humaine, et que, sans être précisément corporelle, elle a quelque chose de semblable à la matière. Les inductions qu'il invoque à l'ap-

---

(1) Gassendi, *Phil. Épic. synt.*, 2ᵉ partie, sect. Iʳᵉ, ch. 3.

pui de cette idée bizarre sont véritablement puériles.

La doctrine d'Epicure se termine ainsi de toutes parts au matérialisme; elle trace le cercle le plus étroit autour de la pensée de l'homme; elle est en quelque sorte à la philosophie ce que l'hiver est à la nature; elle décolore, elle dépouille toutes les productions de l'intelligence, elle en assoupit toutes les forces vitales. On pouvait prévoir dès lors que cette doctrine ne subsisterait point telle que son auteur l'avait conçue; que l'un des deux élémens opposés qu'elle renfermait dans son sein prévaudrait sur l'autre; qu'on tiendrait pour bonnes ses maximes générales sur la volupté; qu'on serait moins scrupuleusement fidèle à ses conseils sur la tempérance, à ses recommandations contre les passions et l'abus des plaisirs sensuels. Par cela seul, d'ailleurs, que l'influence pratique d'une telle doctrine tendait à affaiblir dans les âmes l'énergie du sentiment moral, elle devait détruire progressivement l'action du principe qui, dans son auteur, balançait secrètement les conséquences logiques de ses maximes. Platon avait déjà montré avec la plus entière évidence qu'un système de morale, uniquement fondé sur la recherche de la volupté, devait, pour être conséquent à lui-même, restreindre ce but à la seule volupté sensuelle (1). »

Disons enfin que la philosophie d'Epicure offrait des prétextes favorables aux hommes déjà corrompus pour justifier leur propre vie. Elle leur servait de refuge plus encore qu'elle ne tendait elle-même à corrompre (G).

Quel que fût l'éloignement d'Épicure pour toute espèce de spéculations, il ne put se soustraire à l'esprit dominant de son siècle; il adopta l'hypothèse des atomes, et l'appliqua aux diverses branches de la physique par une foule d'hypothèses partielles. Ce genre d'explications ne pouvait s'adapter à deux séries immenses et fort importantes de phénomènes, ceux de la chimie, ceux de l'organisation végétale et animale. Epicure, cependant, essaie quelques applications dans ces deux ordres de connaissances; il a même le mérite de fixer l'attention des observateurs sur les phénomènes magnétiques (2); il reconnaît dans les atomes des lois d'attraction et d'affinité. Cette hypothèse se pliait mieux aux faits qui sont du do-

---

(1) Platon, *Philèbe*, tome II de ses œuvres.
(2) Gassendi, *Phil. Epic. synt.* 3e partie, ch. 6.

maine de la mécanique ; elle liait, sous quelques rapports, cette portion de la science à la géométrie cultivée avec tant d'ardeur et de succès par ses contemporains. Enfin, la méthode recommandée par Epicure, la direction qu'il avait donnée à ses travaux, tendant essentiellement à exciter, à favoriser l'esprit d'observation, à ramener l'esprit à l'étude et à l'investigation de la nature, devait contribuer à faire faire quelques pas à la physique encore si imparfaite, obstruée jusqu'à lui par tant de systèmes arbitraires. On ne peut en effet refuser à son école le mérite d'avoir contribué au progrès des connaissances physiques dans l'antiquité.

Le système d'Epicure ne peut soutenir le parallèle avec les monumens élevés par Platon et Aristote, ni sous le rapport de cette grandeur de proportions, de cette beauté de formes, qui charment l'imagination, ni sous le rapport de cette connexion logique, de cette richesse de faits et de vues, qui captivent la raison. Loin d'offrir rien de ce qui excite l'enthousiasme, il semblait propre à en tarir la source ; et cependant, les nombreux disciples qui fréquentèrent les jardins d'Epicure, qui s'y réunirent des contrées les plus lointaines, professèrent pour leur maître une admiration passionnée, portèrent à sa mémoire une sorte de culte; des statues lui furent érigées, des cérémonies furent instituées en son honneur. Ce qui l'honore davantage à nos yeux, c'est qu'aucune dissension ne s'éleva entre ses sectateurs, qu'ils restèrent étroitement unis. On distinguait dans leur nombre un Métrodore, qui fut presque considéré comme un autre Epicure, dont le caractère mérita l'estime, qui écrivit contre les Sophistes, contre les dialecticiens et contre Démocrite lui-même; un Hermachus, qu'Epicure, par son testament, institua son successeur; un Mus, qui, de simple esclave d'Epicure, devint l'un de ses disciples favoris, un philosophe distingué; un Idoménée, dont Sénèque lui-même a loué la rigidité et l'élévation; enfin plusieurs femmes célèbres, entre autres Thémiste et Philænis, dont les mœurs et la vie ont été cités avec éloges (H).

NOTES

DU TREIZIÈME CHAPITRE.

(A) Nous nous sommes bornés dans les notes de ce chapitre à renvoyer au résumé de Gassendi, pour ne point multiplier ici les citations inutiles ; mais, nous n'avons point adopté la méthode suivie par Gassendi dans l'exposition de la doctrine d'Épicure, parce qu'elle nous a paru, en plusieurs points essentiels, n'être pas conforme à l'ordre des idées qui est nécessaire pour bien caractériser son système. Il manque au travail d'ailleurs si recommandable de Gassendi une condition que ne devraient jamais négliger ceux qui exécutent de semblables résumés ; il a pris trop peu soin d'indiquer ses sources. On peut au reste y suppléer facilement en consultant Diogène Laërce qui a consacré à Epicure son 10e livre tout entier, et qui a traité ce philosophe avec une complaisance toute particulière ; — Sextus l'Empirique (*Hyp. Pyrrh.*, liv. I, § 33, 88, 155. — Liv. II, § 15, 25, 38, 107, 194. — Liv. III, § 32, 137, 187, 218, 219, 229. — *Adv. Math.*, liv. I, § 3, 5, 21, 57, 171, 273, 282, 283, 284, 299. — Liv. II, § 26. — Liv. VI,

§ 27.—Liv. VII, § 14, 22, 103, 113, 203, 205, 267, 311, 327, 328, 331, 368.—Liv. VIII, § 8, 9, 13, 63, 139, 177, 185, 258, 329, 331, 336, 337, 335, 336, 355.—Liv. IX, § 25, 43, 58, 64, 72, 178, 212, 219, 333, 335, 363.—Liv. X, § 1, 18, 19, 42, 45, 129, 141 et suiv., 181, 185, 188, 219, 227, 238, 240, 248, 257, 318.—Liv. XI, § 73, 77, 169, 173, 179, 226); — Cicéron (*De finib.—De nat. deor.—Acad. quæst.—Tusculan.—De div.*); Plutarque (*Adv. Colotem.*); Sénèque (*Epistolæ*, etc.); Thémistius (*Orat.*); Aulugelle (*Noct. attic.* IX); Quintilien, Saint-Clément d'Alexandrie, Lactance, etc.; mais surtout Lucrèce qui professe une fidélité scrupuleuse à la doctrine de son maître, et sur lequel nous reviendrons dans le 3ᵉ volume de cet ouvrage.

Tu Pater et rerum inventor : tu patria noblis
Suppeditas præcepta, tuisque ex, inclyte, chartis,
Floriferis ut apes in saltibus omnia libant,
Omnia nos ibidem depascimur aurea dicta,
Aurea, perpetuâ semper dignissima vitâ.

(Lucrèce, III, V, 14.)

(B) Cicéron a indiqué déjà ces deux dernières circonstances : *et quod quæritur sæpè cur tàm multi sint Epicurei; sunt aliæ quoque causæ; sed multitudinem hoc maximè allicit, quod ita putat dici ab illo, recta et honesta quæ sunt, ea facere ipsa per se lætitiam, idest voluptatem.* (De finib. I, 7.)

Proptereà nihil oleret ex academiâ, nihil ex lycæo, nihil è puerilibus quoque disciplinis, alios quoque ab iis deterruerit grammaticam poeticam, rhetoricam, dialecticam, artesque mathematicas contempserit. (De nat. Deor., I, 26.) *De cætero vellem equidem aut ipse doctrinis fuisset instructior (est enim, quod ità tibi videri necesse est, non satis politus iis artibus quas qui tenent, eruditi appellantur), au ne deterruisset alios à studiis.* (*Idem.*, *ibid.* I, 7.)

(C) *Epicurei*, dit Sénèque, *duas partes philosophiæ putaverunt esse, naturalem atque moralem; rationalem removerunt. Deindè, cùm ipsis rebus cogerentur ambigua secernere, falsâ sub specie veri latentia coarguere, ipsi quoque locum quem de judicio et regulâ veri appellant, alio nomine rationalem induxerunt, sed eam accessionem esse naturalis partis existimant.* (Epist. 89.)

(D) Voici à cet égard le témoignage de Cicéron, et les paroles qu'il prête à Epicure : *Si nihil aliud quæreremus, nisi ut Deos piè coleremus, et ut superstitione liberaremur, satis erat dictum; nam, et præstans deorum natura hominum pietate coleretur, cum et æterna et beatissima.* (De nat. deor., I, 17). *Deum colunt, tanquàm parentem*, dit Sénèque, *nullâ spe, nullo pretio inducti, sed propter majestatem eximiam supremamque naturam.* (De Benific. IV, 9.) « Observons envers les Dieux, dit Épicure lui-même dans sa lettre à Hérodote, une vénération sans bornes; adressons-leur des prières suggérées par un ordre de pensées qui ne donne lieu à aucune opinion que désavouerait ce juste respect. »

(E) Le système d'Epicure sur la félicité, dit Tennemann, se distingue en deux points de celui des Cyrénaiques. 1° Epicure fait consister la félicité plutôt dans un état agréable du cœur, qui résulte de l'absence des sensations pénibles et de la satisfaction des besoins naturels; les Cyrénaïques la font consister plutôt dans les émotions agréables et l'activité du cœur. 2° Epicure subordonne les jouissances sensuelles aux jouissances morales sous le double rapport de l'extension et de la durée; les Cyrénaïques accordent aux jouissances sensuelles la prééminence sur les secondes. ». (*Hist. de la phil.*, tome 3, pag. 347 à 349.)

(F) Omne genus quoniàm passìm simulacra feruntur,
Partìm sponte sua quæ fiunt acre in ipso ;
Partìm quæ variis ab rebus cumque recedunt ,
Et quæ consistunt ex horum facta figuris.
Quippe et enim multo magis hæc sunt tenuia texta,
Quàm quæ percipiunt oculos visumque lacessunt ;
Corporis hæc quoniàm penetrant per rara , cientque
Tenuem animi naturam intùs , sensumque lacessunt.

(Lucrèce, IV, vers 739, 725.)

(G) *Non ab Epicuro impulsi luxuriabantur , sed vitiis dediti luxuriam suam in philosophiæ sinu abscondebant , et eò concurrebant ubi audiebant laudari voluptatem; nec æstimabant illam voluptatem Epicuri quæ sobria et sicca esset, sed ad nomen ipsum advolabant quærentes libidinibus suis patrocinium aliquod ac velamentum.* C'est ainsi que s'exprime Sénèque, Sénèque stoicien, Sénèque censeur si sévère de la philosophie d'Epicure. (*De vitâ beatâ*, chap. 10.)

(H) Voyez sur Epicure et sa philosophie, indépendamment de Gassendi, de Sorbière (Lettres sur la vie, les mœurs, etc., Paris, 1660); Jacques Rondel (la vie d'Epicure, et ses mœurs, Paris, 1670, Amsterdam, 1693); Pierre de Villemandy (*Manuductio ad philosophiæ Aristoteleæ, Epicureæ et Cartesianæ parallelismum*, Amsterdam, 1681); le baron des Coutures (la Morale d'Epicure, à la Haye, 1686); L'abbé Batteux (la Morale d'Epicure, Paris, 1758); Restaurant (l'Accord des sentimens d'Aristote et d'Epicure touchant la physiologie, Leyde, 1682); Gustave Peringer (*Disput. de Epicuro, Upsal*, 1685); François de Quevedo (*Défense d'Epicure*, Barcelone, 1691); Will. Temple (Essay upon the gardens of Epicurus, dans ses mélanges, Londres, 1696); Bremer (Apologie d'Epicure, en allemand, Berlin, 1776); Warnecras (*idem, idem*; Greiswalde, 1795); Tragilli Arnkiel (*De philos. et schola Epicuri.*, Kiel, 1671); Hill (*Philos. Epicuri*, Genève, 1619); Plouquet (*Diss. de Cosmogon. Epic.*, Tubinge, 1755); Gualter Charliton (*Philosophia*, etc., Londres, 1654); Kern (*Diss. Epic. prolepsis.*, etc., Gœttingue, 1756); Schwattz (*Judicium de reconditæ theologiâ Epicuri*, Cobourg, 1738); Faust (*Diss. de deo Epicuri*, Strasbourg, 1655); Weiner (sur le caractère d'Epicure, etc., dans ses mélanges, en allemand); etc., etc.

CHAPITRE XIV.

Pyrrhon et les Sceptiques.

SOMMAIRE.

Origine du scepticisme ; qu'il se produit naturellement à la suite du dogmatisme ; — Ce qui appartient proprement à Pyrrhon dans le scepticisme des anciens ; — Vie et caractère de Pyrrhon ; — But qu'il se proposait ; — Critique des systèmes contemporains ; — Analogie qui existe entre ses vues et celles de Socrate ; — En quoi elles diffèrent.

Des dix *tropes* Pyrrhoniens ; s'ils appartiennent en effet à Pyrrhon ; — Exposition des dix *tropes* : premier mode, correspondant au sujet qui juge ; quatre *tropes* ; — Deuxième mode correspondant à l'objet jugé ; deux *tropes* ; — Troisième mode correspondant au rapport entre le sujet et l'objet ; quatre *tropes*. — Explication de chacun de ces tropes. — Réflexions sur cette nomenclature.

Définition du Pyrrhonisme : son principe. — Règles qui dirigent le Pyrrhonien dans sa conduite ; — Son double *criterium* ; — But du Pyrrhonisme.

Timon : fragmens de ses satires. — Réflexions sur ce sujet. — Succession des sceptiques.

Autres rapprochemens ; entre le Pyrrhonisme et les écoles contemporaines ; — Entre le Pyrrhonisme et l'Epicuréisme.

Les productions de la raison appellent la critique, comme celles des arts. A la suite des hommes qui affirment, s'élèvent des hommes qui doutent, par l'effet de cet esprit de contradiction, de cette inquiétude intellectuelle qui sont dans notre nature; des questions nouvelles naissent des solutions qui ont été données; les créations les plus brillantes subissent des épreuves auxquelles elles ne résistent pas toujours; plus les lumières se développent, plus cette révision devient sévère; et de la sorte, les philosophes qui font faire des pas plus rapides à la raison humaine, provoquent eux-mêmes la rigueur des censures qui s'attacheront à leurs ouvrages; ils ont renversé les systèmes de leurs prédécesseurs; on sondera jusque dans les derniers fondemens de l'édifice qu'ils ont élevé, pour en examiner la solidité. Ainsi, les progrès de la critique philosophique suivent, dans une proportion presque constante, ceux des doctrines positives; elle acquiert d'autant plus de profondeur que celles-ci ont montré plus de hardiesse. On pourrait appliquer au dogmatisme poursuivi par le scepticisme le : *post equitem sedet atra cura*.

Déjà nous avons vu plusieurs sceptiques apparaître autour des écoles qui occupent la première période de cette histoire.(*Voy.* ci-devant, chap. 8, page 108.) Les Sophistes, survenant à

la suite des écoles Eléatiques, opposèrent une sorte de scepticisme qui confondait le vrai avec le faux, au dogmatisme précipité des premiers métaphysiciens. La savante restauration exécutée par Platon et par Aristote va produire à son tour un scepticisme plus réel, plus sérieux; ce ne sera point celui de l'indifférence à la vérité, ce sera celui d'une investigation sincère des titres par lesquels la vérité se légitime. La rivalité qui s'est formée entre l'Académie et le Lycée, entre les nombreuses écoles nées des débris de l'école d'Italie ou des traditions de Socrate, le contraste qu'offrent leurs doctrines diverses, favoriseront cette entreprise. Dans de telles circonstances, un homme ne pouvait manquer de se produire, qui, saisissant les armes nouvelles dont l'esprit humain venait d'être pourvu, vînt les diriger contre tous ces systèmes à la fois, qui demandât : sachons avant tout si nous possédons quelque chose de vrai ! Pyrrhon ne fut donc point le premier auteur du scepticisme; mais, « il le traita, dit Sextus l'em-
» pirique, d'une manière plus ouverte et plus
» complète que ses prédécesseurs (1). » Il y a

___

(1) *Pyrrhon. Hypotyp.*, liv. Ier, ch. 3, § 7.

cela de particulier chez les sceptiques, qu'ils ne formèrent ni une école, ni une succession liée de philosophes, qu'ils agirent d'une manière individuelle et détachée, sans engagement comme sans dépendance réciproque; et tel devait être, en effet, le résultat naturel des opinions qu'ils professaient. Aussi, sont-ils les seuls philosophes de l'antiquité qui soient restés désignés dans l'histoire par un nom collectif tiré de la nature même de leurs opinions; les autres écoles qui avaient pris d'abord un titre du même genre, comme celui d'*eudémoniques*, de *philolètes*, d'*analogitiques*, etc., ne l'ont pas conservé, et n'ont retenu que le nom dérivé de celui de leur fondateur, ou du théâtre de leurs réunions. Cependant « Pyrrhon mérita, dit Sextus, que » l'hésitation de l'esprit fût appelée le scepti- » cisme Pyrrhonien (A). »

Epicure, mécontent des doctrines de Platon et d'Aristote, s'était contenté de leur substituer une doctrine plus simple, un système familier, si l'on peut dire ainsi, appuyé seulement sur les impressions des sens et ce qu'il considérait comme le témoignage de la nature. Pyrrhon n'était pas plus satisfait des systèmes existans; mais, il alla plus loin; il essaya de les renverser dans leurs principes; il posa le problème plus haut encore que le point auquel avaient commencé les théories.

Sextus l'empirique, dans ses *Hypothyposes Pyrrhoniennes*, nous a laissé une exposition aussi complète que méthodique de ce système de critique philosophique, à la création duquel Pyrrhon a attaché son nom; aussi Diogène Laërce, et, après lui, la plupart des historiens, n'ont cru pouvoir mieux faire que de suivre un tel guide; mais, Sextus nous a donné le Pyrrhonisme accru, développé, perfectionné, à la suite des discussions entreprises par les deux dernières Académies, et des savantes investigations d'Ænésidème. Cependant il est de quelqu'intérêt pour l'histoire de l'esprit humain, de suivre pas à pas la marche de ce système qui contrôlait les idées existantes, qui engendrait des doutes nouveaux, qui contribuait ainsi indirectement à l'avancement des connaissances. Il faut considérer le scepticisme dans ses périodes successives, en regard des doctrines sur lesquelles il s'exerce. Essayons donc de reconnaître en ce moment ce qui appartient à Pyrrhon et à ses disciples, du moins autant qu'il nous est possible de le déterminer avec exactitude; car, Diogène Laërce nous fait connaître que Pyrrhon n'avait rien écrit (1), si ce n'est un poëme dédié à Alexandre-le-Grand, peut-être pour être conséquent à lui-même, et par suite de sa maxime fondamentale, qu'il faut s'abstenir de prononcer. Des huit livres d'Ænésidème sur les Pyrrhoniens, il ne nous reste qu'un Épitome conservé par Photius ; les *Chapitres sceptiques* de Théodose et les *Tropes Pyrrhoniens* de Phavorin sont également perdus. Les Dogmatiques, importunés par les attaques du scepticisme, ont dirigé contre ses premiers auteurs des accusations, et leur ont prêté des absurdités dont le souvenir a mieux survécu. L'histoire, qui n'a pas conservé la forme primitive de cette censure scientifique, n'a pas dédaigné de recueillir plus d'un conte populaire imaginé pour la décrier.

Pyrrhon avait fait partie de la suite d'Alexandre dans sa grande expédition d'Asie, accompagnant Anaxarque, de la bouche duquel il dut recueillir les doctrines des Eléatiques ; il avait trouvé également dans ce voyage l'occasion de connaître les traditions des Gymnosophistes de l'Inde ; il avait fréquenté l'école de

_____

(1) Liv. IX, § 16. — IX ; § 103.

Mégare, et étudié avec un soin particulier les ouvrages de Démocrite. Ne reçut-il point ses premières leçons à Elis, sa patrie, des philosophes qui y conservaient le souvenir de Socrate, et de Phædon en particulier? C'est ce que les biographes ont négligé de nous faire connaître. Il aimait et recherchait la solitude; il était dépourvu d'ambition, de faste, d'orgueil, et n'aspirait pas même à la gloire. Pendant le cours de sa longue vie, la modération, l'égalité de son caractère, sa probité ne se démentirent jamais; on citait son courage dans la souffrance et dans les périls. Ses concitoyens lui décernèrent les fonctions de grand-prêtre, et accordèrent, par estime pour lui, une immunité d'impôts à tous les philosophes. Epicure, qui combattit ses opinions, professait une grande admiration pour son caractère. Les Athéniens lui offrirent le droit de cité dans leur ville. Epictète, qui traite avec tant de mépris les sceptiques, ne peut lui refuser ses éloges. Ænésidème nous indique, au reste, que ses vues théoriques sur la faiblesse de l'esprit humain n'influaient point sur ses actions, et que, dans la pratique, il se fit toujours distinguer par une haute sagesse.

Pyrrhon, d'ailleurs, annonçait que les sys-

tèmes dogmatiques enfantés jusqu'à lui n'avaient pu le satisfaire, plutôt qu'il ne prétendait condamner d'avance toutes les tentatives que la raison pourrait essayer dans une direction meilleure. Il se livra à une censure détaillée et spéciale de ces systèmes particuliers, plutôt qu'il n'établit d'une manière générale l'impossibilité de fonder la science. Il ne rejetait point la vérité, il déclarait seulement qu'il n'avait pu la trouver encore; il en concluait que, s'il fallait suspendre son assentiment, il fallait aussi persévérer dans la recherche de cette vérité encore obscure et cachée. Son scepticisme était donc bien éloigné de ce doute absolu, de ce découragement qui désespère de tous les efforts de l'esprit humain. Il reconnaissait l'autorité du bon sens, celle des lois et des usages; il reconnaissait surtout celle de la morale, obéissant au sentiment qui en grave les préceptes dans le cœur de l'homme, alors même qu'il contestait les doctrines spéculatives imaginées pour les démontrer. « Pyrrhon, dit Cicéron, après
» avoir établi la vertu comme le but de l'homme,
» n'accorde rien autre qui puisse servir d'objet
» légitime à ses vœux. » Lorsqu'on considère l'ensemble de ces circonstances, lorsqu'on envisage sous son véritable point de vue la censure

que Pyrrhon entreprit d'exercer, on est frappé de l'analogie qui se présente entre la direction qu'il embrassa, et l'exemple de Socrate ; on est porté à croire que cet exemple avait beaucoup contribué à former ses idées. Socrate avait témoigné pour toutes les recherches spéculatives un éloignement que la plupart de ses disciples, que Platon surtout, avaient peu imité ; il avait essentiellement recommandé les règles pratiques, et mis au premier rang celles qui intéressent les bonnes mœurs : Pyrrhon put remarquer à quelle distance on était déjà de la voie conseillée par la prudence de ce grand homme ; il put concevoir la pensée de remettre ces conseils en vigueur, de renouveler ces efforts, dirigeant sa critique sur les disciples mêmes qui étaient demeurés peu fidèles à la voix de leur maître. Et, n'est-ce pas ce que semble confirmer d'une manière éclatante, Timon, l'ami, le disciple de Pyrrhon, dans ces vers remarquables que Diogène Laërce nous a conservés. « O Pyrrhon ! vieil-
» lard vénérable ! comment as-tu pu rompre
» les chaînes de la servitude, que nous impo-
» saient les vaines opinions, les subtilités des
» Sophistes, la magie des erreurs ; ne t'in-
» quiétant point de savoir quel est cet air qui
» forme l'atmosphère de la Grèce, quels sont

» les élémens desquels toutes choses pro-
» viennent, dans lesquels toutes se résolvent?...
» Voici, ô Pyrrhon, ce que mon cœur aspire
» à apprendre de ta bouche : comment, seul,
» au milieu de nous, conserves-tu cette paix
» inaltérable, nous montrant parmi les hommes
» la prééminence d'un Dieu (1) (B) ? »

Il y avait, toutefois, entre le doute de Socrate et celui de Pyrrhon, cette différence essentielle, que le premier était en partie une sorte de feinte et d'ironie, qu'il se résolvait en questions, et devenait un aiguillon pour exciter les esprits à une énergie toute nouvelle; tandis que le second était pleinement sérieux, s'arrêtait dans les objections, tendait à retenir l'esprit dans une habitude de tranquillité et de repos. Le premier était un passage, une sorte d'enfantement, le second un état d'immobilité et d'équilibre (2).

On prendrait donc du scepticisme de Pyrrhon l'idée la plus fausse, si on voulait le juger d'après ces anecdotes puériles racontées par

---

(1) Diogène Laërce, liv. IX, ch. 11.
(2) Sextus l'Empirique, *Pyrrhon. Hypot.*, l. Ier, ch. 4, § 10.— ch. 12, § 25.

Diogène Laërce, qui tendaient à représenter ce philosophe comme réduit à l'impossibilité d'agir, par la conséquence de ses maximes; et, en regrettant que ses vraies opinions ne nous soient pas mieux connues aujourd'hui, on est fondé à croire qu'elles tendaient essentiellement à arrêter les progrès toujours croissans du dogmatisme, à rendre nécessaire une restauration plus solide que celle qui venait d'être tentée; Pyrrhon, en un mot, semble n'avoir été qu'un censeur sévère de la philosophie de son siècle.

Les dix *tropes*, ou *époques*, cités par Sextus l'Empirique et par Diogène Laërce, appartiennent-ils à Ænesidème, à Timon, ou à Pyrrhon? Aristoclès, dans Eusèbe (1), parle de *neuf tropes* introduits ou produits par Ænesidème, qui pourraient se confondre avec ceux dont il s'agit. Mais, Lamprias nous apprend que Plutarque avait écrit un traité sur les *dix-tropes de Pyrrhon*; Sextus l'Empirique dit expressément: « *Les plus anciens sceptiques* nous ont » légué dix *tropes* ou *Epoques* qui servent à » faire suspendre l'assentiment de l'esprit (2). »

---

(1) *Præpar. Evang.*, liv. XIV, § 18.
(2) *Pyrrhon. Hypotyp.*, liv. Ier, ch. 14, § 36. Voyez aussi *Adv. Math.*, liv. VII.

Or, en remontant aux plus anciens sceptiques, on ne peut s'arrêter qu'à Timon ou à Pyrrhon; Timon ne s'est guère exercé que dans la satire; ses poèmes étaient dirigés contre les philosophes antérieurs; Pyrrhon est considéré par Sextus comme le créateur du scepticisme systématique. Enfin Diogène Laërce (1), expose les dix tropes immédiatement après la définition très confuse du scepticisme qu'il attribue à Pyrrhon, d'après le témoignage d'Ænesidème; il remarque que Phavorin, Ænesidème et Sextus n'ont point suivi le même ordre dans cette exposition. Son tableau n'est donc point celui d'Ænesidème; il ne considère pas Ænesidème comme l'inventeur; autrement il se fût réglé d'après lui. Nous partagerons donc l'opinion de Fabricius qui a rapporté cette création à Pyrrhon lui-même, comme à son véritable auteur. Pyrrhon du reste l'aura livrée à la tradition sans la mettre par écrit. Dans tous les cas, c'est le monument le plus ancien du scepticisme, et sous ce rapport il mérite une attention particulière (C). Ici nous n'adopterons ni l'ordre suivi par Diogène Laërce, ni celui donné par

---

(1) Liv. IX, ch. 11, § 79.

Sextus, mais bien celui qui résulte d'une vue de classification présentée par Sextus lui-même, et qui en fait mieux sentir la connexion logique.

» Ces tropes, dit-il, peuvent être rangés sous trois modes principaux, suivant qu'ils se réfèrent ou au sujet qui juge, ou à l'objet qui est jugé, ou à l'un et à l'autre tout ensemble (1). »

» Au premier mode appartiennent quatre tropes ou raisonnemens déduits de la variété des animaux, de la différence des hommes, de la diversité des organes des sens, et enfin des circonstances. »

» Les animaux, suivant la différence de leurs organisations, sont affectés à la présence des mêmes objets, d'une manière toute différente. Les sensations que l'homme en reçoit n'ont rien de commun avec celles qu'éprouvent d'autres animaux. De quel droit accorderions-nous la préférence à celles qui nous sont propres? sur quoi se fonderait ce privilége? On ne peut sans doute l'établir sans démonstration; on ne peut non plus le démontrer. Car, cette démonstration viendrait, en définitive, reposer sur les

---

(1) *Ibid.*, *ibid.*, § 38.

apparences qui nous sont offertes; ce serait donc supposer la question. Nous pouvons donc affirmer seulement qu'une apparence nous est offerte; mais, nous devons nous abstenir de prononcer sur la réalité des objets tels qu'ils sont dans la nature. Que si les dogmatiques nous opposent la distinction essentielle qui existe entre les animaux privés de raison et celui auquel cette faculté a été réservée, nous leur montrerons que les premiers se guident bien plus sûrement que celui-ci relativement aux objets extérieurs. Nous ne sommes donc point en droit de regarder les images que nos sens nous transmettent comme plus fidèles que celles qu'ils possèdent (1). »

» Il existe entre les hommes des différences non moins essentielles. Quelle variété d'abord dans leur organisation physique, dans leur tempérament ! cette variété ne doit-elle pas influer sur leur âme dont le corps est comme une image, ainsi que l'enseigne la physiognomique? Mais, quelle plus grande preuve de ces différences infinies qui existent entre les hommes, que le contraste offert par ces dogmatiques

---

(1) *Ibid.*, *ibid.*, § 40 à 98.

eux-mêmes, qui ne sont jamais d'accord entre eux sur ce qu'ils enseignent, sur ce qu'il faut rechercher ou éviter! Nous n'avons tous ni les mêmes penchans, ni les mêmes vues. Croirons-nous donc, ou à tous les hommes à la fois, ou seulement à quelques uns d'entre eux ? Dans le premier cas, nous admettons des choses contradictoires ; dans le second, quels sont ceux à qui nous devons attribuer l'autorité ? nous soumettrons-nous, du moins au plus grand nombre ? Mais, il serait impossible de vérifier cette condition ; et ne savons-nous pas d'ailleurs qu'il n'est rien de plus aveugle que les préjugés de la multitude (1)? »

» Supposons maintenant un homme unique ; que cet homme soit le sage rêvé par les dogmatiques. Le même objet transmettra à ses sens divers des impressions différentes ; une seule qualité peut cependant être, dans les objets, l'occasion de ces impressions variées ; ces qualités peuvent n'avoir aucune ressemblance avec ces impressions ; d'autres qualités peuvent nous demeurer cachées, parce qu'elles n'agissent point sur nous. En vain prétend-on invoquer ici le

---

(1) *Ibid.*, *ibid.*, § 79 à 89.

témoignage de la nature. Quelle est cette nature? Les dogmatiques les premiers, qui nous en parlent sans cesse, ne sont point d'accord pour la définir. Disons donc que nos sens nous apprennent seulement comment nous sommes affectés, et non ce que les choses sont en elles-mêmes. Or, si les sens ne peuvent saisir les objets externes, l'entendement ne le peut pas davantage (1). »

» Sous le nom de *circonstances*, nous comprenons les habitudes, les dispositions, les conditions diverses, comme le sommeil et la veille, le mouvement et le repos, la santé et la maladie, l'âge, la passion qui nous préoccupent. Or, ne sait-on pas combien toutes ces choses influent sur notre manière de voir! Quel est l'objet qui ne semble changer de nature, suivant la manière dont nous sommes prédisposés ou affectés quand il se présente à nous? quel moyen y aurait-il de choisir, entre ces différens états, celui qui mérite spécialement notre confiance? quel droit le *moi* d'aujourd'hui a t-il de condamner celui d'hier? et ne peut-il à son tour être désavoué par celui du lendemain? On recourt, il est vrai,

_____

(1) *Ibid.*, *ibid.*, § 90 à 99.

à un *criterium*, c'est-à-dire à une règle supérieure qui enseigne à distinguer le vrai du faux. Mais, ce *criterium* lui-même, qui nous en garantira la fidélité ? Il faudra donc un *criterium* nouveau pour juger qu'il ne nous trompe pas à son tour, et ainsi de suite à l'infini; on demandera pour chaque principe des démonstrations qui exigeront un autre principe; on demandera pour la raison, des garanties qu'il faudra toujours garantir, et on se perdra dans un abîme (1). »

» Le second mode, ou la seconde classe, comprend deux tropes ou raisonnemens, dont l'un est relatif aux objets matériels, l'autre aux choses morales. »

» Les qualités des objets matériels varient suivant la quantité et le mode de composition des élémens qu'ils renferment. Ainsi, les mêmes alimens qui nous fortifient, s'ils sont pris avec modération, deviennent funestes s'ils sont pris avec excès; ainsi, l'effet des médicamens dépend de l'exactitude avec laquelle on observe la proportion nécessaire entre les drogues qui doivent y entrer. Nous ne pouvons donc aper-

---

(1) *Ibid.*, *ibid.*, § 100, à 117.

cevoir que d'une manière confuse et incertaine des qualités sujettes à changer elles-mêmes en tant de manières (1). »

» Les institutions, les usages, les lois, les traditions, les opinions dogmatiques président aux choses morales. Eh bien ! nous opposons d'abord ces choses l'une à l'autre dans le même genre, et nous opposons aussi chacun de ces genres entre eux. Ainsi, nous opposons l'institut d'Aristippe à celui de Diogène, les usages de l'Ethiopie à ceux de l'Inde, les lois de Rhodes à celles de la Scythie, toutes les opinions dogmatiques à chacune d'elles. Les traditions diverses offrent un contraste non moins frappant, souvent chez le même peuple : nous voyons ensuite les usages contredire les lois, les mœurs contredire les traditions et les coutumes. Dans cette confusion universelle, dans le choc de toutes les règles, quel guide suivre ? Comment faire un choix (2) ? »

Le dernier mode embrasse quatre tropes ou raisonnemens, déduits, le premier de la situation, le second des mélanges, le troisième

---

(1) *Ibid, ibid.*, § 129 à 134.
(2) *Ibid., ibid.*, § 145 à 163.

des relations, le quatrième de la fréquence ou de la rareté des événemens.

« Les objets paraissent différens suivant le point de vue sous lequel ils sont observés. Le même portique n'offre pas le même aspect à ceux qui, pour le contempler, se placent ou en face, ou de côté; les intervalles modifient aussi les apparences; les lieux et les positions ne les changent pas moins; un bâton paraît rompu s'il est enfoncé à moitié dans l'eau; le col d'un pigeon, suivant qu'il est plus ou moins incliné, offre diverses nuances. Cependant tout objet est nécessairement aperçu dans une situation, dans un lieu, sous un aspect quelconque. Quelle sera l'apparence véritable (1)? »

« Non-seulement les objets extérieurs sont sujets par eux-mêmes à des mélanges qui en altèrent les qualités; mais, il s'opère surtout, dans nos sensations, un mélange des qualités propres aux objets, et de quelque chose qui appartient à nos propres organes. Ne saisissant que ce résultat composé, nous ne pouvons donc découvrir dans leur pureté réelle les

---

(1) *Ibid.*, *ibid.*, § 118 à 123.

qualités propres aux objets externes (1). »

« La relation surtout influe sur les apparences ; car, tout est relatif ; aussi abusons-nous, sous ce rapport, de l'expression *est*, en ce qu'elle semble indiquer quelque chose d'absolu. Les dogmatiques attribuent l'être absolu tantôt aux genres, tantôt à un nombre infini d'espèces, tantôt aux uns et aux autres ; cependant toutes ces choses sont relatives. Les êtres réellement existans ont eux-mêmes un rapport à ce qui n'est qu'apparent, comme ce qui est obscur à ce qui est manifeste. Nous n'apprécions rien que par le moyen des comparaisons. Nous ne pouvons donc juger ce que les choses sont par elles-mêmes ; nous n'apercevons qeu des rapports (2). »

« La rareté des choses en change singulièrement la valeur à nos yeux ; viles, si elles sont communes ; précieuses, si elles ne sont qu'en très-petit nombre. Le phénomène le plus remarquable n'excite aucune surprise s'il se renouvelle chaque jour ; il nous frappe de terreur, s'il est insolite. Il n'y a donc aucune

---

(1) *Ibid.*, *ibid.*, § 124 à 128.
(2) *Ibid.*, *ibid.*, § 135 à 140.

valeur intrinsèque et positive dans les choses; nous ne les estimons point d'après ce qu'elles sont (1). »

Nous avons élagué de ce résumé quelques subtilités qui ressentent l'école de Mégare, et les nombreux exemples ou détails qui remplissent le texte; on y aperçoit plusieurs raisonnemens qui rentrent les uns dans les autres, quoique présentés comme distincts; on y retrouve la plupart des objections que les Éléatiques et les Sophistes avaient élevées contre le témoignage des sens. Cependant ce code du scepticisme, tel qu'il est donné par Sextus, renferme des observations ingénieuses et multipliées sur les phénomènes de la sensation. Il se distingue spécialement par l'emploi fréquent et toujours fait avec beaucoup d'art, de cet argument qui suppose la nécessité d'un enchaînement indéfini de *criterium*, la nécessité de démontrer les principes, et d'asseoir ensuite chaque démonstration sur des principes nouveaux. (D).

On remarque que ce code entier, en attaquant essentiellement le témoignage des sens,

---

(1) *Ibid.*, *ibid.*, § 141 à 444.

admet, comme une supposition convenue, que les connaissances dérivent de l'expérience extérieure et sensible.

Quelle conséquence tirer maintenant de tous ces motifs d'incertitude? Sextus va nous le dire d'une manière expresse, et cette définition fondamentale du scepticisme appartient probablement à celui que Sextus proclame comme son principal fondateur. « Tous ceux, dit-il, qui cherchent une chose, arrivent à l'un de ces trois résultats : ou ils la trouvent en effet, ou ils prononcent qu'on ne peut la trouver, ou ils déclarent seulement ne pas l'avoir trouvée encore, et persévèrent par conséquent dans sa recherche. Le dernier appartient aux sceptiques (1). »

Cet assentiment suspendu qui caractérise le Pyrrhonisme est une disposition de l'esprit qui n'affirme rien, mais qui ne détruit rien (2). Il résulte de l'équilibre des motifs contraires. Son principe est donc renfermé dans cette maxime : *à tout raisonnement est opposé un*

---

(1) *Ibid.*, ch. 10, § 1.
(2) Gorgias, Cedrenus, *Compend. hist.* p. 133.

raisonnement d'un poids égal et d'une même force (1). »

« Dans cette attente, dans cette recherche persévérante qui fait la condition du sceptique, comment se dirigera-t-il ? Sera-t-il dépourvu de motifs, de règles ? Non, sans doute ; il aura des motifs puisés dans ces apparences elles-mêmes, quoiqu'il ne les considère que comme des apparences ; il en puisera dans les usages, les lois, les institutions de sa patrie, dans ses affections personnelles. Il ne rejettera pas même entièrement, comme on le suppose, le témoignage des sens ; en tant que la sensation est passive et qu'elle entraîne un assentiment involontaire, il y obéira comme un autre. Il admettra l'apparence ; il contestera seulement la réalité de l'objet qu'on suppose lui être conforme. Au reste, dit Sextus, en élevant ces doutes sur les apparences sensibles, nous n'avons pas précisément pour objet de détruire l'existence des choses apparentes ; mais seulement de réprimer la témérité des dogmatiques. Le sceptique admet donc un premier *critérium* qui consiste dans la persuasion et l'affection in-

---

(1) Sextus l'Empirique, *Pyrrhon. hyp.*, liv. Ier, ch. 3 et 5.

volontaire attachées aux impressions des sens. »
Il en admet encore un second, relatif à la pratique, et qui consiste à se guider en agissant d'après ces mêmes impressions ; « ce *critérium*, cette règle résulte de *la nécessité d'agir*. Or, cette application à la vie commune présente quatre rapports principaux : l'instruction naturelle, c'est-à-dire celle qui résulte des sens et de l'intelligence dont nous sommes doués ; l'impulsion de nos besoins, comme la faim qui nous porte à rechercher la nourriture ; l'autorité des lois et des mœurs, d'après laquelle nous regardons comme bon de mener une vie vertueuse ; les traditions des arts, par la pratique desquels nous exerçons activement les professions que nous avons embrassées (1). C'est en suivant cette route de la vie commune que nous reconnaissons l'existence de la divinité, que nous lui rendons un culte, que nous croyons à sa providence (2). »

Le scepticisme, ainsi défini, au milieu du vague qu'il présente, des contradictions qu'il renferme, a plus d'analogie avec l'idéa-

---

(1) *Ibid.*, ch. 8, § 17 ; ch. 10, § 19 et 20 ; ch. 11, § 20 à 24.

(2) *Ibid.*, liv. III, ch. 1, § 1, § 2.

lisme qu'avec le doute absolu. On peut remarquer aussi, non sans quelque surprise, l'analogie des motifs qui fondent la croyance du sceptique à la divinité, avec le célèbre raisonnement proposé par Kant pour fonder aussi le même sentiment sur la croyance pratique, comme celle-ci sur la nécessité d'agir.

Ce qui, dans le Pyrrhonisme, nous surprend bien davantage que le doute universel, c'est le but que le Pyrrhonien se propose; ce but, qui le croirait? c'est la tranquillité de l'esprit. Si le doute est par lui-même, pour tous les hommes, le principe le plus fécond d'inquiétude, combien ne doit-il pas à plus forte raison avoir le même caractère pour le philosophe livré à l'investigation de la vérité? S'il n'est chez le Pyrrhonien qu'un doute suspensif, n'est-ce pas une contradiction que d'en faire un état stable, un état de repos? Et cependant, les Pyrrhoniens professent cette contradiction de la manière la plus expresse : « Nous disons que la fin que se propose le sceptique est d'obtenir un état inaltérable de l'âme, en ce qui concerne les opinions, et une modération constante en ce qui concerne les affections. Il espère ainsi être affranchi de tout ce qui pourrait le troubler. Il obtient ainsi le repos et la paix. Des hommes distingués par un génie supérieur, agités par les contrastes qu'ils apercevaient entre les choses, hésitèrent dans le choix de celles auxquelles ils devaient donner leur assentiment ; ils commencèrent à chercher ce qu'il y a de vrai et de faux, pour obtenir par ce discernement une tranquillité inaltérable (1). »

Timon, de Phlius en Achaïe, l'ami et le disciple de Pyrrhon, avait suivi, comme lui, l'école de Mégare. Il avait composé des tragédies et des comédies ; il exerçait la médecine, et nous notons cette dernière circonstance parce qu'on a remarqué que, parmi les anciens, la plupart des sceptiques ont exercé cette profession, ce qui peut facilement s'expliquer. Timon est le premier des disciples de Pyrrhon qui ait écrit sur le scepticisme; les fragmens qui nous restent de lui peuvent mieux que tous les autres indices servir à nous faire connaître le véritable esprit du scepticisme de son maître. Malheureusement ces fragmens, trop précieux par eux-mêmes, sont en petit nombre. Ils ap-

___

(1) *Ibid.*, liv. Ier, ch. 6 et 12.

partiennent à trois satires, dont deux sont un entretien supposé entre Xénophane et Timon, dont la troisième est tout entière dans la bouche de Xénophane. Tous les philosophes antérieurs y sont passés en revue, soumis à des critiques amères, le plus souvent même frappés avec les armes du ridicule. Socrate est respecté; mais, Platon est censuré pour avoir abandonné la prudente réserve de ce sage. « Timon, dit Sextus l'empirique, dans les écrits qu'il avait dirigés contre les physiciens, avait fait porter principalement ses doutes sur l'emploi légitime que la raison peut faire des hypothèses (1), suivant Aristote, dans Eusèbe, les opinions de Timon pouvaient se résumer à peu près en ces termes : « Celui qui aspire au bonheur doit chercher trois objets principaux : quelles sont les propriétés des choses, quels sont nos rapports avec elles, quelles suites peuvent résulter de ces rapports pour notre propre situation (2). »

Voici comment il s'exprime lui-même dans quelques vers que nous a conservés Sextus

---

(1) *Adv. Math.*, liv. III, § 2.
(2) *Præp. Evang.*, liv. XIV, ch. 18.

l'empirique. « Les théories des dogmatiques ont été un fléau, une véritable peste pour une foule de jeunes gens. L'un d'eux s'écriait en se lamentant : à quoi me sert cette sagesse » prétendue ? elle me laisse pauvre et tour- » menté de la faim ; elle ne me préserve » d'aucun péril ; trois et quatre fois heureux » ceux qui n'ont point été réduits à ronger » les tristes et arides fruits de l'école (1) » ! Et ailleurs : « le philosophe ne peut se dispenser d'agir ; il lui faut donc une règle qui lui indique, dans le cours de sa vie, ce qu'il doit fuir ou rechercher ; ce guide réside dans les apparences des sens.... Je dirai de chaque chose ce qu'elle me paraît être ; mes discours sont conformes à la droite vérité. Ce qui est bon est d'une nature toute divine : il est pour l'homme la source de cette vie heureuse qui consiste dans une paix toujours égale (2). »

On retrouve ici deux traits caractéristiques que déjà nous avions été conduits à supposer dans le système de Pyrrhon ; la censure des doctrines qui avaient cours de son temps, l'in-

---

(1) *Adv. Matth.*, liv. XI, § 164.
(2) *Ibid.*, liv. VII, § 30. — Liv. XI, § 20.

tention de rappeler la philosophie à la pratique, et de rappeler essentiellement aussi la pratique à la morale. La vie de Timon fut également conforme à cet esprit. Les anciens louaient ses talens, ses connaissances ; ils louaient aussi la modération de son caractère. Il fallait que ce caractère fût hors d'atteinte, pour que les épigrammes dont il avait accablé tant de philosophes ne lui attirassent pas la vengeance de leurs disciples.

Diogène Laërce cite une longue suite de disciples issus de Pyrrhon et de Timon ; elle ne sert qu'à nous faire connaître combien le scepticisme se répandit dans la Grèce entière ; car, il ne nous reste rien de ces nombreux partisans du doute systématique. Cependant, l'histoire nous atteste que les écoles dogmatiques furent peu ébranlées par ces attaques. D'après ce que nous venons de voir, les premières armes du scepticisme n'étaient pas en effet d'une trempe qui pût les rendre très redoutables.

Bientôt la seconde et la troisième Académie survinrent, et donnèrent à ce doute un caractère plus absolu, le préconisèrent avec plus de talent, de succès, et éclipsèrent momentanément les sceptiques.

Empruntons à Sextus l'empirique la comparaison qu'il a faite du Pyrrhonisme avec les systèmes de Démocrite, de Protagoras, des Cyrénaïques. Ce rapprochement est fort curieux dans la bouche d'un historien si fidèle, d'un sceptique explorant les traditions auxquelles il était attaché ; c'est une sorte de résumé qui rassemble sous un seul point de vue l'histoire abrégée de la naissance et des progrès du scepticisme chez les anciens.

« Démocrite aussi a remarqué la variété qui existe dans les témoignages des sens; mais il en conclut qu'il n'y a dans les objets aucune qualité semblable à nos sensations ; les Pyrrhoniens se bornent à dire qu'ils ignorent si ces qualités existent ou n'existent pas. »

« Protagoras institue l'homme la mesure de tout ce qui existe, la règle du vrai et du faux ; il suppose un rapport constant entre les variations que subit la matière, et celles qui s'opèrent dans les sens de l'homme; mais, les hypothèses elles-mêmes, il les affirme dogmatiquement ; elles ne sont aux yeux du Pyrrhonien qu'un objet de doute et d'incertitude. »

« Les Cyrénaïques disent également que l'âme ne peut saisir que ses propres affections; mais ils affirment que la nature des choses extérieures est incompréhensible ; les Pyrrhoniens se bornent à suspendre notre jugement sur ce qui les constitue. Les Cyrénaïques placent le but de l'homme dans la volupté et dans une douce agitation des organes du corps ; les Pyrrhoniens le font consister dans une tranquillité inaltérable de l'âme (1). » Dans ce dernier trait, conforme au reste de la morale entière des Sceptiques, on reconnaît une frappante analogie avec celle des Epicuriens (E). Les Sceptiques, comme les Epicuriens, recommandaient, en ce qui se rapporte à la conduite, une constante modération de sentimens.

Du reste, le Pyrrhonisme, considéré dans son ensemble, était en quelque sorte pour l'esprit ce que l'Epicuréisme était pour le cœur ; sous le nom du calme, sous l'apparence du repos, ils cachaient l'un et l'autre la mollesse, le relâchement de tous les ressorts de l'énergie intellectuelle et morale. L'un renonçait à la vérité, comme l'autre écartait les émotions. Pyrrhon faisait du doute l'épicuréisme de la raison ; Épicure faisait de la volupté l'inaction de

---

(1) *Pyrrhon. hyp.*, liv. I^r, ch. 30, 31, 32.

l'âme. Tous deux, repoussant également les recherches spéculatives, bornaient la philosophie à une sorte de bon sens pratique ; tous deux se laissaient aller aux impressions reçues, à l'autorité des principes et à celle des devoirs, en abdiquant la noble puissance que l'homme est appelé à exercer sur lui-même ; ces deux choses sont étroitement liées ; c'est sur la double autorité du vrai et du bon que se fonde l'indépendance intellectuelle et morale de l'homme ; car, c'est en elle qu'il puise cette énergie intérieure sans laquelle il n'est point d'indépendance véritable (1) (F).

---

(1) *Ibid.*, *ibid.*, ch. 12.

NOTES

DU QUATORZIÈME CHAPITRE.

(A) σκέψις, de σκέπτομαι ou de σκεπω (observer, réfléchir, rechercher), exprime proprement cet acte de l'esprit qui considère, mais sans prononcer; c'est, dans la nature de l'intelligence, un état qui doit servir de préliminaire et de préparation au jugement, mais qui chez les Pyrrhoniens devient stable et définitif. Le Pyrrhonisme reçoit encore, dit Sextus, le nom de *Zététique*, de cette action qui lui est propre et qui consiste dans la recherche, la poursuite, l'investigation. On l'appelle également *Aporétique*, du doute, de l'hésitation qui le caractérise, de ce qu'il suspend son assentiment sur toutes choses.» (*Pyrrhon. hypotyp.*, liv. Ier, ch. 3.)

« Nous n'affirmons point, dit ailleurs Sextus, que toutes les choses auxquelles s'attachent les Dogmatiques sont incompréhensibles par elles-mêmes, mais seulement, que nous ne sommes point assez éclairés pour les comprendre; nous n'exprimons en cela que notre propre manière d'être individuelle. » (*Ibid.*, *ibid.*, ch. 25, 26, 27.)

(B) Tennemann, dans son histoire de la philosophie, a le premier établi d'une manière fort judicieuse, ces rapprochemens entre les vues que Pyrrhon semble s'être proposées, et celles qui avaient dirigé Socrate; mais, il nous paraît n'avoir point marqué d'une manière assez précise les différences essentielles qui séparent l'un de l'autre. (*Hist. de la Phil.*, p. 170 et suiv.)

(C) Tennemann, dans son histoire de la philosophie (tome II, pag. 179), attribue à Ænésidème l'invention des six tropes pyrrhoniens, mais il se fonde uniquement sur le passage d'Aristoclès rapporté par Eusèbe. Il nous semble d'abord que, dans ce passage, Ænesidème n'est point déclaré expressément l'inventeur des neuf tropes; il peut fort bien indiquer seulement qu'Ænesidème les a exposés ou rapportés, comme, suivant Diogène Laërce, il a rapporté la définition du scepticisme d'après Pyrrhon, lui servant de commentateur ou d'interprète. Voici en effet le passage d'Aristoclès, dans Eusèbe : ἱστοῦν γε μὴν Αἰνησίδημος ἐν τῇ ὑποτυπώσει τὰς ἐννέα διέξιν τρόπους· κατὰ τοσούτους γὰρ ἀποφαίνειν ἄδηλα τὰ πράγματα πεπείραται.

Consultons maintenant Diogène Laërce : « la doctrine de Pyrrhon, dit-il, consiste dans la comparaison, et ainsi qu'Ænesidème le dit dans l'exposition pyrrhonienne (ᾗ τε εἰς τὰ πυρρώνεια ὑποτυπώσει). Suit le développement de la définition fondamentale, analogue à celle qui est rapportée par Sextus ; puis il ajoute : « Or ils renfermèrent dans dix *lieux* (τόποι) les questions qui naissent de l'accord des *phénomènes* et *des nonmènes.* » Suit l'exposition des dix tropes, également analogue à celle qui est rapportée par Sextus : après avoir défini le 9e, Diogène Laërce fait la remarque suivante : « Ce 9e *lieu* est le 8e dans Phavorin, le 10e *dans Sextus et Ænésidème.* L'ensemble de ce passage n'indique-t-il pas qu'Ænésidème a exposé les dix tropes d'après Pyrrhon, comme la définition même de la doctrine Pyrrhonienne ? N'y a-t-il pas une corrélation sensible entre cette *exposition* d'Ænesidème citée par Diogène Laërce, et celle qui est citée par Aristoclès ? D'ailleurs, il résulte de ce passage que Diogène Laërce avait le texte d'Ænésidème sous les yeux. Si donc Aristoclès ne s'est pas trompé en réduisant à 9 les tropes que Diogène, comme Sextus, portent au nombre de 10, il faudrait en conclure qu'il ne s'agit point des mêmes *lieux communs*, et qu'Ænesidème en aurait ajouté de nouveaux, ou peut-être aurait réduit ceux de Pyrrhon. Plus loin, Diogène, en parlant des 5 tropes additionnels également cités par Sextus, a soin de nous apprendre qu'ils ont été postérieurement ajoutés par Agrippa. Enfin, si l'on rapproche des passages de Sextus dans lesquels il déclare que les dix tropes ont été inventés *par les plus anciens* Sceptiques, celui où il déclare aussi que *Pyrrhon a le premier traité le scepticisme d'une manière plus claire et plus complète;* si l'on considère que Sextus a donné par ce motif aux 3 livres qui commentent les définitions fondamentales, le même titre *d'exposition Pyrrhonienne* dont Aristoclès et Diogène font usage, pourra-t-on hésiter à conclure, que tous les indices s'accordent à faire regarder Pyrrhon comme le véritable auteur de cette espèce de code? Dans tous les cas, Ænesidème ne pouvait être pour Sextus l'un des *plus anciens Sceptiques*.

(D) Sextus prête aux Pyrrhoniens un argument ingénieux contre l'autorité de l'induction : « L'induction, dit-il, est cette méthode qui conclut du particulier au général. Or, cette conclusion ne peut être légitime qu'autant que tous les cas particuliers sont conformes à la notion générale. On ne peut donc établir une semblable déduction qu'autant qu'on aura vérifié avant tout l'universalité de ces cas particuliers; un seul qui se trouverait contraire mettrait tout le raisonnement en défaut. Mais, cette vérification est impossible. » (*Ibid.* liv. 2, ch. 15.)

« La définition, dit-il encore, est inutile à l'avancement des connaissances. Car, si on ignore ce qu'il s'agit de définir, on ne peut en donner la définition; si, au contraire, on définit ce qu'on connaît déjà, on ne le comprend point par l'effet de la définition; mais, on lui impose la définition parce qu'on l'a connu. *Si nous voulions tout définir, nous ne définirions rien en effet;* car nous nous précipiterions dans un abîme sans fond; ce serait une progression à l'infini. » (*Ibid.*, *ibid.*, ch. 15.)

(E) Cette analogie de la morale des Pyrrhoniens et de celle des Épicuriens, est dans le but commun qu'ils se proposent, non dans les moyens qu'ils employent pour y atteindre. L'indifférence est la voie que les Pyrrhoniens choisissent. « Celui qui pense et qui affirme qu'il y a des choses bonnes et mauvaises de leur nature, est constamment troublé lorsqu'il est privé de ce qu'il regarde comme des biens, atteint par ce qu'il croit être des maux; il est également tourmenté; il poursuit les premiers; mais, dès qu'il les a obtenus, il retombe dans l'agitation et l'inquiétude, soit parce qu'il n'a point su se modérer et se garantir des excès, soit parce qu'il tremble de voir survenir un changement qui lui enlève ce qu'il possède. Mais, celui qui reste en suspens sur ce qui est bon ou mauvais par sa nature, ne fuit, ne recherche rien avec une inquiète sollicitude ; il est donc exempt de trouble. » (Sextus l'Empirique, *ibid.*, liv I, ch. 12, § 27 et 28).

(F) Consultez sur les anciens sceptiques, Bayle, Huet, évêque d'Avranches (Traité de la faiblesse de l'esprit humain); Plouquet (*Dissert. de Epoche Pyrrhonis*, Tubingue, 1758); Arrhénius (*Dissert. de phil. Pyrrhon*, Upsal, 1708); Kindervater (*Dissert. adumbratio quæstionis an Pyrrhonis doctrina omnis tollatur virtus*, Leipsick, 1789); Langheinrich (*Diss. de Timonis vitâ, doctrinâ, scriptis*, Leipsick, 1720); Beausobre (le Pyrrhonisme raisonnable, Berlin, 1753); Staudlin (Histoire du scepticisme, en allemand, Leipsick, 1794).

FIN DU SECOND VOLUME.

TABLE DES CHAPITRES.

TOME Ier.

Introduction	ix
Chapitre Ier.	43
—— II.	111
—— III	196
—— IV	308
—— V	395
—— VI.	446

TOME II.

Chapitre VII.	1
—— VIII.	42
—— IX	121
—— X.	177
—— XI.	206
—— XII	280
—— XIII.	403
—— XIV.	457

FIN.

www.ingramcontent.com/pod-product-compliance
Lightning Source LLC
Chambersburg PA
CBHW050559230426
43670CB00009B/1195